新时代乡村产业振兴干部读物系列

乡村服务业

农业农村部乡村产业发展司　组编

中国农业出版社
农村读物出版社
北　京

图书在版编目（CIP）数据

乡村服务业／农业农村部乡村产业发展司组编．
北京：中国农业出版社，2022.1
（新时代乡村产业振兴干部读物系列）
ISBN 978 - 7 - 109 - 27506 - 5

Ⅰ.①乡…　Ⅱ.①农…　Ⅲ.①农村—服务业—中国—
干部教育—学习参考资料　Ⅳ.①F326.6

中国版本图书馆 CIP 数据核字（2020）第 205311 号

中国农业出版社出版
地址：北京市朝阳区麦子店街 18 号楼
邮编：100125
责任编辑：刘　伟　　文字编辑：胡烨芳
版式设计：王　晨　　责任校对：吴丽婷
印刷：中农印务有限公司
版次：2022 年 1 月第 1 版
印次：2022 年 1 月北京第 1 次印刷
发行：新华书店北京发行所
开本：700mm×1000mm　1/16
印张：18.75
字数：300 千字
定价：68.00 元

丛书编委会

本书编委会

主　　编　程勤阳　王玉斌
副 主 编　周丹丹　李　乾
参编人员（按姓氏笔画排序）
　　　　　许桓瑜　芦千文　李　颖　吴曰程　张思谊
　　　　　庞中伟　赵　毅　赵培芳　夏　虹　顾　琳
　　　　　郭淑珍　彭希望

序

民族要复兴，乡村必振兴。产业振兴是乡村振兴的重中之重。当前，全面推进乡村振兴和农业农村现代化，其根本是汇聚更多资源要素，拓展农业多种功能，提升乡村多元价值，壮大县域乡村富民产业。国务院印发《关于促进乡村产业振兴的指导意见》，农业农村部印发《全国乡村产业发展规划（2020—2021 年）》，需要进一步统一思想认识、推进措施落实。只有聚集更多力量、更多资源、更多主体支持乡村产业振兴，只有乡村产业主体队伍、参与队伍、支持队伍等壮大了，行动起来了，乡村产业振兴才有基础、才有希望。

乡村产业根植于县域，以农业农村资源为依托，以农民为主体，以农村一二三产业融合发展为路径，地域特色鲜明、创新创业活跃、业态类型丰富、利益联结紧密，是提升农业、繁荣农村、富裕农民的产业。当前，一批彰显地域特色、体现乡村气息、承载乡村价值、适应现代需要的乡村产业，正在广阔天地中不断成长、蓄势待发。

近年来，全国农村一二三产业融合水平稳步提升，农产品加工业持续发展，乡村特色产业加快发展，乡村休闲旅游业蓬勃发展，农村创业创新持续推进。促进乡村产业振兴，基层干部和广大经营者迫切需要相关知识启发思维、开阔视野、提升水平，"新时代乡村产业振兴干部读物系列""乡村产业振兴八大案例"便应运而生。丛书由农业农村部乡村产业发展司组织全国相关专家学者编写，以乡村产业振兴各级相关部门领导干部为主要读者对象，从乡村产业振兴总论、现代种养业、农产品加工流通业、乡土特色产业、乡村休闲旅游业、乡村服务业等方面介绍了基本知识和理论、以往好的经验做法，同时收集了脱贫典型案例、种养典型案例、融合典型案例、品牌典型案例、园区典型案例、休闲农业典型案例、农村电商典型案例、抱团发展典型案例等，为今后工作提供了新思路、新方法、新案例，是一套集理论性、知识性和指导性于一体的经典之作。

丛书针对目前乡村产业振兴面临的时代需求、发展需求和社会需求，层层递进、逐步升华、全面覆盖，为读者提供了贴近社会发展、实用直观的知识体系。丛书紧扣中央三农工作部署，组织编写专家和编辑人员深入生产一线调研考察，力求切实解决实际问题，为读者答疑解惑，并从传统农业向规模化、特色化、品牌化方向转变展开编写，更全面、精准地满足当今乡村产业发展的新需求。

发展壮大乡村富民产业，是一项功在当代、利在千秋、使命光荣的历史任务。我们要认真学习贯彻习近平总书记关于三农工作重要论述，贯彻落实党中央、国务院的决策部署，锐意进取，攻坚克难，培育壮大乡村产业，为全面推进乡村振兴和加快农业农村现代化奠定坚实基础。

农业农村部总农艺师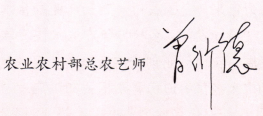

前　言

　　乡村服务业根植于农村，服务于农业和农民，近年来越来越受到党中央、国务院的高度重视。《国务院关于促进乡村产业振兴的指导意见》（国发〔2019〕12 号）明确将"培育乡村新型服务业"作为培育壮大乡村产业的六大任务之一，这是着眼我国新时代人民群众对美好生活的新追求、农村生产要素配置的新变化和乡村产业融合发展的新态势做出的科学判断，是落实乡村振兴战略总要求地部署和安排。在这一背景下，组织编写《乡村服务业》，系统阐释乡村新型服务业的范畴、发展趋势和推进模式，对于提高广大涉农领域的管理干部及新型农业经营主体的认识水平具有十分重要的意义。

　　本书参照我国《国民经济行业分类》（GB/T 4754—2017）关于服务业的分类，将乡村服务业划分为乡村生产性服务业、仓储与流通业和生活性服务业三大类。第一章为总论，第二章至第八章内容属于生产性服务业，第九章至第十三章属于仓储与流通业，第十四章为农村生活服务业。

　　注重理论与实践的紧密结合是本书写作的特点，对每一类乡村服务业，均在介绍概念、分析发展现状与趋势的基础上，总结了实践中的主要模式；每种模式都安排了典型案例，绝大多数案例都源自编写人员的实际调研，体现了场景的真实性，既有利于读者理解知识，也有利于指导实际工作。

全书编写分工如下：程勤阳编写第一章，并与许桓瑜、郭淑珍共同编写第十四章；王玉斌分别与李乾、吴曰程、彭希望和李颖合作编写第二章、第三章、第七章、第九章；王玉斌与芦千文共同编写第四章和第八章；王玉斌与赵培芳共同编写第五章和第六章；周丹丹编写第十章和第十一章；赵毅编写第十二章；庞中伟、张思谊、夏虹、顾琳共同编写第十三章。全书统稿由程勤阳和王玉斌完成。

在农业和农村大发展的新时代，乡村服务业的理论创新和实践探索都在进行之中，加之作者水平有限，本书一定存在不少不妥之处，恳请读者给予批评指正，以便作者今后不断完善。

编　者

目　录

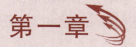

第一章

总 论

　　乡村服务业是服务于农村经济社会和农业再生产，通过多种经济方式、经营方式，多层次、多环节发展起来的产业，它是我国现代服务业的重要组成部分。改革开放以来，随着我国城镇化的快速推进和人口老龄化情况的不断加重，农业生产规模、技术水平和劳动力结构发生了巨大变化；农村常住人口结构出现重大调整，农村人口老龄化的比例明显高于城镇；此外，新时代人民群众对美好生活的追求有了更高的要求，消费理念、消费结构和消费方式加速转变升级。这些翻天覆地的变化，导致近些年乡村服务业获得了新的发展。无论在生产领域还是生活领域，乡村服务业的范畴都更加宽阔，参与的主体更加多元化，服务方式更加专业化，各地涌现出一批成功的乡村服务业发展典型。党的十九大提出要实施乡村振兴战略，标志着我国农业农村现代化将进入一个新的发展阶段，乡村服务业迎来了新的发展机遇。

第一节　概　　述

一、概念

　　"服务"在新华字典中的解释是"为集体（或别人的）利益或为某种事业而工作"。在经济学领域，服务是一个专业名词，但学者们对服务的表述不尽相同。马克思认为，"服务这个名词，一般说，不过是指这种劳动所提供的特殊使用价值，犹如其他商品所提供的特殊使用价值一样；但是，劳动的特殊使用价值在这里取得了'服务'这

1

个特殊名词，是因为劳动不是作为物，而是作为活动提供服务的。"
1974 年，斯坦通（Stanton）指出，"服务是一种特殊的无形活动。它
向顾客或工业用户提供所需的满足感，它与其他产品销售和其他服务
并无必然联系。"

服务业是指以服务为主导经济活动的行业和部门的总称，是国民
经济的重要组成部分。20 世纪 30～50 年代，英国经济学家费希尔和
克拉克提出了三次产业分类方法，得到了世界上的广泛认同。三次产
业的分类方法总体上将产业结构划分为农业、工业和服务业，又称
"第一产业、第二产业和第三产业"。产品直接取自自然界的部门称为
"第一产业"，初级产品进行再加工的部门称为"第二产业"。很显然，
第一产业和第二产业都是以物质资料生产过程为基本内容的；第三产
业的重点则是非物质资料生产过程，是为生产和消费提供各种服务的
部门。

乡村服务业是服务业在乡村的存在，是服务于农业再生产和农村
经济社会发展的产业，也是现代服务业的重要组成部分。乡村服务业
包含的内容很多，如耕种收植保等生产性服务、仓储流通业、婚丧嫁
娶育，以及餐饮、理发、修理、家政、养老等生活服务业。乡村服务
业是相对城镇服务业而言的，城镇经济发展水平更高、产业分工更加
明确，因此城镇服务业的发展起步较早，现代服务的专业化程度也更
高。乡村服务伴随着乡村的诞生而出现，但在相当长的时期内乡村服
务总体上是以互助合作的方式实现的，没有成为独立的产业部门，是
乡风文明的重要体现。随着乡村社会经济水平的不断提高，乡村生产
生活方式发生变化，乡村的社会分工越来越明确，为服务专业化提供
了成长空间。此外，信息技术的快速普及推广，城镇居民对乡村生活
的体验需求，也促进了乡村服务业的发展。

二、分类

为了便于世界各国统一产业分类和统计，联合国出台了《国际标
准产业分类》。其中，服务业包括贸易、运输和储藏、食宿服务活动、
信息和通信、金融和保险活动、房地产出租和租赁活动、专业和科技

活动、行政和支助服务活动、教育、人体健康和社会工作、艺术娱乐和文娱活动、其他服务活动等。

我国国民经济分类总体上参考了《国际标准产业分类》，根据《国民经济行业分类》（GB/T 4754—2017），我国服务业包括批发和零售业，交通运输、仓储和邮政业，住宿和餐饮业等 15 个门类和批发业、零售业、铁路运输业、道路运输业、水上运输业等 49 个大类。结合我国乡村的实际，乡村服务业主要类型如下。

1. 生产性服务业　顾名思义，乡村生产性服务业服务于农业生产各环节，为耕地、播种、疫病防控、收获、仓储等环节提供的服务及金融服务等。对应 GB/T 4754—2017，主要指农、林、牧、渔专业及辅助性活动和农林牧渔技术推广服务。

农业专业及辅助性活动包括种子种苗培育活动、农业机械活动、灌溉活动、农产品初加工活动、农作物病虫害防治活动，以及其他农业专业及辅助性活动，如代耕代种代收、大田托管等农业活动。

林业专业及辅助性活动包括林业有害生物防治活动、森林防火活动、林产品初级加工活动，以及其他林业专业及辅助性活动。

畜牧专业及辅助性活动包括畜牧良种繁殖、畜禽粪污处理，以及其他畜牧专业及辅助性活动。

渔业专业及辅助性活动包括鱼苗及鱼种场活动、其他渔业专业及辅助性活动。

农林牧渔技术推广服务指将相关新技术、新农艺/工艺、新产品向市场推广进行的相关技术活动。

2. 仓储与流通业　乡村仓储与流通业指围绕乡村生产、生活物资及农产品提供的仓储物流、批发零售等服务，主要包括 GB/T 4754—2017 中的农、林、牧、渔产品批发，饲料批发，化肥、农药、农用薄膜批发；各类日用品零售，农机、摩托车、自行车零售，建筑材料、五金、灯具等零售，文具、体育用品、图书等零售；道路运输服务，水上运输服务；谷物、棉花等农产品仓储，通用仓储，低温仓储；快递服务等。乡村仓储和流通业的重点是农产品仓储和农产品流通服务，包括农产品批发业、农产品产地直销和农产品电子商务等。

3. 生活服务业 乡村生活服务业主要围绕乡村居民和来到乡村的城镇居民的生活提供的相关服务活动，对应包括 GB/T 4754—2017 中民宿服务、餐饮业、家庭服务、托儿所服务、理发及美容服务、洗浴和保健养生服务、婚姻服务、殡葬服务、清洁服务、护理机构服务、室内娱乐活动、休闲观光活动等。乡村生活服务业的重点主要是居民服务、修理服务、养老服务、健康服务、乡村旅游与休闲农业、乡村文化等。

第二节　发展历程与趋势

一、发展历程

1. 统筹供给阶段 指新中国成立到 20 世纪 70 年代末。新中国成立初期，我国乡村服务业基础非常弱，互助合作成为发展服务业的重要形式。1949 年 9 月，《中国人民政治协商会议共同纲领》提出"在城镇和乡村中组织供销合作社、消费合作社、信用合作社、生产合作社和运输合作社"。1954 年，通过了《中华全国供销合作社总社章程》，明确其基本任务是进一步开展城乡物资交流、促进农业增产运动。新中国成立后，农民普遍分得土地，需要资金发展农业生产；为缓解资金压力，在中国共产党和人民政府领导下，根据自愿和互惠的原则，成立了农村信用社，提供农村金融服务。1953 年，在总结东北和华北试办农业技术推广站成功经验的基础上，开始建立以农场为中心、互助组为基础、劳模和技术员为骨干的技术推广网络。1954 年，在全国建设农业技术推广站，为农业生产提供农业科技推广服务。1958—1976 年，受到"大跃进"和"文化大革命"的冲击，基层供销社基本处于无政府状态；乡镇技术推广站下放到人民公社管理，"文化大革命"中绝大多数农业技术推广机构被撤销；农村信用社也由人民公社管理，失去了为社会服务的农村合作金融性质。乡村服务业遭受巨大破坏。1975 年，邓小平恢复工作，中央决定恢复全国供销总社之后，乡村服务业也逐渐开始恢复发展。总体而言，新中国成立到改革开放之前这段时期，在高度集中的计划经济体制下，供销合作社承担了乡村服务业的主要部分，包括餐饮、修理、仓储、运输等；农产品采用分类管理，大多数农产品收购环节实行统购派购制度，农产品销售环节实行统销制度；生产资料实行专营制度。例如，1957 年国务院颁发《关于由国家计划收购（统购）和统一收购的农产品和其他物资不准进入自由市场的规定》，国家委托供销合作社和国营商业机构收购，并统一规定价格。

2. 市场化转型阶段　指 20 世纪 80～90 年代初。乡村服务业的市场化发展是伴随着我国经济体制的改革逐步实现的。1978 年召开了十一届三中全会，农村家庭联产承包责任制开始实施，农户成为经营主体，获得经营自主权，农产品商品化的程度不断提高，国家逐渐减少统购统销的数量和范围。1981 年农产品统购 141 种，1984 年减少为 38 种。1985 年，国家彻底改革统购派购体制，不再向农民下达农产品统购派购任务，农产品不再受原来经营分工的限制，实行多渠道直线流通。

生产资料流通体制的改革则相对较慢。1985 年实行生产资料国家定价、政府指导价和市场调节价相结合的制度，形成化肥、农药价格的双轨制。由于出现市场混乱、价格大涨等问题，1988 年，国务院出台《关于化肥、农药、农膜实行专营的决定》，规定由国家商务部中国农业生产资料公司和各级供销合作社的农业生产资料经营单位进行专营，其他部门单位和个人一律不准经营。此后，随着农资市场供求关系明显改善，国家加快开放了农资市场化流通步伐。

在农产品和农资流通市场化改革过程中，乡村服务业以供销合作社提供为主向主体多元化发展。1985 年，中央 1 号文件明确提供社会化服务的组织不局限于国有和集体组织，可以是个人。1986 年，中央 1 号文件提出，要建立健全各级科研、教育、信息、技术推广和经营管理服务组织，逐步完善农民自办的按照产品和行业组建的专业合作组织。《中共中央、国务院关于 1991 年农业和农村工作的通知》也要求，各级党委和政府要帮助督促和引导当地各种服务组织在产前、产中和产后的服务中发挥各自的作用；积极帮助合作经济组织把农民急需的服务项目搞起来，并不断扩大服务内容。在农村家庭联产承包责任制实行过程中，国家高度重视农业技术推广工作。1982 年，中央 1 号文件要求在全国范围内加强农业技术推广机构建设，建成县级技术推广中心；1984 年，开始实施《农业技术承包责任制试行条例》，在调动部分农业技术推广人员积极性的同时，出现推广体系破损、人员涣散等问题；1991 年，国务院出台《关于加强农业社会化服务体系建设的通知》，要求加强技术推广工作；1993 年《农业技术推广法》颁布实施，标志着农业技术推广机构管理有法可依，农村技术推广服务逐渐进入规范化、法制化的轨道。

3. 快速发展阶段　指 20 世纪 90 年代初至今。进入 20 世纪 90 年代后，农村向市场和商品经济方向不断发展，农村改革进入全面向社会主义市场经济体制转轨的阶段，乡村服务业真正进入市场化发展阶段。1992 年，邓小平南方谈话进一步明确了市场经济的地位，党的十四大确立我国经济体制改革的目标是建立社会主义市场经济体制。最能体现市场化发展的是商品的定价机制，1994 年社会商品零售、农副产品收购、生产资料销售市场定价比重达到 90.4%、79.3% 和 80%。1999 年 9 月 1 日开始，棉花的收购、销售价格主要由市场形成，国家不统一定价。供销合作社在市场化发展过程中成功实现了转型升级。1995 年，国务院下发《关于深化供销合作社改革的决定》，要求将供销社真正办成农民自己的合作经济组织。供销合作社充分发挥企业、流通网络、基层供销的优势，将龙头企业、专业合作社和农民联系起来，为农业生产提供一系列的专业服务。2006 年，供销社实施以农资现代经营服务网络、农副产品市场购销网络、日用消费品现代经营网络为主要内容的"新网工程（新农村现代流通服务网络工程）"，从流通各方面发挥供销社在社会服务体系中的作用。2012 年，供销合作社连锁经营服务网点 91.28 万，覆盖 80% 的乡镇和 40% 的村。农资下乡配送中心 800 多个，直营和加盟网点 18 000 个，成为最大的农资连锁经营网络。在农产品流通方面，供销合作社将农民经纪人、专业合作社、各级社有企业，尤其是批发市场，组织起来形成现代农产品流通网络。近年来，随着农村经营制度改革、劳动力结构的迅速变化以及乡村振兴战略的实施，乡村服务业正在发生巨大变化，服务范围越来越广，服务的专业化程度越来越高。在生活服务方面，2016 年，商务部出台了《关于促进农村生活服务业发展扩大农村服务消费的指导意见》，要求根据当地农民需求，提供理发、餐饮、洗浴、养老、废旧物资回收、维修、信息咨询、文化、物品寄存、通信、融资、网购等服务。在生产性服务方面，2017 年，农业部、国家发展和改革委员会、财政部联合印发《关于加快发展农业生产性服务业的指导意见》，部署了农业市场信息、农资供应、农业绿色生产技术、农业废弃物资源化利用、农机作业及维修、农产品初加工和农产品营销七大类生产性服务业。

二、发展趋势

1. 纵向全程化 改革开放初期，农民的生产积极性被充分调动起来，劳动生产率也大大提高，农民收入主要来源于农业经营性收入。随着我国工业化和城镇化的深入推进，越来越多的农村劳动力开始外出务工获得工资性收入，关键环节的劳动替代需求迫切，在此背景下提供某环节专业服务的组织迅速发展。比如，农机合作社可以承担耕地服务，以及进行跨区作业完成收获服务。2011 年开始，我国城镇化率达到 51.27%；2015 年，工资性收入超过经营净收入成为农民最重要的收入来源。这些变化都源于农村的青壮年群体正在不断融入城镇中，农村劳动力结构的老龄化问题已十分突出，"谁来种地"成为社会关注的热点。在农村基本经营制度保持稳定的情况下，农业生产的"托管服务"应运而生。农业生产"托管服务"指农民通过有偿方式将自己农田的生产作业委托给专业组织比如合作社或大户并获得农田收益的方式。2018 年，农业部办公厅专门发布《关于大力推进农业生产托管的指导意见》，大力支持农业生产托管服务的发展，将托管分为单环节托管、多环节托管、关键环节综合托管和全程托管等多种托管模式。从发展趋势看，随着机械化的进一步发展，农业生产的全程托管将越来越得到认可。通过全程托管可以进一步降低生产成本，有利于推广绿色生产技术和塑造农产品品牌。

◆ 专栏：典型案例

河北省宁晋县"垄上行"土地托管协会服务模式

近些年，"打工顾不上种地、种地耽误挣钱、土地撂荒又不甘心"等实际问题成为不少农村家庭的困扰。宁晋县"垄上行"土地托管协会探索出了一条农业社会化服务新模式，精准解决了农民打工与种粮两难的问题。协会成立于2012年9月，根据经济发展水平、外出务工、耕地面积等不同情况，设立村级土地托管分会。协会拥有农机服务队、农技服务队、农资服务队、农政服务队、植保服务队5支专业服务队伍，为入托会员提供全托管和半托管两类服务，全托管指协会完成从种到收全程服务；半托管就是协会把生产服务分成机耕机播机收、化肥种子、植保灌溉三部分，会员根据需要自由选择服务。此外，协会还设立"粮食银行"，会员可将粮食存储在协会，获得等同现金的利息收入。采用土地托管，一方面可以通过团购农资、科技进步、增强与加工企业的议价能力等提高生产经营收益，保证农民利益；另一方面，协会整合粮食资源，能够借贷给加工企业，解决企业融资难的问题，同时也保证了加工企业原料来源稳定，实现了会员、协会和企业的"三赢"，详见图1-1。

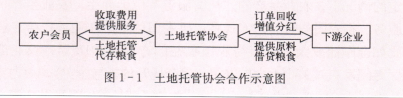

图1-1　土地托管协会合作示意图

2. 横向全面化　简单互助合作是我国广大农村生活服务在相当长时期内的运作方式，如街坊邻里帮忙办理喜宴、组织结亲队伍结婚嫁娶等。随着市场经济的不断发展、农村人口结构显著变化，以及人民从生存型服务消费向享受型、发展型服务消费转变，农村生活服务越来越体现为专业化分工，吃、住、行、美、乐、养都出现了专业队伍，形成一个个不同的产业。在"吃"方面，既有城镇专门的餐馆酒店提供餐饮服务，也有专门下乡的餐饮服务组织，委托方只需要提供场地和支付服务费，其余包括食材、餐具、灶具等都由餐饮服务组织自行解决。在"住"方面，农村许多闲置的民居，在开发乡村旅游和休闲农业项目过程中，摇身一变成为民宿项目，为农民增收开辟了新的渠道。在"行"方面，有一批专门从事客车驾驶的农民，有偿提供往返农村和城镇的接送服务。在"美"方面，传统走街串巷的"剃头挑子"变成了整洁专业的美容美发厅。在"乐"方面，有乐队、秧歌队、地方特色歌舞队，逢年过节、大办喜事的时候提供有偿的娱乐服务，不经意间也传承了农村传统文化。在"养"方面，随着人口老龄化的不断发展，不仅农村人需要老有所养，许多城里人也希望在乡村环境中颐养天年，共同的需求催生了乡村的养老产业。乡村服务业中，休闲农业、乡村旅游近些年发展迅猛，这些新产业、新业态融合了第一产业、第二产业和生活服务业，成为乡村最具有活力的新兴产业。2016年，农业部等 14 个部委联合发布《关于大力发展休闲农业的指导意见》，鼓励各地依托农村绿水青山、田园风光、乡土文化等资源，有规划地开发休闲农庄、乡村酒店、特色民宿、自驾车房车营地、户外运动等乡村休闲度假产品，大力发展休闲度假、旅游观光、养生养老、创意农业、农耕体验、乡村手工艺等，促进休闲农业的多样化、个性化发展。

3. 手段信息化　　当前，以信息技术为代表的新一轮科技革命方兴未艾，以数字化、网络化、智能化为特征的信息化浪潮蓬勃兴起，信息技术与乡村服务业深度融合成为必然趋势。乡村服务业信息化主要体现为农村公共服务信息化、农村电子商务和农村经营性服务信息化等方面。在农村公共服务信息化方面，农业农村部积极推动信息进村入户工程，构建以 12 316 为核心的公益服务体系，以及加快建设益农信息社，加大涉农信息资源整合共享力度，协调推动村务公开、社会治理、医疗保险、文化教育、金融服务等领域的信息化建设和应用。现代农业发展和农村需求扩大促进了农村电子商务的迅速崛起，农产品、农村手工制品上行和消费品、农业生产资料下行双向流通格局基本形成，长期困扰农民的买难卖难问题得到了较大程度缓解，农村居民消费的多样性、便利性和安全性不断提升。2017 年，我国农村网络零售额首破万亿元大关，达到 12 448.8 亿元。信息技术对农村经营性服务业发展起到至关重要的作用。利用现代信息技术，在农业植保、病虫害统防统治、农机作业、农业气象等方面可提供更加精准、更加高效的服务，"私人定制""庄家医院"等新业态层出不穷。

◆ 专栏：**典型案例**

"农田管家"农业综合性服务平台

"农田管家"是余洋、孟凡琦、侯笑笑等一批创业者，利用信息技术，探索农业生产性服务新模式的成果。"农田管家"的初衷是从飞防植保（无人机喷洒农药）切入，连接农户和飞防组织（操作无人机喷洒农药的组织），用互联网共享平台改造农业生产模式。平台在黑龙江、湖北、湖南、山东、安徽、江西等地建立分支机构，飞防服务覆盖 10 余个省近百个城市，涉及水稻、小麦、玉米、大豆、高粱、油菜、甘蔗、柑橘、桃树等 30 余种主要农林作物，获得多轮资本投资。"农田管家"已经升级为集农资、农技、农服、粮贸、金融服务于一体的农业服务平台，提供耕垄、播种、施肥、除草、中耕、防虫、营养、灌浆、收割、烘干、仓储、销售、分红及金融助贷等综合服务。

4. 主体多元化 在积极推动供销合作社改革发展的同时，国家鼓励更多的经济组织参与到乡村服务业中。1993 年《中共中央、国务院关于当前农业和农村经济发展的若干政策措施》指出，要建立比较完备的农业社会化服务体系，逐步形成社区集体经济组织、国家经济技术部门、各种民办专业技术协会等组织相结合的服务网络。2004年开始，国家安排专门资金支持农民专业合作社开展信息、技术、培训、质量标准、市场营销等服务。从现实情况看，已经形成了农民专业合作社、技术推广机构、供销社、科研教育机构、协会等多元化的农村服务体系，农民专业合作社开展统一机耕、种植、植保、收获为主的服务，乡镇农技站、农机站、林业站、畜牧站、水产站、经管站等提供良种、技术、信息为重点的服务，供销社和商业、物质、外贸、金融等部门发展生产资料、生活资料、收购加工运销出口及融资保险为重点的服务，科研教育机构突出技术咨询、指导、培训，农民专业技术协会提供各种专项服务。此外，邮政系统借助遍布城乡的服务网点和完整的仓储、运输、信息系统，在农村广建"三农"服务站和邮政连锁超市，探索了"支农资源整合＋优质农资配送＋全程农技服务＋连锁加盟经营＋示范效果推广"的服务模式。一些农资供应企业也尝试将业务前伸后延，提供更加丰富的生产性服务，如中化集团推出"中化 MAP"模式、金正大集团推出"金丰公社"模式、深圳诺普信农化有限公司推出"田田圈"模式等。

第三节 发展意义

一、乡村振兴的重要支撑

党的十九大提出要实施乡村振兴战略，总体要求是"产业兴旺、生态宜居、乡风文明、治理有效、生活富裕"。其中"产业兴旺"是基础，是解决其他一切问题的前提。为了夯实乡村产业振兴的基础，2019 年 6 月，国务院出台了《关于促进乡村产业振兴的指导意见》，提出要突出优势特色、培育壮大乡村产业。在农产品流通业方面，统筹农产品产地、集散地、销地批发市场建设，加强农产品物流骨干网络和冷链物流体系建设。在休闲农业方面，要实施休闲农业和乡村旅游精品工程，建设一批设施完备、功能多样的休闲观光园区、乡村民宿、森林人家和康养基地，培育一批美丽休闲乡村、乡村旅游重点村，建设一批休闲农业示范县。在乡村信息产业方面，要深入推进"互联网＋"现代农业，加快重要农产品全产业链大数据建设，加强国家数字农业农村系统建设。全面推进信息进村入户，实施"互联网＋"农产品出村进城工程。推动农村电子商务公共服务中心和快递物流园区发展。在乡村新型服务业方面，要支持供销、邮政、农业服务公司、农民合作社等开展农资供应、土地托管、代耕代种、统防统治、烘干收储等农业生产性服务业。改造农村传统小商业、小门店、小集市等，发展批发零售、养老托幼、环境卫生等农村生活服务业。由此可见，现代乡村服务业已成为产业振兴的重要组成部分，为乡村振兴战略的实施提供了有力支撑。

二、农业、农村现代化的重要保障

农业、农村现代化都离不开乡村服务业。发展现代农业迫切需要加快发展农业生产性服务业。当前，虽然有一部分农业新型经营者通过流转土地发展了适度规模经营，但是在未来相当长的时期内，农户小规模经营仍然是农村经营方式的主体。农村又面临着劳动力减少和老龄化的突出问题，靠农户自身无法实现农业现代化。发展农业生产性服务业，有利于集中采购农业生产资料，从而降低生产成本；有利于引进优良的品种和先进的农业生产技术，提高生产科技水平，避免农业投入品施用，减少农业面源污染，实现农业绿色发展；有利于实施大面积的机械化作业，降低单位作业成本，提高装备利用率；有利于培育农产品品牌，实现品牌增值，提高农产品竞争力和质量效益。2019 年 2 月，中共中央办公厅、国务院办公厅专门印发《关于促进小农户和现代农业发展有机衔接的意见》，要求通过发展农业生产性服务业、推进以及实施互联网＋小农户计划等，不断健全面向小农户的社会化服务体系。提高农村居民生活水平，迫切需要发展生活服务业。改革开放以来，我国农业农村发生了巨大变化，不过，城乡之间的差异仍然十分明显，包括城乡居民收入、公共服务以及要素配置等方面。发展农村生活服务业，可以在养老、保健、文化等方面为老百姓提供更好的服务，不断缩小与城镇之间的差异。

三、农村双创的重要领域

近年来，党中央、国务院高度重视农村创新创业，制定下发了《关于推动创新创业高质量发展打造"双创"升级版的意见》（国发〔2018〕32 号）、《关于支持返乡下乡人员创业创新促进农村一二三产业融合发展的意见》（国办发〔2016〕84号），出台了一系列政策措施。各地认真贯彻中央部署，加强指导，强化服务，建机制、育主体、树典型、搭平台，农村创新创业风生水起。2017年，全国返乡创业人员超过740万，其中返乡农民工占72.5%。从实践看，农村双创主要在种植、养殖、农产品加工、农产品流通、电子商务、休闲农业等领域，可见乡村服务业是农村双创的重要领域。以美国为例，从事农业生产领域的人口只占总人口的2%左右，而从事与农业生产有关的生产、供应和农产品加工、销售及为农业生产服务的人口，却至少占到了总人口的15%以上。可见，从未来发展趋势看，乡村服务业仍然是农村创业创新的主战场之一。

◆ 专栏：典型案例

江苏省句容市农村电子商务产业园

句容市农村电子商务产业园总规划面积80亩*（一期30亩），园区总建筑面积20 000平方米，共有10座馆。建有党群活动中心、猪八戒服务交易平台、淘宝市级服务中心、农产品质量检测中心、农村产权交易中心、农业互联网医院、海外产品展销中心、众包服务中心、众创中心（88间，每间约15平方米，供双创企业入驻和创业孵化使用）等。园区采用"拎包入住"，免费提供办公桌椅，3年内房租、水电、网络费用全免，吸纳农业类初创项目入驻孵化，并享受园区的云美工、云客服和云培训，已有140余名返乡人员入驻创业。园区先后被农业农村部评为"全国农村创业创新园区"、被江苏省科技厅评为"星创天地"。

四、农民脱贫增收的重要途径

农民收入构成包括工资性收入、经营净收入、转移净收入和财产

---

* 亩为非法定计量单位，1亩≈667米^2。

净收入 4 部分。改革开放后，农民生产经营的积极性大大提高，经营性收入一度是农民收入的主要来源。20 世纪 80 年代末至 90 年代初，农业生产效益下滑，出现增产不增收的现象；同时，城镇二三产业发展迅速，需要大量的劳动力。在双向作用机制下，农村剩余劳动力大规模进入城镇就业，工资性收入不断增长，成为农民收入的重要部分。2015 年，工资性收入超过经营净收入，成为农民收入的最重要来源。近年来，随着我国工业升级、"机器换人"计划的加速，农民获得工资性收入增长的潜力受限；以政策性补贴为主的转移净收入也贴近"天花板"；再加上受国际农产品价格影响，我国农产品价格下行压力加大，农民收入要保持持续较快增长面临着巨大挑战。发展乡村服务业，具有强大的吸纳劳动力的能力，为农民就业、创业提供了传统农业经营之外的新途径。对 2017 年统计数据进行分析，批发零售业完成 1 亿元增加值吸纳的劳动力数量大约是工业的 4 倍以上。农民从事服务业的收入呈不断增长的趋势，人均服务业收入从 2003 年的 237.1 元上涨到 2016 年的 1 183.8 元（图 1 - 2），增长幅度为 399%，年均增长 12.8%。在 2012 年之前，农村居民服务业收入占家庭经营性收入的比重维持在 15% 左右，变动幅度不大，但总体上缓慢上升；从 2012 年开始，第三产业收入比重有加速提高的趋势，在 2016 年的比重达到了 25%。截至 2017 年底，全国 756 个电子商务进农村综合示范县中，国家级贫困县占比达 66%，带动近 300 万建档立卡贫困户依托电商实现增收。

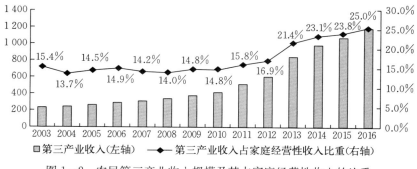

图 1 - 2　农民第三产业收入规模及其占家庭经营性收入的比重

第四节　重大机遇

一、农业生产方式转变加快

我国农村劳动力面临着不足和老龄化的双重压力。2017 年，进城务工的农村人口达 2.87 亿。全国人口老龄化现象在不断加重，而农村更甚。2015 年，全国农村 65 岁及以上老龄人口占总人口的比重高达 12.0%，比城镇高 2.6 个百分点。解决"谁来种地"的问题主要有 2 种途径。第一种是发展种植合作社、种植大户、企业等新型经营主体，通过集中流转土地的方式实现适度规模经营。据农业农村部统计，截至 2018 年底，全国依法登记的农民合作社达 217.3 万家，实有入社农户超过 1 亿户，占全国农户总数的 49.1%。2017 年底，全部或部分流转出土地的农户超过 7 000 万户，面积达到 5.12 亿亩，占家庭承包地总面积的 37%。第二种是大力发展生产性服务业。当前和今后很长一段时期，小农户家庭经营仍将是我国农业的基本经营方式，通过专业经济组织，开展土地托管等生产作业服务，既能保护小农户土地基本经营权，又能帮助其走上农业现代化的轨道。截至 2017 年底，社会化服务组织达到 22.7 万家，已服务 3 600 多万农户，托管面积 2.32 亿亩。此外，当前我国农业到了高质量发展阶段，农业由资源消耗型向可持续发展方式加快转变，绿色发展技术及装备的推广应用给生产性服务业带来发展机遇。

二、产业融合发展趋势明显

推进农村一二三产业融合发展，是深化农业供给侧结构性改革、推动乡村产业振兴的重要抓手，是促进农民持续增收、决胜全面建成小康社会的有效途径。为此，国务院办公厅于 2015 年印发《关于推进农村一二三产业融合发展的指导意见》，除要求大力发展农产品加工业外，还要求积极发展农业生产性服务业，推广农超对接、农企对接和社区直销等流通服务，推进农业与旅游、教育、文化、健康养老等产业深度融合，大力发展定制服务、会展农业、农业众筹新兴业态，在新型经营主体和农民之间建立合作制、股份制、股份合作制、长期订单等紧密型利益联结机制，让农民分享二三产业增值的收益。从实践看，休闲农业、农村电子商务、农产品产地直销等乡村服务业已经成为产业融合发展的重要内容，并呈现出蓬勃发展的态势。2017年，全国农村网络零售额达到 12 448.8 亿元，同比增长 39.1%；农村网店达到 985.6 万家，同比增长 20.7%，带动就业人数超过 2 800万人。全国休闲农业和乡村旅游接待人次从 2012 年的 8 亿增至 2018年的 30 亿，年均增长 30%；营业收入从 2012 年的 2 400 亿元增长到2018 年的 8 000 亿元，年均增长 27%。据对 13.5 万家休闲农业经营主体调查，农民从业占 93%，每亩土地产出 1.5 万元，从业农民年人均收入达 5 万元以上。

三、城乡融合发展要求迫切

党中央高度重视缩小城乡差异，党的十八大和十九大分别提出了城乡一体化和城乡融合发展的指导思想，缩小城乡差异的要求愈加迫切。我国城镇和乡村之间主要的差异主要体现在居民收入、公共服务、生产要素配置及基础设施等方面，比如 2017 年城乡居民人均收入倍差仍达到 2.71。对生活污水进行处理的行政村比例只有 20%，集中供水率低于 70%。缩小城乡差异，一方面要积极推进新型城镇化，让部分农村人口真正转化为城镇居民。2018 年，我国常住人口城镇化率达到 58.52%，预计 2035 年常住人口城镇化率将达到 70%，相当一部分农村居民通过转变身份融入城镇，享受城镇居民同等待遇，消除了城乡差异。另一方面是在农村积极发展新兴产业，吸引城市人才、资本"下乡"，缓解城乡之间要素配置的不公平，同时帮助返乡住乡农民就近创业、就业，增加收入，缩小城乡收入差距。乡村服务业属于新兴产业，必将在城乡融合发展过程中发挥重要作用。

四、政策引导扶持力度加大

随着我国现代农业的加快推进，对农业生产性服务的需求越来越旺盛、要求越来越高。近几年，各级政府扶持政策的重点，已经逐步从原来的补主体、补装备、补技术，向补服务转变。一方面，因为我国农业生产性服务的技术装备和服务能力已经达到一定的规模；另一方面，为了扶持引导小农户广泛接受农业生产性服务，并通过财政补贴降低生产成本；第三，为了培育农业生产性服务市场，推动农业生产性服务业的加快发展。2016 年，商务部出台了《关于促进农村生活服务业发展扩大农村服务消费的指导意见》。商务部发布的《居民生活服务业发展"十三五"规划》，专题部署做好农村生活服务，包括健全农村生活服务网络、扩大农村服务消费、引导各类市场主体参与农村居民生活服务体系建设。2017 年，农业部、国家发展和改革委员会、财政部联合印发《关于加快发展农业生产性服务业的指导意见》。

五、技术创新应用日新月异

技术进步是经济增长的主要动力。技术升级的过程与服务升级的过程是高度融合的。服务升级为技术升级提供导向，技术升级为服务升级提供支撑。当前，5G、人工智能、大数据、移动互联网、物联网及云计算等的协同融合点燃了信息化新时代的引擎，为服务互联网向纵深发展注入后劲。例如，智能农机、农业物联网的应用使得作业效率更高、范围更大，服务更加精准。大数据与云计算可整合农产品生产、上市、仓储、物流、价格等信息资源，通过信息的分析发布引导行业健康发展。随着我国老龄化的加快推进，利用云数据等手段开发新型软件，应用于乡村养老产业的市场空间巨大。一些国家与地区已经采取远程医疗服务技术，在远程实现诊疗和健康咨询服务；同样的原理，对动植物进行远程的疫病诊断治疗、生产咨询可以达到提高效率并降低成本。

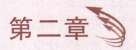

第二章

农 资 供 应

　　农资是农业生产的基本保障，事关农业增产与农民增收，与农产品质量安全紧密相关。先进的农资是现代生产要素物化的载体，现代农业发展离不开先进的农资作支撑。随着农资市场的快速发展，以及农业农村发展新格局的加速形成，传统的农资需求逐渐向农资供应服务需求转变，农资市场竞争也逐渐转变为农资供应服务竞争，农资供应服务在现代农业发展中的作用愈加重要。现代农资经营服务体系是现代农业健康、快速发展的重要组成部分，农资供应服务主体必须立足实际，契合市场发展需要，由农资供应向农资全程化服务转变，为农资需求方提供方便实惠、安全优质的农资服务。

第一节　相关概念

一、概念

　　1. 农资　农资是农业生产资料的简称，指农业生产过程中投入的一切物质资料和物质条件，如农药、化肥、种子、农膜、农机具、饲料等，以农药、化肥、种子为主。本章所指的农资主要指农药、化肥、种子。

　　2. 农资供应服务　农资供应服务指为农业生产提供相应的农业生产资料服务。本章主要指农资采购及配送。供给主体包括个体零售商、农民合作社、农业产业化联合体、农资公司等，供给对象包括一切从事农业生产且有农资需求的农业经营主体。

二、分类与特点

1. 农资供应服务分类

(1) 从服务供应内容的角度，农资供应服务可以划分为农药供应服务、化肥供应服务、种子供应服务、农膜供应服务、农机具供应服务、饲料供应服务等。每一种农资供应都属于或对应一类农资供应服务（表2-1）。

表2-1 农资供应服务分类

分类标准	具体划分类型
服务供应内容角度	农药供应服务、化肥供应服务、种子供应服务、农膜供应服务、农机具供应服务、饲料供应服务等
服务供应数量角度	单一农资供应服务、多元化农资供应服务
服务供应主体角度	单个主体协作互助型、末端农资零售商服务型、公共机构副业服务型、农资公司产品下乡型、新型农业主体服务型及农资电商平台服务型等

(2) 从服务供应数量的角度，农资供应服务可以划分为单一农资供应服务和多元化农资供应服务。早期以单一农资供应服务为主，近年来多元化农资供应服务逐渐兴起，农资供应主体"兼业化"经营，同时提供农药和种子、种子和化肥、化肥和农膜等两种或更多种农资供应服务（表2-1）。

(3) 从服务供应主体的角度，农资供应服务可以划分为单个主体协作互助型、末端农资零售商服务型、公共机构副业服务型、农资公司产品下乡型、新型农业主体服务型及农资电商平台服务型等。每一类经营主体提供农资供应服务均可以划分为一类（表2-1）。

2. 农资供应服务特点

(1) 供应有效时长短。受制于农业生产的季节性、生物学特征，各种农资使用也遵循农业生产规律，在农作物特定的生产阶段产生特定的农资需求，表现出较强的季节性需求特征。而农资供应主体一旦投身于农资行业，场地、基础设施、人员等投入具有长期连续性，不会因农资需求的季节性特征而季节性经营，最终导致农资有效供应时长较短和农资供应服务呈现明显周期性，这会显著削弱农资服务供给主体的盈利稳定性。因此，许多农资服务供给主体通过多元化经营提高年均总收入或经营效益。

（2）供应主体多元化。一方面，不同种类农资自身属性的差异决定着市场进入门槛的高低，农资行业整体进入门槛偏低；但是农药行业相对较高，我国实施农药经营许可制度，从 2018 年 8 月 1 日起，农药经营者需要具备农药经营许可证。另一方面，新型农业主体大量涌现，平台经济等新业态蓬勃发展，充实并丰富了农资供应主体队伍。因此，农资市场经营主体较为多元化，相应的农资供应服务主体也更加多元化，凸显出农资供应服务的灵活多样性。

（3）买方市场属性强。农资市场进入门槛低、供应主体多元化，为农资供应服务市场繁荣创造了条件，扩大了农资供应服务的覆盖面，提高了农资供应服务的需求可获得性。在农资供应服务供给充裕的情况下，需求主体面临的服务选择空间较大，农资供应服务市场处于供给大于需求的情形，买方市场属性较强，农资供应服务需求主体居市场主导地位，可以自由选择自我认同的优质农资供应服务，也有利于倒逼农资服务供给者提高服务质量和效率。

第二节　发展现状与趋势

一、基本现状

1. 政策支持力度不断增强　为支持农资供应服务等农业生产性服务发展，国家先后出台了《关于加快发展生产性服务业促进产业结构调整升级的指导意见》（国发〔2014〕26 号）、《关于加快发展农业生产性服务业的指导意见》（农经发〔2017〕6 号）、《关于大力推进农业生产托管的指导意见》（农办经〔2017〕19 号）、《关于进一步做好农业生产社会化服务工作的通知》（农办计财〔2019〕54

号）等政策文件，大力支持农业生产性服务业发展。2017 年、2018 年、2019 年，中央财政农业生产发展专项中分别安排资金 30 亿元、40 亿元、40 亿元支持以农业生产托管为主的农业社会化服务，各地区根据当地农作物种类、农业生产托管环节等制定具体补贴标准，落实补贴支持政策，推动农资供应服务等农业生产性服务发展壮大。

2. 农资服务市场潜力巨大　在农业生产面临"谁来种地""如何种地"的现实窘境下，农资的刚性需求催生出农资供应服务，且市场潜力巨大。有研究表明，随着我国现代农业的加速推进，对农业生产性服务的需求越来越旺盛、要求越来越高，农业生产性服务将是未来最有潜力的大产业，今后一个时期将是农业生产性服务发展的黄金期，预计市场交易规模将达万亿元以上。农资在农业生产总成本中占比较大，根据《全国农产品成本收益资料汇编 2018》统计，2017 年全国 3 种粮食（小麦、玉米、水稻）平均生产费用为 437.18 元/亩，其中种子费、化肥费、农家肥费、农药费、农膜费分别为 62.43 元/亩、130.90 元/亩、15.14 元/亩、30.68 元/亩、2.89 元/亩，合计占比高达 55.36%。因此，农资供应服务市场交易规模巨大。

3. 农资服务供应模式多样化　农资服务供应主体多元化为农资服务供应模式多样化创造了条件，无论是从农资服务供给内容、供给数量，还是供给主体角度来看，全国各地衍生出灵活多样的农资服务供应模式，如"传统模式＋现代模式""线上模式＋线下模式"等，丰富并活跃了农资供应服务市场，满足了农业农村发展新形势下不同消费群体的农资服务需求。随着现代农业的发展及农资市场的转型升级，农资服务供应模式的市场格局也在不断变化，以零售商为载体的传统农资服务供应模式逐渐让位于以新型农业经营主体、电商平台为载体的新型农资供应模式。但是，新型模式并没有完全取代传统模式，而是互为补充。

二、存在的主要问题

1. 农资需求季节性强，持续性弱　农业生产的季节性决定了农资需求的季节性。对于终端农资零售商而言，每年农资销售的时间累计约为 4 个月，其余时间则处于休眠期，农资服务长年有效供应的持续性较弱。农资零售商长时间休眠不利于客户群的维持，也摊薄了年均盈利。为了弱化农资需求的季节性束缚，增强农资服务经营的稳定性与可持续性，不少农资零售商尝试多元化经营，经营范围由农业生产服务向农村生活服务延伸，如配送液化气、寄收快递、售卖日用品等，充分利用农资销售的空余时间，维持农资经营的客户关系和基本利润。

2. 农资供应主体较多，竞争激烈　农资市场竞争激烈，供给形式多样，就农资零售商渠道而言，调研发现，一个乡镇就有 10 多家农资零售商。为争取更多的客户资源，在价格优惠力度有限的情况下，各农资零售商开始推进"以服务换质量"的营销策略，通过提高服务质量赢得客户信赖。送货上门是最基本的营销服务，买化肥送农药、买农药免费提供喷药机械使用等营销方式渐成常态。赊账是最常见的营销手段，赊账周期甚至长达一年以上，少数成为"呆坏账"。当然，大多数赊账建立在农户和农资零售商彼此信任的基础之上，形成了一种无形的心理契约。对于新型经营主体等农资需求大户，零售商往往是持犹豫的态度，虽然该群体的农资需求量大，能够发挥农资供应服务的规模效应，但农业规模经营的自然风险、市场风险叠加，规模经营主体结清农资款的不确定性也更大。

3. 农资供应种类繁多、鱼龙混杂　市场上农资种类繁多，不乏假冒伪劣农资产品，相关事件时常见诸报端。中国每年假冒伪劣农资案数达万起，涉案金额高达 10 亿元。受利益驱使，一些不良厂家模仿正规品牌，以手工作坊式生产农资，贴上具有误导性的商品标签，如与正规农资品牌相近似的名称、中英文说明等信息，充分利用农资需求主体文化素质水平普遍偏低的弱势，欺骗消费者。此外，部分假冒伪劣农资生产成本低，在市场上具有价格优势，容易被处于信息弱势地位的消费者所接受。当然，国家也不断加强农资市场监管。2019 年 1 月 9 日，国家市场监管总局印发了关于《假冒伪劣重点领域治理工作方案（2019—2021）》的通知，力争用 3 年时间重点整治假冒伪劣农资问题，净化生产源头和流通网络，有效遏制假冒伪劣高发、多发势头。

三、发展趋势

1. 农资市场进一步整合，市场集中度提高　我国拥有农药生产企业近 600 家、化肥生产企业近 2 500 家、农机生产企业近 2 000 家、种子企业 5 000 家、种子流通主体近 10 000 家，但农资企业规模普遍偏小。随着农资市场需求形势的变化，农资市场将会沿着产业链纵向整合，纵向一体化趋势日益凸显。例如，中农发种业集团股份有限公司通过收购兼并其他种子、化肥、农药公司推进"种药肥一体化"发展战略，业务涵盖玉米、小麦、水稻等农作物的种业、农药、化肥及农业综合服务，实现公司业务在农资板块的大整合。同时，农资企业层面也会依循"优胜劣淘"的市场竞争机制不断横向整合，市场集中度进一步提高，农资市场"散、小、弱、多"的格局将会得到改观。

2. 新型主体不断壮大，倒逼农资市场完善　信息不对称是农资市场鱼龙混杂的主要原因，不良农资产品或服务供给者利用消费者的信息弱势特征，蒙骗甚至欺诈消费者。但是，随着家庭农场、专业大户、农民合作社、农业龙头企业等新型经营主体的兴起并壮大，一定程度上改变了农资市场需求方的信息弱势地位。相较于分散小农户，新型经营主体在农业经营方式、信息甄别、新技术与新品种采纳、农业生产性服务购买等方面具有比较优势，能够大幅度减弱农资市场中的信息不对称程度，倒逼农资产品或服务供给方提高供给质量与效率，提供优质的农资产品或服务。农资需求主体的改变让农资市场失去投机的机会，促进农资市场规范健康发展。

3. 农资供应服务更规范，标准化程度不断提高　随着农资服务市场不断发展壮大，农资服务会朝着标准化、规范化的方向转型升级，形成更加完备的现代农资综合服务体系。一方面，类似于农资产品市场，未来农资服务市场的买方市场属性也会进一步增强，农资服务供给竞争加剧也会倒逼农资服务转型升级，以提高农资服务质量为抓手，向标准化、品牌化服务方向发展；另一方面，就整个农业生产性服务业发展趋势来看，在服务供给日渐充裕的情况下，市场对服务质量的要求逐渐提高，制定行之有效的行业服务标准或规范显得尤为重要。2019 年 7 月 31 日出台的《关于进一步做好农业生产社会化服务工作的通知》（农办计财〔2019〕54 号）中指出"项目实施县的农业农村主管部门要组织服务组织、行业协会和其他有关单位，研究、制定符合当地实际的服务标准、服务规范和标准服务合同文本"，农业生产社会化服务发展走在前列的山西省已经发布全国首个农业生产托管地方标准（DB 14/1809），并于 2019 年 8 月 25 日起实施，未来包括农资供应服务在内的农业生产社会化服务将会更加规范。

4. 不同服务有机衔接，综合服务供给能力提升　受制于资金、场地、技术等因素，早期的农资服务供应主体以提供单一农资服务为主。但是，随着农资服务市场竞争加剧以及农资市场整合深入，农资供应服务内容由单一服务向多元服务拓展，不同农业社会化服务内容之间有机衔接、协同发展。具体表现为：一是农资供应服务内部组合发展。农资服务供应主体同时经营或提供多种内容的农资服务，该情形已大量存在。二是农资供应服务与其他农业社会化服务之间有机衔接。农资供应服务向其他农业社会化服务内容拓展，或者其他农业社会化服务内容拓展至农资供应服务。不同农业社会化服务内容之间关联性的强弱不等，服务组织应充分利用这一服务特质，通过服务打包组合拓展服务内容或范围，提高农业生产过程中农业社会化服务的渗透性，提高服务综合供给能力。

第三节　主要模式

农资需求的多元化及差异化催生出不同的农资服务供应模式。从农资供应服务主体角度，将农业生产中常见的农资供应服务划分为 6 种模式。

一、单个主体协作互助型

单个主体协作互助型指小农户等农资需求主体之间以非正式合作的形式联合起来，由一名声望或信誉较高的人负责农资采购，并指引农资供应商上门配送，或自己为互助组成员上门配送。这种互助型农资服务目前相对较少，负责人若为新型农业主体，会演变为新型农业主体服务型农资供应服务。

有别于新型农业主体服务型农资供应服务，村干部以个人名义或村委会名义集中采购农资是最为常见的单个主体协作互助型农资供应服务，通常村干部也有农资消费需求。在农资需求时节，村干部借助自身内联外拓的优势收集本村农资需求信息，并联系农资供应商集中采购农资，为成员提供农资供应服务。在该模式中，农资尤以化肥为主，需求量大，通过集中采购成本节约明显。

二、末端农资零售商服务型

末端农资零售商指直接面向小农户等农资需求主体的农资零售商，如乡镇农资经销店、村级农资代销店等。他们凭借贴近农户的优势，在解决农业服务"最后一公里"问题上发挥了灵活、切实的作用。这是目前农资供应服务中最为常见的类型，也是农业生产经营主体农资需求得以满足的最有效实现形式。当然，该类型也极易受到新型农资供应服务模式的冲击；或者易转型成为新型农资服务供应主体，通过成立合作社，为农户提供农资、生产作业、销售等生产全程服务。

在农资需求时节，末端农资零售商会下乡入户宣传，向农户传递当年农资种类、价格等信息，收集各村农户的农资需求信息；也有部分老客户会主动联系农资零售商，预订当年所需农资。一般以乡镇为中心，在直接或间接汇总所有农资需求信息后，农资零售商根据农户的农资需求种类、使用日期、地理位置等，分批集中配送农资，个别情况下也单独送农资上门。

◆ 专栏：典型案例

末端农资零售商李海波

李海波是安徽省太和县人，2000年进入农资行业（图2-1）。其父亲曾在镇农技站上班，从事与农资相关的工作。受父亲影响，李海波初中毕业后开始自学农资知识，经营农资。他的具体经营模式是，从县级农资经销商或代理商处购买农资，销售给分散的农户。2000年开始，介入小麦种子行业，且经营场所在村里；2004年，又介入化肥行业，经营场所迁至镇上，覆盖更广的农资消费群体；2020年，经营农资种类覆盖种子、农药、化肥。真正意义上的农资供应服务始于2006年，之前是农户上门提取农资（农户找商户）；约从2006年开始送货上门（商户找农户），一户一户或一村一村地送；而如今，不仅提供送农资上门服务，还提供赊账及其他配套服务，如农户购买农药的同时免费提供电动喷药机具供使用、购买化肥达到一定金额赠送喷药机具等。2017年，李海波流转了1000亩耕地，开展粮食规模经营，如今一年农资销售约50吨。

图2-1 末端农资零售商李海波

三、公共机构副业服务型

公共机构副业服务型指中国邮政公司、供销合作社等国家公共机构依托自身主营业务优势和点多面广的资源优势，直接或间接地开展农资配送服务。该模式是我国计划经济时期农资供应模式的变迁延续，国家也大力支持该类型农资供应服务。2017 年，中央 1 号文件指出，"支持供销、邮政、农机等系统发挥为农服务综合平台作用，促进传统农资流通网点向现代农资综合服务商转型。"较为典型的是中国邮政公司经营种子、化肥等农资产品。邮政公司一般设有"三农"服务站或"三农"服务中心，甚至在村级层面设有相应的服务中心，在农资需求时节，根据农户等农资需求主体需求送农资上门。供销合作社发展改革过程中组建的为农服务中心或平台，也是当前较为常见的农资服务组织形式。

◆ 专栏：典型案例

山东省茌平县郝集供销社为农服务中心

山东省茌平县郝集供销社为农服务中心是由原郝集供销社发展演变而来，历经郝集供销社科技兴农服务中心、郝集供销社庄稼医院、丰源玉米种植专业合作社、丰源农业科技服务有限公司等。服务中心现有员工 20 人，其中大学学历 5 人；完成投资 1 100 余万元；占地 36 亩，建筑面积 6 500 平方米，其中农资仓库 1 400 平方米、智能配肥仓库 200 平方米；现有高标准化验室 1 处、五斗智能配肥机 1 台、各种农机具 600 余台套；围绕耕、种、管、收、加、储、销七大农业生产环节，为全县 8 万户 20 万亩耕地提供农资直供、智能配肥、土壤检测、统防统治、粮食烘贮等综合服务。

农资服务是为农服务中心最早经营的项目之一，在一系列更名、资源整合的发展历程中，为农服务中心提供农资服务的主线一直没变。为农服务中心与山东登海种业股份有限公司、住商肥料（中国）企业集团合作，为当地农户提供优质的良种、肥料等农业生产资料。2015 年，为农服务中心投资建设化验室一处，配置高标准的化验仪器；2016 年，投资 15 万元引进五斗智能配肥机，根据土壤检测结果，智能调配氮、磷、钾及微量元素比例适宜的肥料，实现农资服务的"私人定制、配方施肥"；2017 年，为农服务中心为周边 2 500 亩耕地配方施肥 100 余吨，良种、良肥、良法有机结合，农作物产量显著提高。

四、农资公司产品下乡型

农资公司产品下乡型指农资生产或经销公司直接或间接下沉到农村，为小农户等农资需求主体提供农资配送服务，并提供相应的技术指导服务。这是在农资行业竞争加剧的背景下，农资公司不得已而为之的农资营销策略，直接面向终端消费群体的营销策略需要支付较高的营销成本。

农资公司产品下乡型的主要目的在于推销本公司农资产品、占领更多的市场份额，同时也延长企业产业链，有效应对行业竞争。在农资需求时节，农资公司的工作人员以流动宣传车的形式在农村推广宣传本公司的农资种类、价格、效果、优惠政策等，部分农资公司还会发放少量农资赠品、低价销售试用品，赢得客户信赖，期望获得长期稳定的客户群体。还有部分农资公司通过创建农民合作社、为农服务中心平台、基地等形式间接下沉到农村，凭借自身农资优势，开展农资经营服务。除传统农资供应服务外，随着测土配方施肥技术的大力推广及市场需求的不断扩大，一些农资公司专注于测土配方施肥技术研发，为农资需求主体提供"私人定制"的新型农资供应服务。

◆ 专栏：典型案例

山东泰安烟农供销农资有限公司

山东泰安烟农供销农资有限公司由烟台市农业生产资料总公司和宁阳县鑫源土产杂品公司共同出资成立，注册资本600万元。公司现有员工22人，其中大学本科及以上学历占80%；内设化肥部、农机部、植保飞防部、综合部、财务部5个部门；主要经营农药、化肥、种子、农地膜、农机具等；通过组建成立的无人机培训中心、农民合作社等，开展以测土配方施肥、大田生产托管、粮食烘干为重点的规模化服务。

公司凭借自身农资经营优势，创新农资服务体系，在全省开展以"测土配方、智能配肥、精准施肥"为抓手的农资供应服务。2013年，公司建成全省供销系统第一套智能测土配肥系统，建成农资展销厅1000平方米、高标准农资仓储库5000平方米、农资农化技术服务中心400平方米、测土化验及智能配肥中心500平方米、测土配方施肥检测中心3处，储备土样电子档案3万多个（图2-2）。为小麦、玉米、土豆、大枣、花生、苗木花卉等提供配方肥1.2万吨，累计提供测土配方施肥服务面积达15万亩，受益农户达5万余户，为农户节约生产成本约800万元。

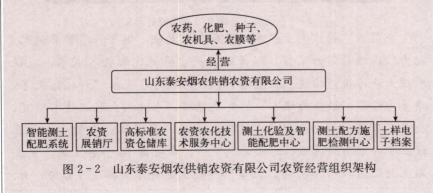

图2-2 山东泰安烟农供销农资有限公司农资经营组织架构

◆ 专栏：典型案例

北京敖禾测土肥业连锁有限公司

北京敖禾测土肥业连锁有限公司成立于 2014 年，是国内第一家商务部商业特许经营备案的专业测土配方肥连锁机构，拥有各项发明专利 30 余项，注册商标 100 余个，具有专业测土配方施肥技术人员 200 余名，在全国 20 多个省、市拥有 180 多家加盟配肥中心，主要从事和经营测土配肥技术研发、配方肥生产销售、加盟店连锁加盟经营、农业产业服务于一体的新型农业服务（图 2-3）。

图 2-3 北京敖禾测土肥业连锁有限公司

公司以"推广测土配方，服务农业发展，倡导科学精准施肥，助力农民收益"为宗旨，以帮助农民"降低化肥投入成本，减轻农耕土地污染，推进农业生态种植"为理念，秉承"科技为先导，质量为信诺，服务为根本"的发展思路，专注测土配肥技术研发。公司在新疆、云南、福建、辽宁、吉林、黑龙江、内蒙古、江苏设立了 8 家省级区域性运营管理中心，在全国 16 个省份累计完成测土面积达 4 000 多万亩，收集和整理土地样本数据 150 万份，开展各类测土配方知识讲座、农化农技知识培训课堂、农业科技推广会议等2万多场，培训人次高达300万人；长期与农业农村部、中国农业科学院国家测土施肥中心实验室、全国农业技术推广服务中心土肥处开展技术合作，具有较强的"产、学、研"一体化市场运作能力，形成了全国连锁加盟统一运营模式，全面打通了"测土、配方、配肥、供应、施肥指导"5个核心环节。

在测土配肥流程规范上，公司通过专业技术人员对目标耕地土壤进行科学规范化"取土、风干、打磨、化验、分析"，准确掌握土壤状况数据，通过结合目标耕地区域自然条件，优化目标产量，把相关数据输入配肥系统中进行综合换算，由智能系统确定目标地的最佳施肥方案，再由全智能自动配肥机根据施肥方案为农户生产配方肥，并派专业农技人员为农户提供施肥指导和售后服务跟踪，为广大农民消费者全面提供"测土-配方-配肥-供肥-服务"农业种植一站式服务（图2-4），基本实现了农业种植生态化、科技化、现代化、服务化的服务目标。田间试验表明，测土配方平衡施肥的肥料利用率同比提升10%～25%，每亩地可节约氮肥施用量10～20千克，土壤pH有效调解范围1～3，可使粮食作物同比增产15%～30%、蔬菜和经济作物增产23%～50%、瓜果作物糖度提高0.7%～2.4%、作物病虫害发生率降低23.2%～43.6%，农民每亩农田平均可实现70～280元的节本增收效益，高产、优产、增收效果十分显著。

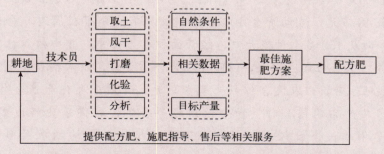

图2-4　北京敖禾测土肥业连锁公司"新型农资"供应服务流程图

五、新型农业主体服务型

新型农业主体服务型指由家庭农场、农民合作社、合作社联合社、农业产业化联合体、农业龙头企业等新型农业经营主体和服务主体为小农户等农资需求主体提供农资选购、配送服务，以及延伸的其他农业生产性服务。新型农业主体提供的服务多样化，少数提供单一专项服务。在农业经营主体加速分化、农业劳动力老龄化、农村空心化、农业副业化的发展背景下，新型农业主体服务型是乡村服务业发展的主力军。

新型农业服务主体专门从事农业生产经营服务，而新型农业经营主体兼具生产经营功能和服务功能。在农资需求时节，新型农业主体一方面购买农资自用；另一方面为其关联主体或其他农资需求主体集中采购农资并配送，抑或提供其他延伸服务。农资集中采购能够增强市场谈判能力，降低农资采购价格。农民合作社和农业企业提供农资配送服务是该类农资服务的典型，而且一般提供多种农业生产性服务。

◆ 专栏：典型案例

浙江省乐清市金穗水稻专业合作社联合社

浙江省乐清市金穗水稻专业合作社联合社（简称"联合社"，图 2-5）由 23 个农民专业合作社于 2014 年 9 月发起成立，注册资金 48 万元，流动资金 100 万元。成员单位分布在周边 9 个街道，涉及 150 多个种粮大户，经营面积 3 万余亩，其中核心社员 33 个。联合社成立以来，以联合社为合作平台，以水稻专业生产为联结纽带，以农民合作社为基本单元，开展专业化生产合作、农资农产品购销合作、资金信用服务合作，取得了良好成效。2017 年，联合社经营额 1 350 万元，社员年亩均增收 100～300 元。

图 2-5　金穗水稻专业合作社联合社

在农资服务方面，联合社在农资需求时节统计社员所需种子、化肥、农药、农膜、农机具等，以电子商务招投标或"抱团式"直接与生产厂家、商家谈判采购，联合社统一结算，各类农资采购成本低于市场零售价，且质量稳定（图 2-6）。自 2015 年以来，联合社每年集中采购化肥、种子、农药等农资超过 1 000 万元，采购插秧机、烘干机、秧盘等农机产品约 500 万元，农资"抱团式"采购比社员单一采购成本节约 20% 左右，有效降低了农业生产物化成本。

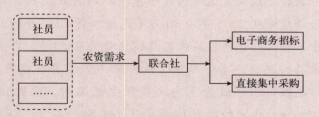

图 2-6　农资供应服务流程图

◆ 专栏：典型案例

黑龙江大鹏农业有限公司

黑龙江大鹏农业有限公司成立于 2005 年，是一家集种子繁育、加工、试验及化肥生产加工、销售为一体的综合性农资企业。公司注册资金 3 000 万元，固定资产达到 1.5 亿元，占地面积 26 900 平方米；拥有种子和化肥仓储 10 000 平方米、种子加工车间 536 平方米、化肥加工车间 5 000 平方米、晒场 8 000 平方米、种子销售大厅 1 300 平方米、种子化验室 120 平方米、科研育种与试验示范基地 300 亩（图 2-7）；种子精选加工、包装流水线 1 条，测土配方机械 2 台套。公司现有职工 45 人，其中农业技术推广研究员 2 人、高级农艺师 4 人、农艺师 5 人、技术研发人员 27 人，科研人员占 60%。近年来，公司从发展新时代现代农业的大处着眼，从装备新型职业农民、社会服务型人才、技能带动型人才和培育新型经营主体的实处入手，不断拓宽"三农"服务的路子。

公司不断扩大增加农业服务门类，延伸服务触角。在农资供应服务上，保障种子质量安全，严格执行质量保障的规范流程，对每批种子不管数量多少，都进行严格检验。在化肥农药供应服务上，以"真"和"实"为基点，让广大农民朋友放心。先后和史丹利化肥股份有限公司、美国先锋良种有限公司等国内外知名种肥企业联合，成为安达地区信誉度较高的农业生产资料经营企业。种子销售量从 2005 年的 30 万千克增加到 2018 年的 625 万千克，其中，自主知识产权品种占总销售量的 92.0%。自主创新的省审玉米品种鹏玉 1 号、鹏玉 2 号、鹏玉 3 号具备高产、优质、多抗、广适性，已经成为省内主栽区主流品种。化肥销售量从 2005 年的 5 000 吨增加到 2018 年的 25 000 吨；其中，公司根据科学测量自行配制的测土配方肥使用效果较好，销量已占化肥总销售量的 80.5%。公司坚持"贴心服务"的经营理念，在农资行业竞争日益激烈的环境下，专注产品品质质量，强化"三农"服务意识。现已打造出一支专业型的精诚服务团队，可为农民提供有效的技术服务和技术咨询，为客户提供强有力的支持和全方位的售后服务，每年累计下乡开展农化农技服务2万余次。

图 2-7 黑龙江大鹏农业有限公司实验基地

六、农资电商平台服务型

农资电商平台服务型指农户等农资需求主体通过互联网平台线上挑选所需的农资种类、品牌，下单后，卖家亲自或通过第三方物流送货上门或送至离客户较近的取货地点。该模式是农资行业变革传统流通渠道的重要尝试，也是未来农资销售市场多元化、技术服务信息化的新趋势；优势在于可选择的农资种类多、节省购买时间，但农资产品的质量有时难以得到有效保障。

《中国互联网络发展状况统计报告》显示，截至2018年底，我国农村网民规模达2.22亿，同比上年增加1 291万，占总体网民的26.7%。随着农村互联网的快速普及，以及农村居民网络购物消费习惯的逐渐形成，农资电子商务发展迎来重大机遇期，电商平台已经开始向农资行业渗透，开拓农资供应服务新模式。但农资在线销售还没有形成规模，仍处于起步阶段，根本没有对传统销售模式造成大的冲击。由于农资使用属于投资、使用后效果反映滞后、不易鉴定的特殊属性，以及当前电商平台监管薄弱的普遍性，新型农资供应服务模式健康发展的关键在于严格把控农资质量，提高农资需求主体的产品信任度。

◆ 专栏：典型案例

"农分期"农资互联网平台

"农分期"成立于2013年，由南京农纷期电子商务有限公司创建，是目前国内覆盖规模最广、产品体系最全的"互联网＋农业"综合服务平台。"农分期"全面整合农机、农资、农技、金融、信息等生产要素，与农机、农资、农产品贸易等生产商、流通商、服务商合作，通过农资直营和"纷集"社交电商平台，为农户提供厂商直供、精准定制、绿色高效、优质优价的农资；业务已覆盖安徽、山东、江苏、湖北、江西、河北、河南7个农业大省，设立县级办事处100余个，累计服务新型农业经营主体逾50万家；年均直供高效肥料、绿色植保药剂等农资约10亿元，受益村镇突破20万个。

顺应新型农业经营主体对高质量农资的需求，"农分期"全力打造农资直营新模式和新型农资电商平台"纷集"，与先正达、中化、克胜、金正大、司尔特等国内知名农资生产商合作，利用互联网构建线上与线下相结合的农资流通新模式，大幅度缩短农资流通环节，提高流通效率，实现农业生产节本增效。同时，"农分期"还为新型农业经营主体提供精准配肥、配药服务，以及绿色、环保、精准、高效的农资服务套餐。2017年12月19日，"农分期"携手10余家农资厂商举办了中国"农资节"（图2-8），现场5 000名和线上2万余名新型农业经营主体15分钟内抢购化肥13.8

万吨，成交额约 3.6 亿元。

图 2-8 中国首届"农资节"

◆ 专栏：典型案例

北京爱种网络科技有限公司

北京爱种网络科技有限公司（简称爱种网）由隆平高科、大北农金色农华、北大荒垦丰、东亚种业、中种集团、登海种业等国内 11 家骨干明星种子企业和现代种业发展基金于 2014 年共同投资设立；是国内农业领域一家由众多骨干企业共同发起的具有公信力的行业中立第三方信息、电商、信用和大数据平台。依托于政府相关管理部门，在中国种子协会的指导支持下，爱种网致力于打通种子等农资行业信息流和资金流，以"互联网＋种业"作为业务根基和优先发展领域，扎扎实实地为政府、企业、经销商和农户服务；同时，还向农药、化肥、农机、种植服务、农业保险、农业金融、农产品流通、产业链供需对接等各个领域拓展，全力打造成"全程服务种植业"大数据平台。

爱种网为中小种肥药等农资企业、农技服务、农机销售和服务企业等提供互联网宣传、营销工具和平台，提供价格低廉、甚至免费的标准信息化管理工具，以及收费的定制化、个性化信息系统建设服务（图 2-9）；为各级政府建设农业"＋互联网"平台，建设省市县的种子农资等大数据平台，帮助主管部门监管和调控、引导农户种植和增收、助力企业和经销商营销和决策；整合种植行业各类资源和服务，并利用分布全国的线下服务网络，帮助企业避开单一产品的价格战，向农户推广种肥药套餐、"＋农业保险"、"＋农业金融"。

图 2-9　北京爱种网络科技有限公司的网络平台

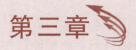

第三章

土 壤 耕 作

　　土壤耕作是农业生产的基础。我国农业生产经营规模小，农户自行购机耕作一次性投资大，且需要了解农机作业知识；多数农民不购买耕作机械，而是选择把耕作环节交由农机服务主体进行专业化作业，以经济可行的迂回方式满足土壤耕作需要，并有效降低耕作成本。当前，土壤耕作社会化服务代替自行耕作表现出很好的发展势头，得到国家政策扶持，具有很好的发展前景。

第一节　相关概念

一、概念

　　1. 土壤耕作　土壤耕作是根据不同作物对土壤的要求和土壤本身的特性，采用机械或者非机械方法改善土壤耕层结构和理化性状而采取的一系列耕作措施，以达到地力保护、肥力提升、病虫草害防治等目的。依据作业强度可分为浅耕、中耕、深耕、少耕和免耕，基本操作包括翻耕、旋耕、深松和起垄等，常见的耕作措施包括耙地、耢地、镇压等。

　　2. 耕作服务　从狭义上讲，耕作服务指在农业生产纵向分工的基础上，由外部主体基于市场原则向农户提供耕作作业服务，包括单环节服务、多环节服务等多种形式。从广义上讲，耕作服务还包括围绕耕作服务形成的配套服务，如提供机器检修、技术培训及为农机手与农户之间提供信息中介等服务。

二、分类与特点

1. 土壤耕作服务分类

（1）按照生产地形因素。土壤耕作服务可以分为平原旱地耕作服务、山地丘陵旱地耕作服务、平原水田耕作服务、山地丘陵水田耕作服务等。

（2）按照服务载体形式。土壤耕作服务可以分为传统人力畜力服务、现代机械化服务等，其中机械化服务是发展的主流。

（3）按照农业生产环节。土壤耕作服务可以分为单环节耕作服务、多环节结合的生产性服务。

（4）按照服务供给主体。土壤耕作服务依照主体类型可以分为个体户、家庭农场、合作社、企业、集体经济组织、供销合作社等。

几种常见分类参见表3-1。

表3-1　常见的耕作服务分类

分类依据	具体分类
生产地形因素	平原旱地耕种服务、山地丘陵旱地耕作服务、平原水田耕作服务、山地丘陵水田耕作服务等
服务载体形式	人力畜力服务、现代机械化服务等
农业生产环节	单环节耕作服务、多环节结合的生产性服务
服务供给主体	个体农户、家庭农场、合作社、企业、村集体组织、供销合作社等

2. 土壤耕作服务特点

（1）服务主体多元化。土壤耕作是较早实现服务外包的环节，提供耕作服务的主体包括个体农户、家庭农场、农机合作社、企业、集体经济组织、供销合作社等。部分主体是在满足自身需求的前提下，向其他需求主体有偿提供耕作服务，部分主体（如农机专业合作社、农机专业公司）则专门面向社会提供耕作服务。

（2）服务工具现代化。伴随农业机械研发及生产力水平的提高，耕作服务从无到有，服务工具从人力畜力到小型机械、常规机械，再到大型机械、全地域机械。目前，畜力耕作少数存在于山地丘陵的农业发展落后地区或部分土地细碎化严重的水田种植区，平原地区耕作服务基本实现耕作服务机械化，丘陵地区次之。

（3）服务环节综合化。随着农业生产性服务业快速发展，耕作逐渐由单环节耕作服务向产业链多环节结合的生产性服务转变，耕作服务与其他环节结合，形成"耕＋种""耕＋种＋管＋收"等多种服务形式。

第二节　发展现状与趋势

一、发展情况

1. 耕作服务发展势态良好　土壤耕作作为农业生产的重要组成部分，是较早实现机械化作业和服务外包的生产环节。2016 年，国内机耕面积达 18 亿亩，拖拉机存量 2 317 万台，三大主粮机耕面积占总播种面积的 78.35％；2018 年，全国农机化经营服务总收入达 5 336亿元，总利润达 2 004 亿元，耕作服务作为生产服务的基础环节、实现耕作机械化的具体方式，呈现出良好发展态势。

2. 服务机械种类丰富　现阶段，平原区对耕作机械的需求不同于山地丘陵地区，分散性生产经营的农户对于机耕服务的需求不同于规模化生产的新型经营主体。这使得不同种类的机械拥有各自的发展区域和特定市场。2017 年，国内大中型拖拉机存量 670 万台、小型拖拉机 1 634 万台，基本满足了不同规模、不同地域条件下对于耕作机械的需求。

3. 多种供给主体并存　耕作服务供给主体包括个体户、家庭农场、合作社、企业、集体经济组织、政府部门等，并逐渐形成以专业合作社、龙头企业等新型经营主体提供服务为主、农机大户等其他供给主体为辅的发展局面。

二、存在的主要问题

1. 机械化水平不均衡　不同作物、不同区域的耕作机械化水平差异较大。2016年，水稻、小麦、玉米的机耕面积占总播种面积的比例分别为58.38％、91.03％、96.97％，直观体现为玉米、小麦的机械服务化率明显高于水稻*。同时，耕作服务发展存在区域上的差异，直接表现为：东中部地区农业生产水平高，耕作服务发展快于西部；平原地区规模化经营面积大，耕作服务发展优于山地丘陵地区。

2. 资源配置存在较大偏差　耕作服务发展呈现多主体、多元化、市场化趋势。大部分地区机械化率高，耕作服务发展快，作业机械量超过实际服务需求量，经营主体具有更多的选择性；部分地区受地形影响，机械化率低，耕作服务发展受限，作业机械量难以满足当地需求，服务主体具有更多的选择性。这种资源利用与配置上的偏差，使得部分地区在耕作时期出现机具赋闲或紧缺的情况，导致服务市场出现恶性竞争、服务垄断等混乱现象。

3. 从业人员知识水平不高　耕作服务市场对于从业人员的能力要求并不高，导致服务队伍参差不齐，再加上当前不存在具体的服务作业标准规范，有关耕作服务与技术的专业培训少，致使服务人员责任心弱化，甚至部分地区出现耕作质量整体性不高的现象，而经营主体迫于时令安排，只能接受该服务，由此极有可能影响农业生产效率。

4. 环境友好型耕作服务方式采纳率较低　环境友好型耕作服务促进耕层下部土壤的疏松，为作物生长提供更加适宜的土壤环境，既有利于提高工作效率，又有助于减少污染，实现农业提质增效。然而，在不考虑自然条件、市场价格等因素的情况下，采用环境友好型土壤耕作服务方式需要付出更多的成本，且农户对新型土壤耕作方式的采纳具有一定的不确定性，较难根据已有的农业生产经验判断可能存在的风险，更倾向于按照传统方式进行农业生产，获取确定性收益，对绿色化土壤耕作方式的采纳意愿不强。

---

　*　现阶段，耕作服务几乎均为机械化运作，以播种面积近似表示耕作面积，比较各作物"机耕面积占播种面积的比例"可近似反映各种作物服务化差异情况。

三、发展趋势

2018 年，《国务院关于加快推进农业机械化和农机装备产业转型升级的指导意见》（国发〔2018〕42 号）中指出，要培育壮大农机大户、农机专业户、农机合作社及农机作业公司等新型农机服务组织，支持农机服务组织开展多种形式适度规模经营，鼓励家庭农场、农业企业等新型农业经营主体从事农机作业服务；鼓励农机服务主体通过跨区作业、订单作业、农业生产托管等多种形式，开展高效便捷的农机作业服务；2019 年中央 1 号文件指出，要加快培育各类社会化服务组织，为一家一户提供全程社会化服务。耕作服务作为社会化服务的重要内容，以及农业机械化的重要组成部分，应朝着更为高效、便捷、现代的方向发展。

1. 服务配置合理化、高效化　基于市场化运作的原则，服务供应充足地区的供给主体会通过不同途径，扩大自身作业范围，服务供应缺失地区的部分群体在高利益驱使下会加入服务供给行列，农机具利用不合理、配置不高效的局面会得到一定的改善。同时，服务主体会组织形成利益联结体以保护自己的市场利益，跨区作业、订单作业等逐渐成为服务主体所采用的重要经营模式，生产性服务信息平台的作用逐步显现，耕作服务"互联网＋"态势发展良好。

2. 服务内容多元化、综合化　基于优化服务成本及提高市场竞争力的前提，多数服务主体会考虑在提供单环节耕作服务的基础上，与其他服务环节衔接，发展多环节综合性服务。经营主体因生产环节统一外包，使生产风险及生产成本下降；服务主体因市场开拓，使市场收益上升，达到双赢的局面。

3. 服务方式友好化、绿色化　基于国家对农业绿色发展重视程度不断提高，越来越多的市场主体和资本参与到环境友好型土壤耕作服务方式采纳和发展中，为提高环境友好型土壤耕作服务方式采纳的生态自觉性奠定基础，采纳率将逐步提升。具体表现为：一是环境友好型新技术的激励配套政策措施逐步完善。以秸秆还田和深

43

耕深松为例，近年来，秸秆收购企业不断增加，新技术的研发投入不断增多，秸秆资源化利用的新方法、新技术层出不穷。二是多元化的传播渠道体系逐步建立起来，宣传方式更加注重对农户行为的引导，综合考虑农民的知识技术水平以及政策接受度，农户的科技文化水平和环保意识不断增强，对新技术采用的主动性也不断增强。

4. 服务要求高质化、标准化　基于经营主体对于耕作质量的需求，服务主体会提高自身服务质量，提供标准化耕作服务，以获得市场收益，耕作服务也会朝着高质高效方向发展。同时，各地区因地制宜，制定耕作服务标准规范，建立服务人员准入制度，开展耕作服务与技术培训与考核，逐步提高服务队伍整体水平，进一步推动耕作服务高标准化、高质量化、高效率化建设。

第三节　基本模式

一、个体提供耕作服务

部分农户购置农机具后，可在满足自我服务的情况下，为其他经营主体提供耕作服务。传统村庄结构下的农村伦理关系以及人情社会，使得部分农户能够较为顺利地在自己生活的区域附近开展耕作服务工作，可分为单环节服务和多环节服务。

1. 单环节耕作服务　个体户提供耕作服务主要以单环节服务为主，按服务载体不同，包括传统的畜耕服务和现代机械服务。随着机械化水平提高，牛耕服务已基本被机耕服务所取代，但零星存在于部分农业生产落后、兼业化严重及土地细碎化严重的山地丘陵地区。田横镇位于山东青岛东北部，以丘陵为主，土地较为分散，农业生产高度兼业化，机耕服务与牛耕服务同时存在。通过提供单环节服务，农户不仅满足了自身需求，而且能够通过向其他农户提供服务获得额外收益；同时，也方便了其周边农户合理安排农业生产。但该模式下服务主体的稳定性不高，且作业量小，一旦出现作业能力更强、成本花费更低的服务主体，农户会迅速转变或者退出服务供应市场。

2. 多环节耕作服务　部分实力较强的个体户，会同时提供包含耕作的多环节综合服务。例如，某些农机手购进耕种一体机，在进行土壤耕作后，紧接着能够为农户提供播种服务，实现耕种服务一体化；某些农资商为充分开发农资市场，供应农资产品的同时，还提供耕种服务。该模式是在单环节服务基础上演变而来，农户的获利渠道拓宽；同时对市场的适应能力更强，稳定性高于单环节服务主体，在遇到更强的竞争对手时，一般会转型升级为具有同等能力的服务主体。

二、合作社提供耕作服务

1. 农机专业合作社耕作服务型　农机专业合作社在耕作服务发展中起到重要作用，一般为农机手在村集体、企业或者私人的引导下，联合形成的农机服务专业合作社，社员以农业机械、农机技术及资金入股，专注于提供耕、种、收相关的机械服务。通过建立专业农机合作社，为农机户提供市场信息、机械检修、培训等服务，扩大农机手的作业范围和市场影响力，获得更多的市场收益。传统的农机合作社不存在自营土地，一般为分散的农户提供服务，其作业服务对象不稳定，且作业土地细碎化严重，不利于统筹安排作业线路，使得作业成本难以得到有效控制。同时，该类合作社为散户提供机械服务，不符合《中华人民共和国农民专业合作社法》《农业部关于加快发展农机专业合作社的意见》中"合作社以其成员为主要服务对象""合作社所有者与惠顾者应统一"等的规定，存在合作社异化的现象。鉴于以上问题，部分农机合作社通过代耕代种、联耕联种、全程托管等方式实现规模化作业，在完成成员服务需求的基础上，再通过订单合同、区块包干及饱和作业等形式为其他经营主体提供耕作服务。该模式不仅削弱了"合作社异化"的现象，而且服务客户中的分散农户比例大幅度下降，能够有效降低服务成本，拓宽收入渠道，成为农机专业合作社发展的主要模式。

◆ 专栏：典型案例

湖南省湘乡市九龙农机专业合作社

2016 年，代耕代种作为一种生产性服务典型案例写入中央 1 号文件，在全国范围内推广示范。湖南省湘乡市九龙农机专业合作社响应中央号召，在不改变土地承包关系的情况下，创新代耕代种服务新模式，为农民增收、合作社发展带来巨大的效益。

湘乡市九龙农机专业合作社成立于 2010 年 4 月，是一个集农机制造、销售、维修、作业、培训等服务于一体的联合体。现拥有单位会员和个人会员共 115 个，从业人员 1 040 人，固定资产4 200万元，拥有农业工程机械 29 台，大中型拖拉机 12 台，履带式旋耕机 83 台，收割机 121 台，插秧机 30 台，各类中小型农业机械1 450 多台（套），年产值过亿元，2012 年被评为国家级示范社。

九龙农机专业合作社创新的代耕代种新模式有 3 个特点：一是合同订单。合同订单是合作社提供农机服务的关键环节，通过与农户签订订单合同，合作社能够了解农户的基本需求，进而协调运作，统筹安排，迅速入户，为农户提供高效快捷的农机服务，高效响应农事安排，大幅度节省了耕作时间，提高农户生产效率。二是实施区块包干作业及饱和作业。通过订单汇总，对农田进行划区安排，尽量同一区块安排同一农机手提供服务，不仅提高了服务效率，又避免了作业机具远距离转移导致成本上升。按照作业总量、单机作业效率、可作业天数配置机具，实行饱和作业，保障机手作业量，提高机手作业效率。三是强化技术支撑。为保障服务质量，提高机手作业效率，合作社定期开展机手技术培训，邀请农机服务推广机构专家、农机能手，就质量标准、注意事项、规章制度等主题对社内机手、外聘签约机手进行培训指导，打造一支高标准的技术队伍。同时，合作社提供质量安全督查、机械维修保养、物资供应等完备后勤保障服务，为高质量顺利完成项目任务提供有力支撑。

通过代耕代种有效实现农户与现代农业的衔接。首先，促进了土地规模化经营。部分外出务工农户将土地交给合作社代耕代种，合作社通过协调安排，划区包干，进行规模化经营，实现土地增效和农民增收。其次，实现了合作社和农户双赢。代耕代种实现了规模化经营、连片持续作业，降低了机械转移成本，减少了无效作业，提高了工作效率。同时，通过科学配置作业机具，提高了农机具利用效率，使机手在保证自身收益条件下降低了作业单价。再次，促进了生产标准化实施。代耕代种、采取高效生产技术及提高农机手作业质量，促进标准化生产方式推广、建立统一的生产档案和操作规程，促进现代农业发展。

2. 非农机专业合作社耕作服务型　该模式指非农机专业合作社在发展所属业务的同时，通过托管、代耕代种、联耕联种等形式提供耕作服务。该类合作社实现了相对规模化经营，带农增收效果比较显著，具有存在的合理性。但相对于农机专业合作社，此模式下合作社提供的农机作业量、作业时间取决于满足自身需要后的剩余能力，服务对象欠稳定，服务方式较灵活。

◆ 专栏：典型案例

夏津农家丰植保农机服务专业合作社

山东省德州市夏津农家丰植保农机服务专业合作社成立于2011年，成员总数107人，注册资金1080万元。现有配套物资仓库2500平方米，农业科技培训中心1处，农作物示范试验实训基地4处；拥有各类大中型机械设备87台（套），小型设备400多台，耕、种、收农机日作业2000亩以上。合作社业务范围主要为社员、散户、新型经营主体等提供整地、播种、施肥、收割、病虫草害统防统治等生产性服务，以及技术指导培训、信息经验交流、生产资料供应、农产品销售等配套服务。在耕作服务方面，合作社主要有以下3点举措：

（1）采购机械装备。农家丰相继购置日本、德国及国内先进的植保、耕作机械及装备，有效地提高了服务能力、作业效率、服务作业质量，为开展全程社会化服务提供了强有力的硬件支撑。

（2）创新耕作模式和服务方式。农家丰不断引进新型农机装备改进耕作模式，创新建立起"良种良法配套、农机农艺结合"的农业种植新模式及"耕翻-筑埂-耙压-播种-镇压"小麦整地播种新模式，并配套创制耙压播种一体机。其优点在于：一是通过耕地松翻、打破犁底层、疏松土壤、保护土壤微生物，实现了提高土壤肥力的目的；二是将秸秆混土翻入，彻底解决秸秆还田问题；三是通过耙压沉实土壤，平整耕地，为播种打好基础；四是利于播种均匀一致、保温及预防冬季冻害。经测算，该模式比农户普通耕种亩均成本增加仅20元左右，增产达到150斤*以上。

（3）推进全程或阶段托管式耕种收管服务。通过提供多环节的社会化服务，能够在提高服务效率的基础上大幅降低服务成本；同时，农户也能得到价格上的优惠，达到增收节支的效果。

◆ 专栏：典型案例

山东省郓城县鑫丰种植专业合作社

山东省郓城县鑫丰种植专业合作社组建于2012年3月，拥有专业农机服务队，为农户提供耕作服务，并与播种、收获环节相结合提供较为完善的托管服务。近年来，合作社顺应"三农"发展新形势、新要求，积极探索创新土地托管模式，大力推行"菜

---

* 斤为非法定计量单位，1斤＝500克。

单式"半托管和"保姆式"全托管，托管面积达到 1.6 万亩，实现了经济效益和社会效益双丰收。主要形成以下 4 个特色：

（1）开展托管服务，推动农业适度规模经营。郓城县鑫丰种植专业合作社在总结近几年发展经验基础上，探索推广"政府支持＋供销主导＋各方参与＋统一运作＋订单合同"模式，以半托管和全托管两种模式，解决一家一户难以解决的土地深松作业、病虫害防治、粮食运输、收储、烘干等作业难题，有效地实现规模化经营，降低了生产成本，提高了农户收益。经测算，托管种植与农户自行分散种植相比，每年两季可为农户增收节支 500～600 元。

（2）建立协同服务机制，深化"社村共建、党建带社建"。合作社坚持行政推动与市场化运作相结合，主动与县农业局、农机局、金融办、农开办对接，就政策、技术、资金等方面寻求支持；聘请县农业局、农技推广站、土肥站、种子管理站专业技术人员为托管种田大户、专业合作社理事长及有意向学习的社员，进行小麦与玉米播种技术、病虫害预防技术、保护性耕作技术培训；县农开办牵头为合作社提供浇水机井、水渠、田间道路整修、农电线路架设等专项投资，改善了规模化服务的基础设施。

（3）强化企业合作，带动农户生产。为抓好土地托管与订单种植标准化基地建设，合作社同法国罗盖特精细化工有限公司、美国国民淀粉有限公司、新乡五得利面粉有限公司、金麦郎面粉（许昌）有限公司等签订特种玉米、强筋小麦等收购订单。在此基础上，合作社大面积推广优质农作物种植，逐步带动全县 8 个乡镇 21 个行政村推广种植蜡质玉米和优质小麦。

（4）积极参与保险，降低经营风险。合作社与郓城中华联合财产保险公司签订了 7 000 亩玉米、小麦农业商业保险合同，每亩保费 18 元，最高每亩可获得 400～450 元赔偿；加上国家政策性农业保险，可以大大降低自然灾害损失风险。

三、企业提供耕作服务

企业作为生产性服务业的提供主体之一，是现阶段及未来发展的重点。企业提供耕作服务主要有两种方式：一种是专业化的农业服务公司，另一种则是农业产业化联合体。

1. 农业社会化服务公司耕作服务　农业社会化服务公司能够通过企业化管理、市场信息分析等，提供高质量农机作业服务，具有较强的发展潜力及市场竞争力。部分服务公司由农机专业合作社改制成立，能够依据区域内农业生产状况，结合高新技术应用，为经营主体和农户提供优质的耕作服务。例如，宁波市先后对 17 家农机专业合作社进行股份制改造，成立了农机作业服务公司，拥有自己的耕作队伍。通过订单、划区、托管等方式进行规模作业，能够优化农机资源配置，降低作业成本，提高农业生产效率，提升耕作服务水平和规模化生产作业能力。部分公司同时开展多项或全程服务，降低了经营主体生产过程中的成本投入，提高了经营收入。

◆ 专栏：**典型案例**

安徽金色家园农业社会化服务有限公司

安徽金色家园农业社会化服务有限公司成立于 2015 年，是一家提供生产服务的专业化公司。公司服务种植大户、家庭农场、农民合作社 51 家、普通农户 1 023 户，年服务面积近 10 万亩。公司在坚持家庭联产承包责任制的基础上，采取土地托管和土地入股等多种形式，向农户提供耕作、种植、防护、管理、收获、仓储等服务，实现分户经营与规模经营的融合发展。

在服务开展前，公司与农户通过签订托管服务合同达成利益连接，明确服务双方的权利、义务，以及服务的内容、方式和价格。公司会组织专业人员，对托管田块进行逐块登记、确认，画出托管田块的方位图，保障双方权益，也利于机手分区开展作业。

从 2013 年开始实施作物托管至今，没发生任何纠纷，托管合同履约率 100％。

在耕作服务环节，公司通过自购农机、整合资源、牵头成立服务合作社等方式组建专业化农机服务队，开展标准化耕作服务。公司拥有灭茬、旋耕、播种、收割等机械 300 余台（套），制定了健全的田间耕作作业标准、农机手管理制度、服务合同签订制度等。公司注重技术人员培养，定期开展耕作服务技术、农机维修等专业培训，着力打造一支"专、精、高"的农机耕作服务队伍。

针对不同的服务对象，公司提供差异化的服务模式。对于季节性在外打工、家庭劳动力不足或缺少技术的农户，可按照实际需要自愿选择服务项目，公司技术人员根据所选服务项目按时、适时开展耕作、播种、防治、收获等环节服务，农户在获得服务后对作业进行验收，达到约定标准后结算服务费用。收获的粮食由农户自行支配，保障了农户收益。对于长期在外打工及无劳动力的农户，公司采取"统一供种、统一耕种、统一管理、统一防治、统一收割、统一销售"的"六统一"模式开展全程服务，并承诺服务范围内的产量不低于当地当年平均产量。通过该模式，不仅实现了规模化种植，而且解放了农村劳动力，增加了农户的工资性收入。

公司依据不同情形开展不同服务，取得优异成效。一是推动绿色化生产，提高了粮食产量和品质。公司通过生产托管提高了土地利用率，采用测土配方施肥等方式，在节约投入基础上每亩可增产 10％以上，解决了"谁来种地、谁能种地、如何种好地"的问题。二是节约生产成本，增加农民收入。一方面，农户因享受了农机服务、农资服务的内部价格降低了生产成本，因规模化经营、标准化管理提高了农作物的产量和品质，农户每亩可增加收入 200 多元；另一方面，农民可以毫无顾虑地选择外出打工，或就地转行从事其他生产经营活动，增收效果显著。

2. 农业产业化联合体耕作服务　现阶段，以龙头企业为主体通过不同的连接方式，带动合作社形成产业化联合体，是探寻农业发展的一条重要思路。提供机耕机收服务是联合体发展的主要业务之一，产业化联合体与农户通过签订合同的方式，在种植过程中，为农户提供耕、种、防、收等生产性服务。近年来，农业农村部对农业生产性服务业发展越来越重视，产业化联合体服务模式日益创新，契合了现代农业发展趋势，龙头企业自身业务发展得到了拓展。

◆ 专栏：典型案例

淮河粮食产业化联合体

淮河粮食产业化联合体成立于 2012 年，由淮河种业有限公司牵头，包括农民合作社 13 家、家庭农场 27 家。拥有各类农机设备 450 台（套），联合经营土地 1 200 公顷。

产业化联合体与家庭农场签订作业服务协议，安排统一作业。淮河种业有限公司为农户提供农资服务、技术服务；淮河农机合作社等提供耕作、播种、防控、收获等机械化服务，家庭农场则按照龙头企业的技术标准进行粮食生产。2018 年，通过联合社优惠价格，农场主每亩节省农机作业成本 50 元以上；通过技术服务、农资服务等，每亩节约农资投入和生产管理成本 50 元以上；通过标准化建设，每亩粮食收益提高 200 元以上，每亩节约成本增加收入合计 300 元以上，实现了"1＋1＋1＞3"的效应。

◆ 专栏：典型案例

萧县金穗粮食产业化联合体

萧县金丰农业服务有限公司位于安徽宿州市萧县黄口镇，注册资金 2 000 万元。占地面积 20 000 平方米，建筑面积 5 300 平方米。托管土地 81 900 亩，拥有专业化服务人员 20 名、机耕播手 800 名、农技师 4 名、农业专家 2 名。现已建成集农资供应、农机服务、订单种植、粮食仓储、生产培训等于一体的农业生产经营一站式服务企业。

2014 年 6 月，公司牵头 11 家种植合作社、1 家农机合作社和 12 家家庭农场共同成立了萧县金穗粮食产业化联合体；通过采取"农业企业＋社会化服务组织＋合作社＋家庭农场"的四位一体运作模式，实现小麦全方位联合生产；已建成 15 家乡镇服务中心、103 家村服务社。通过订单种植优质强筋小麦，有效带动成员单位参与到优质小麦推广种植，订单种植优质强筋小麦 6 万余亩，平均每亩节支增收 300 元。

四、集体经济组织领导耕作服务

集体经济组织一般不直接提供耕作服务，而是在其领导下，联合农机手、种植大户等成立合作社或者公司。例如，江苏淮安市淮阴区为民土壤耕作服务社便是由村集体领办。截至 2018 年 4 月，淮阴区已运行土壤耕作服务社 93 家，直接经营加生产托管服务面积 30 余万亩，7 万多农户受益，村集体经济平均增收近 10 万元。集体经济组织是我国建设农业社会化服务体系的重要组成部分，以村为中心开展土壤耕作服务，具有一定的号召力优势。该模式不仅能够缓和农村人地矛盾、带动农户增收，也能为盘活集体经济资源出力。但是，集体经济组织在生产性服务供给中处于相对弱势地位，且存在组织松散不一、专业管理人员缺位等情况。相对于直接提供生产性服务，人们更期望集体经济组织通过协调组织发展综合性社会化服务实现"自救"，并在公益性服务方面发挥基层带头作用，兼顾性地提供生产性服务。

◆ 专栏：典型案例

射阳县联耕联种服务

射阳县位于江苏省盐城市，地属平原，土壤肥沃，全县共有202万亩耕地。鉴于土地分散化、机耕成本高的现状，2013年，部分农户经协商，在不改变土地经营权的前提下，自愿破除田埂，进行统一耕种，实现了规模化农业生产，降低了种植成本，提高了农产品产量与品质。

射阳县农业部门获悉后，在原模式基础上，引入村集体做好协调组织工作，并迅速在全县推广，获得巨大成功，逐渐辐射到附近其他县市。2016年，"联耕联种"作为一种生产性服务典型案例写入中央1号文件，并在全国范围内推广示范。

联耕联种模式获得迅速推广。该模式能在保持农户土地承包权及种植利益索取权的情况下，经过农户协商，由村集体统一组织开展耕作、播种服务，从而实现了适度规模经营，推进小农户与现代农业有机衔接。具体来说，该模式的优越性主要有：

（1）有效降低了农户生产风险和成本。农业生产讲究时令性，错过相关的环节有可能耽误一整年的收成。农户自行寻找机械化服务，一方面要承担耽误农事安排的风险；另一方面，由于土地细碎化，机械服务费一般高于连片经营。当通过协商打破田埂实现联耕联种时，农户获得规模种植效益，其风险与费用均有所下降，生产收益得到保证。有学者在对射阳县海河镇烈士村与新坍镇新集村调研后指出：农户分散耕田、耙田的成本约为150元/亩，而统一组织成本仅约100元/亩。

（2）相对于土地流转等规模化经营，联耕联种模式较好地保障了农户的种植话语权和收益索取权。在联耕联种模式推广以前，射阳县实现规模化经营的唯一途径是土地流转；但在土地流转情况下，农户每年仅仅获得较低的固定租金收入，对于土地的种植与收益分配均没有话语权。而联耕联种模式是农业生产性服务的一种创新，其基本特征是能够保证农户的生产自主权及收益索取权；同时，通过协商，农户能够参与到规模化经营当中，获得生产的规模效益。因此，联耕联种模式是新时期小农户实现创收的重要模式之一。

（3）有利于提高农业生产效率，推广农业新技术。联耕联种模式能够实现规模化经营，在此基础上，农民在农事安排上实现高度一致。因此，该模式有利于农业推广部门引进农业新技术、新品种，减少农民管理成本，提高粮食产量与质量，提高农业生产效率。从战略意义上讲：一方面，联耕联种模式提高了粮食产量，增强了生产的稳定性，保障了国家粮食安全；另一方面，联耕联种模式统一规划使得农业生产管理更为合理，能够有效降低化肥农药使用量，减少农业生产环境污染，保护生态环境。

（4）盘活了农村集体经济资源。改革开放以来，大部分农村的集体经济组织处于萎靡状态，农村集体经济组织发展一直是学术研究的重点。在联耕联种模式中，农村集体经济组织发挥着重要的组织作用，以集体经济组织的"统"引领小农户的"分"，而又不同于改革开放以前集体经济组织统领一切的模式，有力推动农业生产向现代化发展。

联耕联种模式存在众多优势，但也存在一定的局限性。一方面，联耕联种模式实现规模化的前提是农民生产的一致性，但是这种生产的一致性如何组织与维持，成为联耕联种模式能否实行的关键。例如，当有一户农民不愿意参与其中，则整体都无法实现联耕联种模式。因此，有必要在农户的协商组织方面进行相关创新。另一方面，村集体或者村民小组作为联耕联种模式的组织者，如果在角色定位、利益分配方面存在问题，将成为制约该模式发展的重要因素。面向新时代，联耕联种模式在推广的同时还需要因地制宜、探索创新。

五、供销合作社引领耕作服务

供销合作社作为计划经济时期产生并遗留下来的产物，具有强烈的时代意义。现阶段探索中发现，供销合作社在一些地方提供生产性服务，并在建设农业社会化服务体系中能够发挥重要作用。近几年，山东某些地区以供销合作社为依托成立专业合作社或者公司，通过开办全托管和半托管业务，为农户提供耕作服务。这种以供销合作社为主体引发的托管服务具有一定优势：一方面，为区域内提供了耕作、播种、管理、收获等生产性服务，释放了农村劳动力，提高了农业生产的稳定性；另一方面，有效激活了供销社的职能，拓宽了业务范围，使其重新焕发活力。因此，供销合作社引领耕作服务模式具有一定的发展前景。

◆ 专栏：典型案例

山东省供销合作社土地托管

山东省部分地区的供销合作社参与土地托管，探索出供销社引领生产性服务的模式，获得较大成功并推广开来。汶上县义桥镇房柳村在县供销社与村"两委"的领导下，组建农业生产专业合作社与土地托管服务队，集中为农户提供机械耕作服务、农资供应服务、病虫害防治服务、农产品统一出售服务。通过成本控制和标准化种植，村民每亩增收200元以上。

2018年，在省委、省政府关怀下，山东省供销合作社与惠民县供销合作社以惠民县供销惠乐福农业服务有限公司为基础，联合注资1 600万元成立山东惠供农业服务有限公司。购置拖拉机、翻转犁等大型农业机械设备50余台（套），打造具备农业生产"耕、种、防、管、收"全程社会化服务能力的农业服务公司。2019年6月，公司与辛店镇、淄角镇签订了11 000亩全程托管合同，采用种肥同播机播种技术先行种植6 000亩玉米，不仅解决了农村土地闲置问题，也为农民增收创造了条件。

六、耕作相关服务

随着机耕服务的快速发展，耕作服务主体对于机械维修、检修等服务需求越来越大，机修等服务具有较大的发展空间。基于当前耕作服务市场上供需的不均衡性，信息有效沟通显得尤为重要，搭建信息服务平台能有效推动耕作服务市场稳定发展。在规模化经营基础上的标准化作业是现代农业发展的要求之一，使得农机手技能培训尤为重要。从广义上讲，耕作服务还包括为农机手提供机器检修、技术培训及为农机手与农户之间提供中介等围绕耕作服务形成的系列配套服务。在相关服务中，政府农业部门、服务推广组织、社会经营组织是服务的主要提供者。

1. 农业相关部门　通过分析现阶段农业发展与服务市场现状，县、乡两级农业部门制定相关政策，规划发展方向。县级农业行政部门既是上级相关政策的传达、执行者，又在引领发展县域农业生产性服务工作中具有重要地位。在耕作服务方面，县级相关部门主要制定相关扶持政策，支持不同主体为农户提供耕作服务，牵头建立服务信息发布平台，监管服务主体与服务对象之间的业务活动。乡级农业部门在支持耕作服务发展中是政策执行者，兼具纽带作用——联络上级行政部门，联系服务主体和经营主体。乡级行政单位更熟悉乡域内农业生产的基本情况，可以依据具体情况，统筹协调管辖范围内的机耕服务。

2. 技术推广组织　农机站、农业技术推广站、畜牧兽医站、水利站、信用社及植保站等技术推广部门，可以依托自身优势，为农户直接或者间接地提供生产性服务。一部分农机站拥有自己的机械作业队伍，农忙季节直接为农户提供耕地、播种、收割等机械作业服务。更多的农机站是为机耕队伍（农机合作社、农机服务公司和农机手等）提供检修机修、技术培训等服务；同时依据区域内农业服务发展情况及农业机械化饱有程度，搭建农机服务平台，协调机耕队伍为农户提供相关服务。信用社在耕作服务方面也起到相应作用，农户在进行农机购买过程中，信用社可以依据相关政策，给予购买农机优惠贷款，以及按照政策规定承办相关的补贴手续。

◆ 专栏：典型案例

温岭市智慧农机服务平台

温岭市智慧农机服务平台是联合市农机管理总站、镇（街道）农业服务中心、农机维修网点等农业服务管理部门与农机合作社、家庭农场、农机大户等服务主体的平台，在增强部门管理效率、优化农机服务调度、提供耕作服务信息、提升耕作服务质量等方面发挥重要作用。该平台融合北斗卫星导航定位、物联网传感、地理信息系统、3G/4G 移动通信与数据处理等高新技术于一体，为集约化、机械化翻耕、播种、插秧、植保、收割、秸秆还田、烘干储藏等农机作业提供作业数据采集、自动化处理、统计分析、精细化管理等服务功能，为农机作业调配管理提供科学公正、行之有效的解决方案。

3. 社会组织　主要包括专业的农业服务公司和合作社，其提供的服务主要包括三部分：一是为耕作服务主体提供机器检修、保养等服务；二是为农机手、农户提供技术培训；三是搭建农业服务信息平台，发布耕作等服务供需信息。

第四章

育 秧 播 种

农业生产性服务业的发展源自农业生产环节的可分工性。播种作业是农作物栽培的必备核心环节，也是可分工程度较高的环节。因此，育秧播种作业服务在农业生产性服务业领域发展较早、较为充分，广为农民熟知和采用，各地已经把育秧播种作业服务作为发展农业生产性服务业的重要支持环节。

第一节　相关概念

一、播种作业及其方式

播种是农作物种植过程的必备核心环节。对于大田作物来说，播种指将播种材料按一定数量和方式，适时播入一定深度土层中的作业。对设施农业特别是无土栽培农业来讲，播种则指将播种材料播入培养基的作业。不同作物种子的生物特性不同，萌发或生长要求的条件不同，同一种作物采取不同栽培措施也往往需要不同的播种方式。因此，播种方式有多种分类：直接播种，即将作物种子直接播入土层中，如小麦、玉米、大豆等作物（图4-1）；发芽播种，即先通过一定措施将种子催芽再播种，如棉花、黄烟；育秧播种，即先把种子发芽并育成秧苗，再移栽到大田或培养基，如水稻、部分蔬菜；无性繁殖，直接将块根、块茎播入土壤，或进行秧苗移栽、嫁接等，如马铃薯、甘薯等。不同的播种方式还可以进一步细分，如直接播种可细分为撒播、点播、条播等。随着新技术的不断涌现，播种技术不断进步和升级，出现了种子包衣、精量播种、免耕播种等新形式，以及被广泛采用的组培育苗播种方式。

图 4-1　传统玉米播种方式

二、播种服务及其方式

播种服务指为播种环节作业提供服务的行为，从农户来看是播种作业的外包。播种服务是在机械播种技术出现后才发展起来的。机械化播种技术尚未普及时，农户以人工或畜力机具播种，服务主体也只能以这种方式提供作业服务，劳动力投入强度相差无几；超过农户自身劳动能力时，雇工或购买服务的成本投入差不多，相应作业服务业务和主体也就无法发展起来。机械播种技术出现以后，作业效率、规模和质量相比人工或畜力播种得到大幅提升，单位面积作业成本显著降低（图 4-2）。在这种情况下，农户购买播种作业服务，服务主体提供播种作业服务，双方都具有经济合理性，播种作业服务也就迅速发展起来。

图 4-2　玉米机械化播种

适应不同播种方式的作业服务不同。服务主体根据农户的播种需求提供服务，农户也会相应选择所需要的服务主体和业务。播种服务方式逐步适应不同播种方式和农户实际需求，有多少种播种方式就有多少种播种服务方式。随着播种作业分工的深化，播种作业服

图4-3 工厂化育秧

务不断细分出新的播种服务环节。例如，由直接播种细分出种子包衣服务；育秧播种细分出集中育秧（图4-3）、秧苗配送、秧苗移栽服务等。

第二节 发展现状与趋势

播种作业环节机械化较早，相应的作业服务发展也较早。农村改革以前，国家就建立了国营和社队经营的农机站、拖拉机站，为农业生产经营单位提供包括机械播种在内的农机作业服务。农村改革过程中，农机站、拖拉机站转型为乡村集体服务组织，为农户提供服务；并随着农村改革的推进，逐步转化为市场服务主体。在这一过程中，适应农户需求的市场化服务主体迅速发展起来。经过几十年的探索实践，播种作业服务已经成为农业生产性服务业中发展较为充分、市场较为完善的领域。

一、发展现状

1. 不同作物播种服务水平差异大 大田作物的播种服务发展水平较高。小麦、玉米、豆类等粮食作物的播种服务水平最高，小规模种植户大都把播种作业外包出去。水稻播种作业涉及育秧、移栽等环节，机械化水平较低，外包水平也较低；近年来，随着外出务工增多，选择外包的比例也在迅速提升（图4-4）。大田经济作物，如棉

61

花、蔬菜等，小规模种植户机械化水平较低，外包的比例也相当低；该作业环节缺乏劳动力时，会采取雇工的形式。随着规模化种植户、专业公司增多，提供精量播种、集中育秧等专业化服务的主体迅速发展起来；但总体来看，仍然是小麦、玉米、豆类等大田作物播种环节作业服务发展水平较高，棉花、蔬菜等经济作物播种环节作业服务发展水平较低。

图 4-4　水稻机械化插秧

2. 播种服务主体呈现多元分层发展态势　农村改革初期，农机站、拖拉机站（队）等向农户提供机械播种作业服务，在改革过程中这类服务主体多转型为集体经济组织，多数选择了承包制改革或将农机设备折价给农户经营（图 4-5）。到农村家庭承包制稳定时，农

图 4-5　玉米机械化播种

机作业服务户成为提供机械播种作业服务的主体，并维持了较长一个时期。近年来，随着农民合作社、农业服务公司的发展，提供播种作业服务的主体逐步多元化；同时，顺应农户兼业化和专业化加速分化趋势，播种作业服务需求出现分化，推动播种作业服务分层发展的态势愈加明显，适应小规模兼业农户的简单播种作业服务和适应家庭农场、种养大户等规模化经营主体的专业化播种服务构成了播种作业服

务发展的 2 个主要方向；但总体上看，经过长期的市场发育过程，适应小规模兼业农户的简单播种作业服务处于饱和状态，适应家庭农场、种养大户等规模化经营主体的专业化播种服务处于快速发展状态。

二、存在问题

1. 作业质量较低　受播种作业服务主体散、弱、小的影响，多数服务主体播种作业机械较小、作业层次和质量不高，主要以初级简单的播种作业服务为主。这些初级服务不能保证较高的发芽率或种苗成活率，对种子、种苗节约和作物长势的促进作用发挥有限；而精量播种，专业化插秧、移栽、播种等高层次服务，需要大型配套机具。一方面，相应主体发展较少，服务供给不足；另一方面，受农户土地规模小、分散零碎限制，大型机械无法开展集中连片作业，导致高层次作业服务成本高、作业价格高，不利于激发农户和新型农业经营主体的服务积极性。

2. 配套服务缺乏　现代农业生产不只需要单纯的播种或插秧、移栽作业服务，也需要紧密相连的种子包衣、种肥同施、覆膜镇压等配套服务。这些配套服务对于增强药肥效果、增加产量、提高品质具有重要作用，但受到适用机械少、人工成本投入大、技术门槛高、服务业务不连贯、农户接受程度低等制约，难以发展起来。在相关扶持政策制定中，也容易忽视这些配套服务的作用，不利于相关服务主体拓展配套服务，提高服务的系统性、综合性。

3. 限制因素较多　在播种服务中，大田作物机械化播种服务发展较为充分，但经济作物和其他特色作物播种服务发展相当滞后，育秧、插秧、移栽、嫁接、根茎或块茎直播等薄弱环节服务也亟待发展。这些服务之所以难以发展起来，主要是外部因素限制。育秧主要受用地和资金限制，现代化的集中育秧设施占地较多、资金需求大，只有实力强的主体才能承担；插秧机械作业服务只局限于水稻，部分蔬菜、花卉的插秧、移栽则受制于专用机械缺乏，需要从国外引进或者尚没有适用机械，与直接雇工相比，采用人力作业服务不具有经济可行性；根茎、块茎直播则需要大型的专用机械，小农户难以普及应用。

三、发展趋势

1. 面向小农户的新型作业服务广受关注 2017 年 8 月，农业部、国家发展和改革委员会、财政部印发了《关于加快发展农业生产性服务业的指导意见》（农经发〔2017〕6 号），明确了对播种作业服务的支持方向。例如，支持服务组织与育繁推一体化种业企业加强合作，在集中育秧（苗）、标准化供种、用种技术指导等环节向农民和生产者提供全程服务；支持服务组织开展种子种苗、畜种及水产苗种的保存、运输等物流服务；在适宜地区，支持农机服务主体及农村集体经济组织等建设集中育秧等设施；总结推广一些地方探索形成的"土地托管""代耕代种""联耕联种"等农业生产托管形式。党的十九大明确提出实现小农户与现代农业发展有机衔接的要求后，政策上更加强调面向小农户的新型作业服务。2018 年，中央 1 号文件明确，要"培育各类专业化市场化服务组织，推进农业生产全程社会化服务，帮助小农户节本增效"。2019 年，中央 1 号文件明确，要"发展乡村新型服务业，支持供销、邮政、农业服务公司、农民合作社等开展农技推广、土地托管、代耕代种、统防统治、烘干收储等农业生产性服务"。2019 年 2 月，中共中央办公厅、国务院办公厅印发了《关于促进小农户和现代农业发展有机衔接的意见》，要求健全面向小农户的社会化服务体系，大力培育适应小农户需求的多元化、多层次农业生产性服务组织，重点发展小农户急需服务领域，加快推进农业生产托管服务。

2. 面向新型经营主体的专业化服务加速发展 虽然面向小农户的播种作业服务将成为政策扶持的重点方向，但是受新型农业经营主体快速发展带来的市场需求诱导，面向新型农业经营主体的专业化服务将呈现加速发展态势。新型农业经营主体是家庭农场、种养大户、农民合作社、农业公司等规模化经营主体。他们的需求主要是规模化、连片化、专业化的播种作业服务，而且对配套服务需求强烈；这会带动提供相应服务业务的主体加速涌现，也会带动传统散、弱、小服务主体和服务业务升级。这是市场发挥资源配置决定性作用的结果，代表了播种作业服务的高质量发展方向，会深刻影响播种作业服务的供给格局，作业服务大户、服务型合作社和农业服务公司将迅速发展起来（图4-6）。

图4-6　机械免耕播种

第三节　主要模式

播种作业服务呈现主体多元、业务分层的发展格局，是适应不同农业经营主体播种作业需求的结果，使得播种作业服务同时存在多种不同的发展模式。以下是较为常见的播种作业服务模式。

一、面向小农户的初级简单播种服务

小农户是我国最基本、最主要的农业经营主体，规模细小、土地零碎。中国现有农户2.3亿户，户均经营规模7.8亩，经营耕地10亩以下的农户有2.1亿户。一些丘陵山区，不但户均经营规模小，地块也特别零散。例如，四川省平均每户土地10块以上，每块地平均只有0.4～0.5亩。小农户多采取兼业经营形式，靠非农经营或外出务工获得主要收入来源；对播种作业服务的需求比较零碎，要求也较低，一般由本村或周边的农机服务户提供播种服务。这些农机服务户的拖拉机和播种机马力较小，一般也是兼职、兼业提供播种作业服务。因为，小农户对专业化、规模化播种作业服务需求较少，而且专业化、规模化服务主体对接小农户的成本较高。所以，适应小农户的简单初级作业服务是目前较为普遍的播种服务发展模式。这种初级简单的播种作业服务，交易方式是即时的、随机的，一般没有建立稳定的服务协作关系。

◆ 专栏：典型案例

山东省临清市戴湾镇陈官营村小型机械化播种

山东省临清市戴湾镇陈官营村是典型的传统农业村庄，全村绝大多数为小规模兼业农户，土地经营规模在 5～15 亩，作物以小麦/玉米轮作为主，主要劳动力多数外出务工。该村小麦和玉米的耕、种、收环节，0.5 亩以上的地块基本都实现了机械化；0.5 亩以下的零碎地块，除耕地外，种、收环节仍以人工作业为主。播种环节实现机播机种的基本都是通过购买服务方式，主要是村内的农机户提供服务，在集中播种的时候也会有邻村农机户提供服务。播种服务价格基本保持稳定，2019 年，小麦和玉米播种服务价格均为 15 元/亩；如果两次播种都用同一农机户（村内）可以享受总价 5 元/亩的优惠，还可以年底再结账。农机户的播种机和拖拉机都属于小型机械，农机户往往也是兼业户，农闲时外出务工或经商。

二、面向规模经营主体的专业化播种服务

近年来，家庭农场、种植大户、农民合作社、农业公司等规模化新型农业经营主体迅速发展。据第三次农业普查，2016 年全国有规模农业经营户 398 万户，农民合作社等经营单位 204 万个，耕地规模化耕种面积占全部实际耕地耕种面积的比重为 28.6%；2018 年，注册登记的农民合作社达到 217 万家，家庭农场达到 60 万个。这些新型农业经营主体规模化、集约化经营水平较高，多数需要专业化、标准化的播种作业服务，对播种作业服务的质量要求较高，还需要播种

作业的配套服务，如更多需要精量播种、集中育秧等服务，或一般也愿意购买使用大型、先进农机具的播种作业服务，对播种作业服务相配套的种子配送、包衣等需求也较大。与这些专业化、规模化的需求相适应的农机作业大户、农业服务公司或服务型合作社较快发展起来，他们可提供专业化播种服务及播种配套服务。专业化播种服务对经营规模要求更高、服务辐射半径更大，而规模化农业经营主体较为分散。因此，多数服务主体要进行跨区作业服务，或者同时面向规模化经营主体和小农户提供服务，需要通过多种联结机制建立稳定的服务协作关系。

◆ 专栏：典型案例

中化现代农业有限公司

中化现代农业有限公司（以下简称"中化农业"）是中化集团五大板块之一，是农业投入品（种子、化肥、农药）和农业服务（种植、农产、大数据、金融）一体化运营的农业公司。依托旗下的中化化肥、中国种子等经营板块的产业基础和技术能力，为新型农业经营主体提供线上线下相结合、涵盖从种到销全程现代农业综合服务解决方案。公司自2015年10月成立以来，提出通过MAP平台有效解决优质农产品供需错配的问题。MAP是线上线下相结合的O2O模式，线下依托粮食订单和品质农产品消费需求，在作物优势产区建设MAP技术服务中心，为种植者提供从种到销的全程解决方案及配套产品和服务，并通过在周边建设示范农场，示范引领当地现代农业发展；线上建设并应用智慧农业系统，通过遥感、物联网、人工智能等技术手段，实现农业生产技术标准的数据化及栽培管理和农产品运营的智能化（图4-7）。

截至2018年11月，中化农业已在全国建设技术服务中心96个，服务面积154万亩。其中，大田作物技术服务中心41个，建成示范农场43个，服务面积达129万亩；经济作物技术服务中心

图 4-7　中化农业智慧农业平台服务模式

55 个，示范园 70 个，服务面积达 25 万亩。MAP 技术服务中心选址以"种出好品质"为建设宗旨，通过打造优势产区确定生产布局，主要在优势产区内选择符合"好品质"要求的农机、仓储等资源，将其整合到中心平台，建设 MAP 技术服务中心。中心包含植物营养、植物保护、选种、农机服务、农户培训、智慧农业、检验检测、农产品销售、农业金融、柴油供应等"7+3"功能。成立"MAP 议事会"，作为 MAP 模式推广和服务分散种植户的主要手段。议事会成员主要由种植户、专业合作社、农机手、农机合作社、粮食经纪人、用粮企业和村干部等在当地有影响力的人士构成。通过合理的利益分享机制，MAP 模式能够更好地掌握区域农业概况，进而帮助做出更优的决策判断，持续推动业务拓展，发挥引领带动作用。例如，安徽庐江技术服务中心自 2017 年 11 月建成以来，开展对周边种植户的专业化农业服务。截至 2018 年 11 月，服务中心已开展服务宣讲会、服务对接会、技术培训会、现场观摩会等 600 多场，累计服务种植户 13 000 多户，辐射面积达 820 万亩。其中，切实形成合作关系的种植户 800 多户，全程服务面积 154 万亩，累计为种植户创收超过 2.3 亿元。以水稻/小麦轮作样板中心为例，投入环节帮农户节省 65 元/亩，产出环节帮农户增收 160 元/亩，最终农户收益提高 225 元/亩。

◆ 专栏：典型案例

吉林省扶余市亿兴机械种植农民专业合作社

吉林省扶余市肖家乡新华村亿兴机械种植农民专业合作社于2015年1月由新华村马升金等9户村民发起成立。2017年，合作社流转和托管土地总计5 600余亩，以玉米、马铃薯等常规粮食作物为主。亿兴合作社采取土地入股、全程托管、代耕代种代收等多种形式，力求实现连片种植、规模经营，以降低成本、提高效率和效益。主要开展的农机服务有秋季深翻重耙、春季旋耕、播种、植保喷药、机械收获、秸秆打包、玉米脱粒。其中，播种作业服务分为玉米和马铃薯两种，玉米免耕机2垄和4垄两种机型共有5台（套），每天可播种200亩；除合作社自用外，一个作业季对外服务2 000亩。马铃薯播种机4台（套），每天播种150亩。因本地马铃薯播种面积有限，每年一个作业季对外服务300亩。亿兴合作社总结出一套对外作业服务的流程和标准：先预约登记，填写作业计划卡；然后提前通知作业时间、地块，按村按地块推进。既有序又节约挪地时间。另外，通过代购或者推荐种、肥、药，统一品种、统一配方，播种时统一株距、统一肥量，不用一地一调。通过适度规模种植和社会化农机服务，合作社提高了作业效率，降低了作业成本，还降低对外服务的收费标准，对服务农户提高种植水平、降低种植成本、实现增产增收，发挥了极大作用。

◆ 专栏：典型案例

安徽省福宁米业有限公司社会化服务中心

安徽省福宁米业有限公司社会化服务中心是全程农业生产社会化服务的实施主体，按照集中育秧供2万亩大田移栽的规模，建设了标准化育秧工厂；配套完善了室内流水线播种操作间 420 平方米，育秧大棚 6 000 平方米；购置了配套农业耕作机械 25 台（套）、先进植保机械 16 台（套），有能力提供全程社会化服务。2017 年，实现机耕、机械育插秧、统防统治、机收等全程保姆式社会化服务作业面积 21 550 亩。服务中心与安徽省农业科学院水稻研究所、当地县农委签订了"优质品种种植转让及技术合作协议书"，并组织有关专家论证，实现良田良制、农机农艺、良种良法、绿色防控的有机结合；利用网络及微信平台适时发布病虫测报防治、科学合理测土配方施肥、新型钵体育苗机插（图 4-8）、高效率机耕、机收等科技种粮前沿新技术的服务与推广信息。为了更好地服务种植户，福宁社会化服务中心对所有农业社会化服务项目收费标准比市场价低 5%～10%，降低农业生产成本，服务于农，让利于农；在切实做好机耕、育秧机插、统防统治、联合机收、秸秆还田等社会化服务的基础上，延伸社会化服务体系的服务功能，成立了福宁"科技种粮培训服务中心""土地托管服务中心""粮食银行代储服务中心"等部门；积极开展农机植保、代耕代种、统防统治、代农烘干、储存等专业化、社会化服务，做到了产前、产中、产后一条龙服务。

图 4-8　水稻机械插秧

◆　专栏：典型案例

崇州耘丰农机合作社

崇州耘丰农机合作社成立于 2011 年，主营粮油生产全程机械化服务、土地适度规模种植和产业化育秧供秧，资产总值 900 余万元。耘丰农机合作社从构建现代秧苗制度和农机协作体系入手，走出一条极具成都特色的稻作全程机械化发展道路。其做法是建设装备化机插育秧中心，倡导构建"专业化育秧、产业化供秧、育插协作"现代秧苗制度，促进农机农艺高效融合。从 2014 年起，耘丰合作社开始与台湾地区彰化县水稻育苗技术改良协进会开展交流合作，从台湾全套引进高性能机插育秧机械，单机每天可育秧 1 200～1 500 亩。2017 年 3 月，耘丰合作社中标崇州市 6 600 亩水稻集中育秧、机械化栽插政府采购项目。2018 年，耘丰合作社商品化秧苗订单总数 75 万个、栽插面积达到 3.7 万亩；秧苗质量和品质达到商品化要求，而平均供秧价格从 3 年前的每亩 180 元降至 145 元，降低了土地合作社等规模主体的用秧成本，带动生产增收、节本超过 300 万元/年。依托育秧中心精确的作业订单和高品质秧苗，从 2015 年起，耘丰合作社开始推动全国范围内（主要是江苏和山东）的机插、机耕、机收大协作，涵盖本地多家农机社和四川眉山、江苏农垦、山东同业，成功开启了在全国范围汇集农机作业资源的农机化协作新模式。2018 年，耘丰合作社机插协作体实施水稻机插 3.2 万余亩。

三、促销型播种作业服务

近年来，种子企业发展迅速，销售市场竞争日趋激烈，很多种子公司、农资销售商、基层网点、零售店等为促进种子销售，主动延长种子产业链、拓展服务领域，为农业经营主体提供播种及配套服务。有一些大型种子企业集团向农业服务商转型，打造种子产业链竞争优势，并向农业生产服务领域延伸，以科学用种服务带动现代农业发展；农村很多种子销售网点，主动为周边农户提供播种作业服务，并积极向农业综合服务中心转型；很多种子或农资销售企业，主动领办、创办农民合作社，成为专业服务公司，为用户提供专业化的用种服务。这类由种子促销驱动的服务模式，已经把播种作业服务作为基本环节，向科学用种服务拓展、升级。实践中，各地把种子促销型服务模式与提高区域品种质量行动结合起来，探索出了解决品种杂乱差问题的有效办法。

◆ 专栏：典型案例

金 丰 公 社

金丰公社是由世界银行、亚洲开发银行等国际化金融机构投资组建，基于全球农业发达国家的规模化种植经验，建立起了完整的农业社会化服务标准和流程（图4-9）。为了解决小农户的分散经营、效率不高、规模化程度低等问题，金丰公社组织开展了以农业生产托管为主的服务模式，延伸农资套餐、金融保险、农产品销售等服务；在不打破小农户分散经营格局的情况下，实行统种统收、统防统治以及统销统结，以服务规模化弥补经营细碎化的不足。2018年，金丰公社完成托管服务的土地面积达550

名称	金丰公社县级服务中心	金丰公社乡镇级服务中心	金丰公社村级服务站
职责定位	策略输出/资源整合 团队建设/后勤保障	村站招募/支援村站 物资仓配/服务本村	社员招募 服务落地
建设标准	200平方米以上，平层 最佳就近市场 **8**大功能	60~100平方米，平层 最佳乡镇市场 3大功能	20平方米 以上农村 1大功能

图4-9 金丰公社三级服务网络

万亩，服务收入达 26 亿元；累计种植订单小麦和订单玉米 46 万亩，每斤高出市场价 0.05～0.1 元，每亩地为农户增收 50～100 元；累计种植订单高油酸花生 3 万亩，每斤高出市场价 0.4～1.2 元，每亩地为农户增收 300～500 元。金丰公社在全国各地开展农业生产托管服务，帮助广大社员（小农户）降低种植成本 10% 以上、粮食增收超过 10%，实现综合收益超过 20%；其中，小麦、玉米播种环节种子成本节约 10 元/亩、种衣剂费用 3 元/亩，小麦旋耕＋施肥＋播种作业费节省 3 元/亩，玉米种肥同播作业节省 3 元/亩。

◆ 专栏：典型案例

德丰农机专业合作社

德丰农机专业合作社成立于 2009 年 11 月 11 日，位于赤峰市宁城县必斯营子镇，由赤峰德丰种业有限公司创办。德丰农机专业合作社是一家集科研、生产、加工、营销、技术服务于一体的产业结构完整、综合性强的种业公司，覆盖宁城种子市场 60% 以上，辐射内蒙古西部、河北、山西、辽宁等地。德丰农机专业合社由 7 人发起，开始社员出资只有 3 万元，现在入社社员已增加到 286 人，社员出资额增加到 603 万元。现有的286 名社员分布在宁城县 230 个行政村中，占全县 325 个行政村的 71%。合作社根据农户需要签订单、做合同，统一种子、统一肥料、统一技术、统一管理。2017 年，合作社的 90 名农机手为 5 000 个农户种植单粒播玉米 2 000 亩、膜下滴灌玉米 18 000 亩，比 2016 年分别增长 20% 和 25%。良种配良法，农户种地收入增幅明显。通过一条龙服务，合作社实现了人、地、机的高度融合与合理配置，促进了农业粗放型向集约经营转变，有利于农业的可持续发展。

◆ 专栏：典型案例

山东省丰信农业服务连锁有限公司

山东省丰信农业服务连锁有限公司是一家以农业技术服务为核心，基于互联网、大数据和人工智能技术，建立作物生长模型，为小农户、专业合作社、家庭农场及种植公司等各类规模种植生产者提供全过程托管服务实现播种作业的专业化、精细化的科技企业。公司业务已覆盖12个省105个县，服务84万农户、3 000万亩耕地；其83%的服务对象是小农户。公司将作物生长期的气象、温度、水、肥、病虫害、地块遥感等指标及数字化的种植经验纳入作物生长模型，基于人工智能系统对服务对象的田块、病虫害、作物种类、历年产量、种植习惯等数据开展分析，为农户制订个性化的全程技术解决方案。全套方案包括播种、施肥、施药、灌溉、田间巡查、收获指导、销售及储存建议等覆盖全生产周期的技术内容，技术水平可以达到58秒一键"智能开方"、农户提问24小时内解答，持有14项发明专利和5项国家标准。

公司采取总部、县（合伙人）、乡镇（经理）、村（店长）四级管理模式。总部主要负责平台建设、作物模型改进和优化、内部管理及成本控制；县级为加盟合伙人，负责县域内各乡镇店长的管理；乡镇经理分片联系管理村级店长，有的乡镇经理也负责村级店长的具体业务。公司设计的"全程技术托管方案"还可以为农户提供选种、选药、选肥采购指导，实现了汇集全国订单，集中采购和配送，提供从工厂到地头的最简化物流和最低价格。公司还可以对接农产品加工企业，从而实现先订单后生产、中间技术管控，保证农产品质量。农资企业技术服务的最终目标是产品销售，而公司不以代购农药化肥作为获利点，选择经济且有效的投入品，提高其科技服务的价值，有利于减少不必要的农药化肥投入。据介绍，公司只用200多种品规的农药化肥就能满足94

种作物的技术服务需求。

公司探索形成的这种服务模式，凸显了技术对农业发展的关键支撑作用，帮助农户实现了科学化、标准化种植。经过 10 余年摸索和田间数据积累，不断调优模型，依靠技术确保小麦、玉米增产率超过 10%，花生、马铃薯、棉花、辣椒、姜的增产率分别为 14%、21%、21%、46%、22%。县级合伙人、乡镇经理、村级店长不用外出务工就能获得相应的工作报酬，农户得到增产增收、减少生产资料投入、投入品质量保障、省力省心等收益，企业获得利润；各个参与方形成了"风险共担、利益共享"的利益联结机制，都有参与动力。据农户自己测算，公司提供技术托管的费用与自己耕种成本基本持平，而且每亩地多产 200 斤小麦，省心省力，非常划算。相比公益性技术服务，技术托管的内在活力强，有可持续性。

◆ 专栏：典型案例

山东齐力新农业服务有限公司

山东齐力新农业服务有限公司位于山东省齐河县，成立于 2013 年 6 月，依托山东省绿士农药有限公司的资源优势，延伸服务链从生产、销售农资产品到农业服务，从单一的植保服务业务扩展到提供种子、农药、肥料和耕地、播种、收获等农业生产全程社会化服务。山东齐力新农业服务有限公司已经是一家可提供农业生产全程社会化服务的创新型农业服务公司，与山东省农业科学研究院、山东农业大学、山东农业工程学院等建立了农业科技研发、推广、应用合作关系；并融合县内 15 家农机、粮食种植合作社，构建统一标准、联合作业、协调推进、共同提升的发展模式。2018 年，率先通过了山东省市场监管局、省发改委省级服务业标准化试点项目验收。

　　山东齐力新农业服务有限公司以专业化、标准化开展全程农业生产托管服务，依托现代科学技术提升农业发展水平，创建了特有的"6S"服务模式：以"公司＋合作社＋农户"的形式，建立农业社会化服务网络，对种植大户、种植合作社和整村制的小散农户提供"代耕、代播、代管、代收及培训"全方位的农业生产托管服务。对合作社社员实行"六统一"，即统一农资供应、统一测土配肥、统一种植管理、统一植保服务、统一农机作业、统一烘干收储。公司现有全程化服务标准681项，其中采纳了国家标准、行业标准、地方标准共579项，以及公司自己制定的企业标准102项；与周边86个村庄90%以上的农户提供托管服务面积达15.6万亩。

　　一是实现托管服务精准化。为实现服务对象精准、价值定位精准、施肥施药精准、作业项目精准，公司先期与种植大户、合作社及村两委联系沟通，了解他们的需求，是单一的生产资料供应、农机作业服务需求还是全程托管服务需求。达成初步合作意向后，根据各村情况，由专业人员制订服务方案，双方认可后签订合同，之后开展农业生产托管服务。二是实现农业生产标准化。公司在为全县开展农业社会化服务过程中，以小麦、玉米质量安全生产综合标准体系和种植社会化服务综合标准体系为支撑，严格操作规程，严控农业投入品应用，严把托管服务作业质量，切实实现标准化生产。三是实现生产管理智能化。公司实施农业生产托管服务作业时，通过环境传感器、农业气象站、地下水位监测点、病虫害监视点及农机作业监测设备搜集田间信息，对农田作物的长势、病虫草害、土壤墒情、土壤养分、作业标准等进行实时监控和精确测定；通过地理信息系统对气象、土地、水利、植保、机械作业等环节进行统一管理，指挥农业生产。公司在农作物产前、产中、产后全过程，通过开展菜单式、托管式、承包式等多种形式服务，满足了广大农户的不同层次、不同类型的生产需要，实现了土地规模化经营和集约化生产，解决了一家一户办不了、办不好、办起来不划算的问题。公司使农户每亩减少化肥、农药施用量20％～25％，提高利用率40％以上；小麦种子费节约10元/亩、种子包衣剂节约5元/亩，旋耕＋施肥＋播种节约作业费10元/亩，玉米种子费节约10元/亩、种肥同播节约作业费15元/亩。

◆ **专栏：典型案例**

山东沃华农业科技股份有限公司

山东沃华农业科技股份有限公司成立于2010年，位于潍坊安丘市吾山镇，经过近10年的快速发展，整个业态贯穿一二三产业，包括标准化基地种植、蔬菜精深加工、活性物质研发、农超对接、国际贸易、全程机械化和社会化服务、"互联网＋现代农业"等。公司通过对美国、德国、日本、以色列等国外先进国家现代农业的考察和学习，引进了大批自动化设备，并与科研院校建立了长期合作关系，实现了大葱种植全程机械化和社会化服务。公司在大葱全程机械化种植和社会化服务领域，2015年服务农户面积4 000亩、2016年8 000亩，2017年达到16 000亩。以2017年服务农户16 000亩为例，30台移栽机年可移栽葱苗4.5亿株，节约劳动力用工达48 000个，有效实现了农民期盼的省时、省工、省力、节约成本。2013年，公司成为山东省葱类产业战略联盟领军单位；2016年，成为全国首批一二三产业融合项目试点示范企业；2018年10月，在安丘农谷顺利建成并通过验收了世界上最大、科技含量最高的标准化大葱育苗基地；2018年4月，董事长张金全被评为"中国蔬菜产业杰出人物"。

在大葱社会化服务推广方面，公司依托过硬技术和"保姆式"服务迅速打开市场。公司推动的包括大葱全程机械化的核心技术环节——"丸粒化包衣、精量化播种、工厂化育苗、自动化移栽、集约化采收"的社会化服务，规避了农户的育苗风险，节约了育苗用地，提高了移栽效率，由传统方式2～3人一组每天移栽1亩地提升为用机械化1人每天移栽10亩地，移栽效率提高了约20倍；通过精准施肥、精准用药，以及大力推广有机肥、生物菌肥、生物药，实现了肥药双减工程，改良了土地板结、酸化等问题，降低了农户投入成本；通过自动化采收，降低了约50%的采收成本；通过品牌化、标准化精深加工，提升葱的附加值，提供了更多工作岗位，增加了农户收入；通过"互联网＋"农业，建立了大葱全程可追溯体系，实现智能化管理，为农户搭建互联网销售平台，引导多渠道销售模式，解决信息不对称问题，实现多方面增收；通过建立信用体系，帮助农户对接银行及小额信贷公司，提供农资贷款，解决了广大农户资金难的问题。

四、托管服务

农业生产托管服务是农业生产性服务业发展的主推模式。政策上，重点支持发展单环节托管、多环节托管、关键环节综合托管和全程托管等多种托管模式。其中，单环节托管、关键环节托管与初级简单播种服务、专业化播种服务相关，多环节托管、全程托管则是把播种作业服务与其他环节作业服务结合到一起。近年来，农业生产托管服务迅速发展。据统计，2018年按照综合托管系数计算的农业生产托管面积为3.59亿亩，比上年增加50%；其中，耕、种、防、收四环节托管面积分别为4.0亿亩次、3.2亿亩次、2.6亿亩次和3.8亿亩次。在农业生产托管服务中，很多都是多环节或全程托管服务，把播种作业作为其中一项服务。多环节或全程托管服务相比于单环节服务，建立了更稳定的服务协作关系，稳定了服务对象、拓展了服务业务、扩大了作业面积、增加了服务收入，能够以作业价格折扣或优惠进一步扩大服务范围；接受服务的农业经营主体则可以降低生产成本，实现双赢。将播种作业服务与其他环节服务结合到一起提供托管服务的主体，多数是农民合作社、农业服务公司，以及近年来兴起的各类基层农业服务平台等。

◆ 专栏：典型案例

黑龙江省宝清美来现代农业服务有限公司

黑龙江省宝清美来现代农业服务有限公司（以下简称"宝清美来"）成立于2015年，前身是有着25年农资经营历史的宝清丰收农业、宝清丰收种业和宝清植物病虫害防治医院。"宝清美来"在加盟"美来众联"之后，通过农业全程托管经营模式，为小农户提供从农资经营、农机配套、农技服务、农业金融、农产品加工到粮食收储销售为一体的全产业链服务，帮助小农户种好地，解决小农户规模化生产难题。"宝清美来"服务小农户的"生产托管"分2个阶段实施：先示范、再推广。示范阶段，建立"千亩高产示范田"进行生产托管示范；推广阶段，通过"集中连片整村推进"加速小农户通过生产托管组织参与规模化种植进程。宝清县第一个阶段"示范"的目的已经达到，为了加快土地适度规模经营进程，2019年宝清美来将面向小农户的农业生产托管目标区域放到了宝清县的七星泡镇。在具体服务模式上，农户决定作物种类，宝清美来决定作物品种，实行品种统一、肥料统一、耕种统一、田间管理统一、作业标准统一、收获统一的作业标准。例如，在大豆种植方面，选择增产潜力大、主茎结荚型、抗倒伏、抗病、丰产的品种，采用"垄上四行大垄窄行密植栽培技术"，亩保苗从2.2万株提高至2.6万株，比传统大豆种植方式增产幅度可达25%；在玉米种植方面，选择高产、耐密、抗性强、容重高的品种，采用"美国十方"的"满胜"六行单粒播种机，播种效率高且苗齐、苗全、苗壮，每亩节省种子用量2.5~4千克，可比国产播种机提前3~5天播种。综合来看，使大豆节约种子费6元/亩、玉米节约种子费10元/亩。

◆ 专栏：典型案例

江西绿能公司

江西绿能公司是一家综合性农业龙头企业，成立于 2009 年，现拥有 180 多名员工，服务内容包括土地流转、机械服务、水稻种植、统防统治、蔬菜种植、养殖等，建立共计 6 个农民专业合作社和 5 个家庭农场，直接经营土地 2.1 万亩、托管服务 5.5 万余亩。2018 年起，绿能公司为 5.5 万亩的家庭农场、种粮大户或普通农户提供形式多样的托管服务，充当"田保姆"；其中，约一半为半托管服务，即种什么品种、季节安排、农产品销售等产前、产后经营决策，仍由普通农户、家庭农场、种粮大户自主决定和操作，绿能公司只提供机耕、机收、烘干等部分环节服务，服务价格低于当地市场价格的 30%；另外一半，从购买种子、化肥、农药，到机耕、机插、机收，再到烘干、销售等，实行全面托管服务，每亩收取费用 980 元。通过托管，实现了规模化服务，达到了节本增效，全托管农户每亩收入 1 000 元左右，通过农地流转的种粮大户或家庭农场也能实现 500 元纯收入，而绿能公司每亩也获取了 50 元纯收入服务费，提升了土地的总体收益。公司直接经营的 2.1 万亩和全托管的 2.75 万亩耕地实行标准化生产，品种选择、季节安排、农药化肥使用、机耕机收等由公司组织的水稻种植合作社、统防统治合作社、农机服务合作社提供服务。公司为直接经营或托管经营的 5 万余亩水稻购买了政策性保险（4.5元/亩）和商业保险（30 元/亩），每亩最高保额可达 800 元，规避了自然灾害风险。

第五章

植 物 保 护

党的十九大做出"中国特色社会主义进入新时代"的重大判断，新时代人民对美好生活的追求需要更高质量、更加安全和绿色生态的农产品供给。然而，近年来我国农作物病虫害呈多发、频发、重发态势，防治难度进一步加大，对高质量农产品有效供给提出严峻挑战。植物保护服务作为农业生产性服务产中环节的重要组成部分，对于确保农产品质量安全、促进农业绿色高质量发展具有不可替代的重要地位。

第一节　相关概念

一、概念

1. 植物保护　植物保护是综合利用多种方法、保护植物免受或少受生物危害或人为危害、使植物的生产投入得到合理回报、人类的物质需求和生态诉求得到有效保障的手段。植物保护存在广义和狭义之分，前者指对人类有价值的所有植物的保护，后者仅指对由人类栽培的农作物的保护。在农业生产中，一般指狭义的，其主要任务是持续防治病、虫、草、鼠等有害生物，减少有害生物造成的灾害损失，确保农业高产稳产、优质高效。

植物保护是农业生产过程中技术含量高、劳动强度大、风险控制难的重要环节。许多病虫害具有跨国界、跨区域传播等特点，一家一户难以有效应对，常常出现"漏治一点，危害一片"的现象。据全国农业技术推广服务中心汇总统计，2018 年我国主要农作物重大病虫害发生面积为 40 556.92 万公顷次，防治面积 50 349.03 万公顷次，较 2017 年分别减少了 7.36％和 6.78％。部分农作物及有害生物种类灾害发生面积及防治面积如表 5－1 所示。

表 5－1 部分农作物及有害生物种类灾害发生面积及防治面积

部分农作物以及有害生物种类	2018 年灾害发生面积（万公顷次）	与 2017 年相比（％）	2018 年防治面积（万公顷次）	与 2017 年相比（％）
水稻病虫害	7 214.37	－11.23	11 459.53	－10.59
小麦病虫害	5 278.76	－9.99	7 533.47	－9.66
玉米病虫害	5 882.73	－11.08	5 750.75	－5.59
马铃薯病虫害	568.54	－4.4	605.74	－2.13
棉花病虫害	822.67	－11.63	972.82	－10.26
苹果病虫害	758.45	－3.24	1 215.24	＋12.92
柑橘病虫害	1 157.59	＋3.89	1 704.45	－0.8
农田草害	9 106.36	－3.95	10 127.6	－4.52
农田鼠害	2 713.33	－2	1 753.33	－

注：列 3 中"＋""－"分别表示 2018 年灾害发生面积与 2017 年相比增加或减少的百分比；列 5 中"＋""－"分别表示 2018 年灾害防治面积与 2017 年相比增加或减少的百分比。

2. 植物保护服务 植物保护服务属于农业生产性服务中的产中服务，指具有专业技术和设备的服务组织或个人，为农业生产主体提供植保作业服务。服务主体包括个人、合作社、专业植保公司、政府相关机构等，服务对象为从事农业生产且具有植保服务需求的农业经营主体。一般而言，植物保护服务组织的防治方法主要有利用杀虫剂、杀菌剂、除草剂和杀鼠剂等化学药剂的化学防治法；改善作物品种、提高耕作栽培管理方式的农业防治法；利用生态系统的平衡，形成有利于作物和害虫天敌生长、不利于病虫繁殖的生物防治法；按照农作物生长习性，利用光、热、电、温度、气调振荡和辐射等物理因素进行防治的物理防治法。

二、分类与特点

1. 按照植保服务方式 可划分为出工代防代治、出药代防代治、阶段承包防治和全程承包防治。出工代防代治指由农户自行购买农药，植保服务组织按照农户要求将农药喷洒到田间地头，以达到防治病虫草鼠害的目的。该模式的优势在于简便易行，不易与农户产生纠纷，但无法保证农药安全科学合理使用。出药代防代治指由植保服务组织提供农药和劳动力为农户提供病虫防护服务。阶段承包防治指服务对象与服务组织签订合同，将部分或一定阶段内的植保作业外包给植保服务组织。全程承包防治指服务对象与服务组织签订合同，将农作物生产中所有的植保作业都外包给植保服务组织。

2. 按照植保服务性质　可划分为经营性服务和公益性服务。经营性服务指根据病虫害发生情况，由服务主体遵循市场运行机制，为服务对象提供植保服务。但当病虫害发生严重、范围较广、灾害较大时，单家独户较难防控，必须有组织地开展统防统治和群防群治，植保行为将上升为政府行为，由地方政府介入开展公益性防治。公益性服务指由政府或准政府部门提供的植保服务。例如，2017 年 5 月，河南省安阳市植保部门通过病虫测报发现，小麦条锈病、赤霉病面临大面积蔓延和流行的风险。针对病虫害发生的严峻形势及紧迫的防治适期，安阳市政府及时采取应急防治，通过政府购买服务的方式，短期内紧急调度 400 多架植保无人机，花费 10 天时间完成全市 100 万亩小麦高标准粮田的病害防治。

第二节　发展现状与趋势

一、基本现状

1. 政府植保监测服务成效显著　农作物植保监测预报是病虫害防治的基础工作，只有监测准确、预报及时，才能做到科学有效防治，实现防早、防小，少用药甚至不用药，进而降低病虫害发生程度及灾害损失。我国在"十五"和"十一五"期间，通过实施植物保护工程，建设了一批病虫监测防治区域站和县级标准化病虫观测场（圃）等，配备了必要的监测设施设备，改善了我国农作物病虫害监测预报条件。自 2017 年以来，按照《全国动植物保护能力提升工程建设规划（2017—2025 年）》要求，每年投资约 1 亿元支持各地加强自动化、可视化田间病虫监测点建设，提升了病虫害监测预警数字化、信息化水平，目前已在 100 多个县投资建设 500 多个站点。同时，每年下拨 3 000 多万元用于支持病虫监测预报工作，通过测报及时采取措施减少的粮食损失量在 3 000 万吨以上。

2. 植保社会化服务组织迅速崛起 植保组织药械先进、管理规范、服务高效，不仅能够解决一家一户"打药难""乱打药"等问题，还能提高病虫害防治效率，实现病虫害防治与生态保护的和谐统一。近年来，政府高度重视病虫害专业化统防统治工作，强化服务组织和服务能力建设，推进专业植保服务组织和绿色防控技术的有机结合，培植和壮大一批有技术、有设备、有规模的新型植保社会化服务组织。据统计，全国植保社会化服务组织已由 2012 年的 1.2 万个发展到 2018 年的 8.8 万个，从业人员由 80 万人发展到 131.2 万人，日作业能力由 200 万公顷发展到 600 万公顷，并由过去以化学防治为主转变为现在的综合绿色防控。

3. 植保服务工作面临新挑战 受全球气候变暖、农业生产方式变化、农药滥用等因素影响，农业病虫害进入高发阶段，呈现出频率加快、区域扩大、时间延长、程度加重的趋势。同时，新生病虫害及一些跨国疫情不断出现，如小麦黄花叶病、孢囊线虫病、麦根蟥、白眉野草螟、跨国界贪夜蛾等病虫害发生面积越来越广。这些新情况和新问题的发生使病虫害监测防控任务更加艰巨，也使植保服务组织防治难度加大。

二、存在的主要问题

1. 化学防治仍占主导地位 目前，我国农作物疫情防治方法众多，形成了诸多较为完备的防控防治技术体系。全国农药使用总量虽呈下降态势，但化学农药因其价格低、见效快、易操作及经济效益高等特点在农业防治中仍占据主导地位，农业、物理、生物等防治措施应用面积还较小。据全国 30 个省级（不含西藏）植保部门的统计，2018 年我国种植业农药使用量为 83.19 万吨，折百量 26.84 万吨，但农药有效利用率仅为 38.8％，40％～60％的农药扩散到环境中，致使土壤和水源被污染，也导致农产品农药残留超标、人畜中毒、有害生物抗药性增加、生物多样性下降等问题。

2. 生产主体购买植保服务意愿较低　植保服务过程中农药浓度、喷洒均匀度等均会直接影响防治效果，但服务作业质量却不易监督，道德风险发生概率较高。不同规模农业生产主体对农业植保服务外包具有一定排斥性，接受服务意愿较低。例如，小农户因种植规模小、土地分散细碎化等特征使其采用专业化植保服务的内在动力不足；而规模种植户因植保环节中的道德风险问题，出于对防治效果的担忧，购买植保服务的积极性也偏低。

3. 统防统治深入推进面临困境　统防统治能够有效解决农业生产中一家一户病虫害防治难的问题，降低植物保护成本，保护生态环境安全。然而，统防统治在现实推进中还面临以下问题：一是防治作物主要以粮食作物为主。当前开展统防统治的农作物以小麦、玉米为主，而在蔬菜、果树、棉花等经济作物上应用较少。二是服务质量纠纷问题。农业生产过程受到风、光、热等多种因素的影响，统防统治结果与其他农业生产影响因素交织混合；若农作物长势不好，植保服务组织和农户对责任认定很难达成一致，容易产生纠纷。

三、发展趋势

1. 绿色植保服务加快推进　随着城乡居民生活水平的不断提高，传统以化学农药为主的防治方式和理念已不适应现代农业发展和人民对美好生活的需要，绿色植保是新时期植保服务的发展方向。近年来，政府致力于转变病虫害防治方式，推进专业化统防统治和绿色防控融合发展。2006 年，农业农村部提出"绿色植保"，提出病虫害防治要"优先生态控制、生物防治和物理防治等环境友好型技术措施，最大限度减少化学农药使用"。2011 年、2015 年，农业农村部分别发布了《关于推进农作物病虫害绿色防控的意见》和《到 2020 年农药使用量零增长行动方案》，对病虫害绿色防控提出了明确要求。2017

年，农业农村部、国家发展和改革委员会、财政部印发了《关于加快发展农业生产性服务业的指导意见》，鼓励服务组织开展绿色高效技术服务，提出"大力推广绿色防控产品、高效低风险农药和高效大中型施药机械，以及低容量喷雾、静电喷雾等先进施药技术，推进病虫害统防统治与全程绿色防控有机融合"。2019年4月，农业农村部办公厅印发《2019年农业农村绿色发展工作要点》，提出"大力扶持发展植保专业服务组织，提高防控组织化程度，强化示范引领和技术培训，提高统防统治覆盖率和技术到位率"。绿色植保是近年来国家政策的关注点，未来绿色植保服务将成为农业生产性服务的工作重点。

2. 植保服务机械升级换代　　长期以来，我国植保机械开发使用和喷施技术较为落后，传统施药机械以手动喷雾器、背负式机动喷雾机、小型喷雾车为主流机型，工作效率低且防治效果差。在国家政策支持和农户植保服务需求的共同作用下，自走式高秆作物喷雾机、大型风送式喷雾机、无人机等新型施药机械及其配套使用技术得到广泛应用，实现了植保社会化服务的提质增效。2014年，中央1号文件首次提出"加强农用航空建设"，随后在一些省份开展无人机购置补贴试点，促进航空植保服务发展。2017年，农业部、财政部和中国民用航空局联合发布《关于开展农机购置补贴引导植保无人飞机规范应用试点工作的通知》，选定浙江、安徽、江西、湖南、广东、重庆6个省（市）开展植保无人机补贴试点。2018年，农业农村部、财政部联合出台《关于做好2018—2020年农机新产品购置补贴试点工作的通知》，提出继续对植保无人机补贴工作予以支持。同时，在农作物病虫害统防统治、小麦"一喷三防"等补助资金的支持下，各省（市）纷纷开展大规模植保飞防服务。随着无人机植保喷洒效益的提高，以及大疆、极飞等无人机生产企业对产品的升级换代，植保无人机服务的机器操控复杂、续航时间短、农药喷洒标准不确定等问题得到很大改善，无人机在植保防治中将发挥更大作用。

3. 线上线下平台交互利用　　农业病虫害的时间紧迫性、空间关联性等特征要求农业生产主体在短时间内迅速做出反应，及时进行植保防控；但是，对于普通农业生产主体来说，及时寻找植保服务组织并采取有效应对措施的难度较大。随着互联网时代的到来，一些植保服务组织通过自建线上服务平台或利用第三方服务平台，线上发布病虫害疫情预报、植保服务供给信息；同时，根据服务需求方发布的信息，及时提供植保服务，实现服务供给方农机资源有效利用，满足农业生产主体的植保服务需求。

第三节　主要模式

一、市场直接服务模式

市场直接服务模式指植保服务组织依据市场运行机制，直接为农业生产主体提供植保作业服务的模式。该模式依据服务区域可划分为面向全国的植保服务模式和面向区域的植保服务模式。

面向全国的植保服务模式指植保服务组织不固定在某一区域提供防护服务，而在全国不同地区提供植保服务。这类服务组织资金实力雄厚、专业防控能力强、技术优势明显，在全国布局建设服务中心或农业服务站，为农户提供高效、低廉的植保服务，如农飞客、标普农业、蜻蜓农服等专业化植保公司。面向区域的植保服务模式指植保服务组织主要为本村、本县、本市等一定区域内的农业生产主体提供植保服务。这类服务组织一般是本地农民合作社、家庭农场、种粮大户等农业经营主体，对本地种植结构、病虫草害发生规律等比较了解，且与农户联系密切，能够有效规避道德风险，农户信任度及接受服务意愿较高。

◆ 专栏：典型案例

克胜集团蜻蜓农服农业服务公司

克胜集团以农药化工为主业，是中国农药工业协会常务理事单位。近年来，集团由之前单一的农化企业向农业综合服务集团转型发展，并与农民合股成立了克胜恒济植保服务专业合作社和中农网购蜻蜓农服农业服务公司，领先运用药械一体化，扩大农药无人机喷洒服务、自走式高效植保喷洒服务，打造农业服务交易平台，探索"农化服务＋农业新主体＋互联网"发展模式，紧抓"产品＋品牌＋技术＋服务"，打响"蜻蜓农服"品牌。

"蜻蜓农服"依托克胜集团实施"5311"计划，在全国有1 200多个县级经销商，在50个地级市建设300个"蜻蜓农服"服务中心和1 000个镇级服务站，覆盖10 000个村。同时，还通过蜻蜓农服网和手机端、蜻蜓电台等自媒体，及时发布各类服务信息。2017年，"蜻蜓农服"在江苏、安徽、湖南、湖北等省服务种植面积86万亩，水稻增产10％左右，达到水稻绿色高效生产目标，为解决"谁来种地""怎么种好地"等问题提交了可复制、可推广的"克胜答卷"（图5-1）。

图5-1 "蜻蜓农服"飞防作业

◆ 专栏：典型案例

安徽省凤台县农旺植保服务专业合作社

安徽省凤台县农旺植保服务专业合作社成立于2009年，现有成员单位85个（1个凤台县植物医院、2个控股公司和82个机防合作分社），建有1个植保机械维修总站和10个植保机械维修服务点，拥有88支机防队；全社共有1 360名社员，拥有机防队员1 080名、维修员42名，聘用销售、财务、仓管人员8名，从县植保站和乡镇农技站聘请10余名农业专家做技术顾问；拥有服务专车21辆、各种植保机械1 500余台（套），其中植保无人机70架、自走式水旱两用型喷雾机3台、担架式喷雾器200台、高压静电式机动喷雾器100部、背负式机动喷雾器1 000余台。

自2017年起，合作社与福建永辉食品有限公司（永辉超市）签订合作协议，在凤台县朱马店镇和桂集镇建设20 000亩糯稻绿色生产基地。由合作社组织当地成员按照绿色生产规范实施"八统一"，对水稻生产进行全程监控，做到全程可追溯；永辉超市按照高于市场价5%以上的价格全部收购基地生产的糯稻产品。同时，合作社通过绿色生产示范，每年带动周边农民应用水稻绿色生产技术20万亩，增加农民收入1 200万元。凤台县糯稻绿色生产基地于2017年、2018年连续两年通过"农业良好生产规范（GAP）"认证，农产品知名度得到显著提高（图5-2）。

图5-2 安徽省凤台县农旺植保服务专业合作社

◆ 专栏：典型案例

浙江省兰溪市跃动植保科技有限公司

浙江省兰溪市跃动植保科技有限公司成立于2017年6月，是一家专业从事农业无人机植保服务的公司。公司日常开展业务主要包括5项：一是开展农用植保无人机的宣传演示。借助媒体的力量宣传农用植保无人机的绿色防控、机器换人的理念；走访本地各大合作社、家庭农场、农户进行植保无人机的喷洒演示和宣传。二是开展植保机飞手培训。以理论结合实操的方式，从理论知识的学习到模拟器练习，再到植保机场地训练，都按照培训标准进行最终的考核评定。三是开展农用植保无人机植保作业。提前联系本地或周边县市的农业大户，确定作业时间、服务面积、作业对象及用药情况等信息，作业前一天检测植保无人机状态是否正常、配套设备是否准备齐全，作业结束后将农药废瓶、包装袋集中处理，检查携带的配件及工具是否齐全，对当天的作业的情况进行汇总上报，存档跟踪。四是打造无人机植保服务共享平台。通过无人机植保服务平台，及时发布、传递植保订单需求信息，保证农户和植保飞手建立快速的服务应答需求；将更多关于农用无人机的植保信息进行整合发布、与农用无人机配套的设备进行上架售卖，更好地做到为广大农户和植保队服务。五是开展客户回访工作。作业后的3～5天对农户进行回访调研工作，搜集整理各个农户反馈的意见，制定相应的整改措施，听取客户的意见和建议，争取把植保工作做实。

截至2018年10月31日，公司已为广大农业种植户服务20 399亩农作物，其中为兰溪本地农户服务3 839亩（包括水稻3 000亩、油菜250亩、荷花110亩、茶叶112亩、芝白120亩、苗木62亩、小萝卜185亩），为周边各市、县（包括金华、义乌、东阳、武义、浦江、永康、建德、龙游、衢州、江山、杭州）农户服务 16 500 亩（包括水稻 16 095 亩、油菜 70 亩、苗木 145 亩、玉米 100 亩、藕 20 亩、香芋 70 亩）。植保无人机喷洒效率是传统方式的 30 倍，节约农药 50%，节水 90%；从而降低农业的生产成本，增加农民的收入，取得了显著的经济效益、生态效益和社会效益。

二、政府购买服务模式

政府购买服务模式指政府将一定区域内的农业植保作业，通过直接采购或公开招标方式，委托有资质的植保服务组织完成，按照一定标准、一定程序对服务数量和质量进行评估确认后，支付相应的服务费用。

政府购买服务模式在一定程度上能够解决农业劳动力不足或农户防治技术不足造成的病虫防治难、防治效果差等问题。专业化植保服务组织在政府部门要求或指导下，根据病虫害发生情况"对症下药"，很大程度上解决了农民滥用农药、使用高毒、高残留农药等问题。但不同于其他类型的政府购买服务，农业生产周期较长，农药浓度和喷洒度都直接影响防治效果，服务质量不易监督，评估审核程序复杂。此外，政府购买服务中服务对象一般较为分散，项目实施前需动员众多农户，实施后需要对可能发生的纠纷进行调节，增加了基层政府的工作难度，影响项目开展的积极性。

◆ 专栏：典型案例

四川省宜宾县植保公共服务

为提高病虫害防治能力和效果，四川省宜宾县政府购买植保公共服务，其主要做法包括：一是确定承接主体和服务区域。通过调研确定了 4 个专业合作社作为承接主体，并选择种植大户、家庭农场、水稻 IPM 绿色防控示范园区及部分乡镇的贫困村作为服务区域。二是确定购买方式和价格。综合考虑丘陵山区服务成本等因素，确定全额购买服务预算价 50 元/亩，差额购买预算价 40 元/亩，除贫困村外均实行差额购买。三是明确双方权责。县农业局与 4 家承接主体分别签订了政府购买水稻穗期病虫害防护服务合同，明确双方权责及应急事项，承接主体与实施乡镇、村委会再次签订服务合同。四是科学推荐配方，确定最佳防治适期。在穗期病虫防治关键时期，组织召开农药品种专家推荐会，由市、县两级农业局专家、相关农业服务中心主任代表、各承接主体负责人等组成专家组，依照"减量控害、节本增效、确保安全"的原则对水稻穗期病虫防治药剂品种进行推荐，确定了康邦、丰登、纹曲宁等 7 种药剂 3 组配方。五是加强督促指导和严格验收标准，确保项目成效。各乡镇农村经济技术服务中心对本乡镇防治用药、防治面积、防治质量、防治效果进行事中监督和事后追踪，作业质量验收实行承接主体自验、乡镇复验、县级抽验"三级验收"，确保作业结果多方满意。

通过政府购买植保公共服务，解决了农村劳动力不足，及病虫防治难、防效差的问题；促进水稻增产的同时保护了农业生态环境。购买服务区农药用量比农民自防区减少 30%～40%，螟虫防效平均达 99.2%，穗颈稻瘟防效平均 99.0%，稻曲病防效平均达 99.5%，综合防效达 99.3%。

三、技术入股服务模式

技术入股服务模式指为解决农作物的病虫害问题，农业生产主体与具备技术的专业人员、企业、科研院所等技术拥有者采取股份合作的方式共同经营农业，最终以双方占股比例或服务内容等方式分享经营收益。这种模式解决了一家一户"办不好""办了不划算"的技术难题，一般适用于经济效益更为显著的经济作物，是推进农业高品质生产和规模化经营的新模式。技术入股服务模式优势在于农业生产主体将农作物植保环节交由专业技术人员负责，能够发挥各自优势，实现专业分工，提高病虫害防治的专业性、技术性和有效性。

◆　专栏：典型案例

海南绿晨香蕉研究所社会化服务平台

　　香蕉枯萎病是香蕉生产中的毁灭性病害，是制约香蕉产业生存和发展的瓶颈问题。海南绿晨香蕉研究所（以下简称"绿晨所"）通过构建香蕉产业社会化服务平台，将国家香蕉产业技术体系、中国热带农业科学院和优秀企业的关键技术进行集成，形成了一套以拮抗菌肥为主的有机香蕉栽培模式。通过为企业、大户与合作社提供专业化的技术和管理服务，对其他香蕉种植者起到良好的示范效应。

　　现有服务模式主要为：企业、大户或合作社（甲方）以蕉园（包括基础设施）入股，并负责生产经营过程的全部资金投入；绿晨所（乙方）以技术和经营管理入股，享受20％的利润分红。乙方负责蕉园的全程技术和经营管理，包括技术方案、管理方案和销售方案制订与实施，以及物资采购、工人聘用、生产经营、产品销售等；甲方只负责派员参与财务和物资管理。乙方享受的20％利润分红在香蕉收获后1～2个月内结清。同时，绿晨所还创新出按菜单收费、技术入股、点单收费、"技术＋管理"入股、"技术＋管理＋资金"入股等其他服务模式。

　　绿晨所总结多年枯萎病综合防控成功经验，组织枯萎病防控经验丰富的专家成立了香蕉枯萎病综合防控技术团队，统一采购枯萎病防控相关物资，对企业（或农户）委托经营管理的南宝蕉园、红星蕉园、华鑫蕉园、美台蕉园、宝树蕉园、五指山蕉园、新盈19队蕉园、新盈蕉园进行香蕉枯萎病统防统治，香蕉枯萎病统防统治提高了枯萎病防控效率，推进了蕉园肥药减量和可持续发展，将发病率控制在1.0％～3.0％，降低了成本，稳定了产量，提高了品质和经济效益。

四、平台中介服务模式

平台中介服务模式指植保服务需求主体和植保服务供给主体通过互联网平台发布各自的需求信息和供给信息。服务需求主体可以及时了解病虫害信息，并及时联系植保服务组织开展针对性服务作业，解决了防治不及时、不到位等问题；同时，服务组织可通过线上平台实时查看植保需求信息，从而接到更多的订单，有效配置植保机械，减少植保机械闲置时间，提高服务效益。该模式优势在于能够在短时间内迅速召集全国各地的植保队伍，及时满足大面积疫情防控的服务需求；其缺陷在于各个植保队作业标准和服务质量水平参差不齐，可能导致整体作业质量不高。

近年来，通过实施"宽带乡村"工程、持续推进农村地区电信服务全面覆盖，农村互联网基础设施条件明显改善。目前，我国行政村通光纤和通 4G 的比例均超过 98％、宽带比例达 96％，农村互联网应用蓬勃发展。在"互联网＋"背景下，手机成为农户的"新农具"，随着一些农业服务 App、农服微信小程序的开发，农户使用手机快速便捷获取农业植保信息成为新的潮流，开拓了农业植保服务的新模式。

◆ 专栏：典型案例

"种地保"农业服务平台

"种地保"是目前国内较为领先的农业服务平台，覆盖了"耕、种、防、收"农业生产全过程的信息，用户可通过 App、微信小程序、网站等界面发布或寻求服务信息。同时，"种地保"还可通过互联网大数据平台和智能技术，分析用户种植信息，为农户提供基于大数据的农业指导及全方位的农业安全生产预警服务，助力农户增产增收，摆脱"靠天吃饭"的宿命；同时，实现服务主体农机资源有效整合利用，推进农业生产服务的转型升级。

2018年4月，素有"北国江南、鱼米之乡"美誉的鱼台县就3万亩小麦的统防统治项目向社会公开招标，济宁市惠科农业科技有限公司中标，但该公司现有飞防设备和技术人员很难按时完成防治任务。该公司于4月26日与"种地保"对接，通过对互联网大数据的分析制订出一套完整的防治方案和防治标准，在20分钟内确定了湖北、山西、安徽的数十架植保机参加防治，最终花费4天时间完成了3万亩小麦的飞防任务。"互联网＋"无人机跨区域植保服务，及时有效满足了大面积飞防的服务需求，提高了农业生产效率，降低了粮食生产成本。而且，通过实时记录无人机飞行轨迹，农业部门"足不出户"也能够清晰了解各田块的防治进度和防治情况，实现了农田病虫害防治的数字化、智能化和高效化（图5-3）。

图5-3　"种地保"App

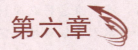

第六章

动物疫病防控

　　改革开放以来，养殖业已经成为我国农业经济的重要组成部分，而动物疫病是制约我国养殖产业健康发展的重要因素。一些烈性动物疫病的暴发甚至还会给社会稳定和国家安全带来重大冲击。因此，动物疫病防控是保障养殖业健康发展的关键环节之一。动物疫病防控服务作为农业社会化服务的重要组成部分，对确保养殖业生产安全、动物源性食品安全、公共卫生安全和生态安全具有重要作用。

第一节　基本概念

一、概念

　　1. 动物疫病防控　动物疫病防控指预防和控制动物疫病的发生和蔓延，以实现保护动物、人类健康和获得安全营养畜产品的目的。

　　2. 动物疫病防控服务　动物疫病防控服务指具有专业技术和设备的服务组织或个人为养殖生产主体提供疫病防控服务。服务主体包括个人、合作社、养殖企业、政府相关机构等，服务对象为从事养殖业且具有服务需求的生产经营主体。

二、分类与特点

　　1. 按照动物疫病防控服务性质分类　可划分为市场经营性服务和政府公益性服务。市场经营性服务指当动物疫病引发的动物疫情危害较小时，由服务组织遵循市场运行机制，为服务对象提供疫病防控服务；但当动物疫病危害程度较大、涉及范围较广时，必须由政府有组织地采取统一规划和安排进行防控，以迅速及时消灭疫情，稳定养殖业生产。

2. 按照动物疫病防控服务主体分类　可划分为基层畜牧兽医站服务型、乡村兽医服务型、乡镇动物医院服务型、城镇宠物诊疗机构服务型、兽药和饲料等农资企业服务型、养殖企业服务型、合作社服务型以及科研院所专家服务型等。其中，基层畜牧兽医站服务型在整个疫病防控工作中占基础地位，一般承担强制免疫实施、常见疫病防控指导与实施、防疫监管等服务。

第二节　发展现状与趋势

一、基本现状

1. 动物疫病防控体系逐步完善　我国历来重视从宏观上进行动物疫病防控体系的构建，先后制定完善了《中华人民共和国动物防疫法》《兽药管理条例》《动物重大疫病应急处理条例》《国家中长期动物疫病防治规划（2012—2020 年）》《动物疫病防控财政支持政策实施指导意见》《2019 年国家动物疫病强制免疫计划》等一系列动物疫病防控支持政策，构建了全方位的动物免疫预防保障体系、疫病监测诊断体系、防疫监督体系、防疫屏障体系及疫病应急处理体系。同时，动物疫病监测、检疫监督、兽药质量监察和残留监控、野生动物疫源疫病监测等方面的基础设施得到不断改善。

2. 动物疫病防控科研技术不断更新升级　动物疫病防控的科学研究和技术服务队伍不断壮大，国内先进动物实验站建立完善，也保证了研究水平和服务能力的不断增强。例如，2019 年 8 月，中国农业科学院兰州兽医研究所联合中农威特生物科技股份有限公司成功研制的口蹄疫 O 型、A 型二价标记疫苗，是国际上首例注册的口蹄疫 O 型、A 型二价标记疫苗，解决了常规灭活疫苗干扰鉴别诊断问题，有力支撑了我国口蹄疫无疫区的全面建设。同时，一批病原学和流行病学研究、新型疫苗研制、综合防治技术集成示范等科研成果转化为实用技术和产品，有效保障了重大动物疫病防控工作。

二、存在的主要问题

1. 基层动物防疫服务能力不足　基层动物疫病防控体系是实施动物疫病防控工作的基础和关键环节。从中央到省、市、县（区）各级出台的防疫政策和防疫手段，最终的执行都要落实到一线基层上，然而现实中基层机构却面临各种问题。一些地方动物防疫机构队伍弱化，突出表现在机构体系不完善、基层工作队伍不健全、经费保障不足、基础设施老化陈旧，基层防疫体系面临"网破、线断、人散"的困境，不能满足防疫工作和产业发展的需要。例如，在基层人员及经费方面，2018 年全国县级动物疫病防控机构所需工作经费预计为 27 亿元，但财政预算缺口近三分之一；全国县级动物卫生监督机构目前平均不足 10 人，却要同时承担动物检疫和动物防疫、畜牧、畜产品质量安全等监督执法工作，人力财力严重不足。尽管近年来经营性兽医服务组织逐渐兴起，但还难以形成乡村疫病防控的重要力量。

2. 疫病多样加大疫病防控服务难度　一方面，在持续免疫和环境压力下，病原发生适应性进化不断发生变异，导致新毒株或新亚型的出现，造成现有疫苗免疫无效或保护效率显著下降。另一方面，我国边境线长，国际交流频繁，境外疫情传入风险持续增大，来自疫情国家的猪肉及其产品走私、旅客携带物、国际航班班列及其餐厨垃圾、野猪越境等均有可能从境外带入病毒。全球动物疫情日趋复杂，外来动物疫病传入风险持续存在，人畜共患病呈上升趋势，不断加大政府和市场疫病防控服务组织的难度。

3. 养殖主体疫病防控意识薄弱　动物疫病防控服务工作是一项综合性工作，需要政府、业务部门和从业者的密切配合和共同参与，更为关键的是，防控措施的实施效用最终要落实在养殖户（场）个体上。从目前来看，我国较为普遍的庭院养猪模式中，疫病防控行为的开展主要建立在多年养殖经验基础上，专业技能水平偏低，疾病防控意识相对单薄，容易造成疾病的发生和扩散；规模化养殖中由于养殖数量较大，需要格外注重生物安全，加强层层免疫管理。若生物安全措施采取不及时、不到位，极有可能导致大规模动物疫病的发生。

三、发展趋势

1. 积极推进兽医社会化服务的发展 兽医社会化服务是农业社会化服务的重要组成部分，是兽医服务的重要实现形式。党的十八大以来，各地初步探索了一些兽医社会化服务模式，取得了积极成效，但总体上仍存在覆盖不全面、服务不专业、机制不完善等问题。为扎实推进兽医社会化服务实现突破性发展，更好满足全社会多层次多样化的兽医服务需求，构建具有中国特色的现代化兽医卫生治理体系。2016 年 10 月，农业部发布《全国兽医卫生事业发展规划（2016—2020 年)》，提出"持续推进新型兽医制度建设，扩大和充实官方兽医与执业兽医队伍。完善执业兽医准入制度，严格兽医执业条件要求"。同时，加大"政府购买服务力度，鼓励养殖和兽药生产经营企业、动物诊疗机构及其他市场主体成立动物防疫服务队、合作社等多种形式的服务机构，规范整合村级防疫员资源，向养殖场户提供高质量的免疫、诊疗、用药等专业化兽医卫生服务"。2017 年 12 月，农业部《关于推进兽医社会化服务发展的指导意见》提出，"积极推动兽医社会化服务机制创新，全面构建主体多元、供给充足、服务专业、机制灵活的兽医社会化服务发展格局"。2018 年 1 月，农业部《关于大力实施乡村振兴战略加快推进农业转型升级的意见》提出，"推进执业兽医队伍建设，加强官方兽医培训，引导和扶持兽医社会化服务组织发展"。2019 年 1 月，农业农村部关于《2019 年畜牧兽医工作要点》的通知中，提出"持续推进兽医社会化服务规范发展，加强执业兽医、乡村兽医诊疗活动管理，逐步实施'一点注册、多点行医'执业兽医管理模式"，在政策指引下，最终促成公益性服务和经营性服务相结合的兽医社会化服务体系，提升我国整体兽医服务水平。

2. "互联网＋动物防疫"结合推进 在现有基层人员队伍日趋紧张的情况下，继续采用面对面、人盯人、手把手的工作方式，已不能适应监管的新要求。为此，各地政府开始探索将互联网引入畜牧业监管，实现产业链的监管一体化，形成监管"一张网"。农业部《全国草食畜牧业发展规划（2016—2020年)》提出，"鼓励互联网企业建立草食畜禽养殖服务平台，推动'互联网＋'与草食畜牧业生产经营主体深度融合"。"互联网＋"在动物检疫方面的应用，能够减轻官方兽医工作强度，解决手工出证不规范、易造假、溯源难、统计难等问题；在畜禽屠宰监管方面，能够实现畜产品源头监管和溯源管理；在兽药监管方面，实现兽药信息化流通监管。目前，"互联网＋动物防疫"在一些地区得到推广应用，并逐步拓展到其他地区。

第三节 主要模式

一、政府公共性服务模式

政府公共性服务模式指政府或公共组织针对疫情发生情况，出台相关政策，集中采取强制性措施，减缓区域内疫情蔓延速度甚至消灭疫情，实现区域内的公共卫生安全。

一般而言，政府公共服务模式应对的动物疫病都较为严重，危害性较大，发生速度较快且在短时期内没有较好的措施阻止疫情的蔓延。政府公共服务模式中采取自上而下的强制性措施、严格监管措施、疫苗研发措施等政策手段及时阻止动物疫病的蔓延，同时统筹动物生产供给的相关政策，保证人民的畜产品供给和安全。

◆ 专栏：典型案例

非洲猪瘟防控

2018年8月，非洲猪瘟的出现是我国养殖发展史上的"黑暗时刻"。尽管非洲猪瘟不是人畜共患病、不感染人，对公共卫生安全不构成直接威胁；但该病对养猪业威胁巨大。该病发病率、死亡率高，是世界范围内养猪业重点防范的疫病。我国是全世界最大的猪肉生产和消费国，生猪产业在国民经济发展和人民群众生活中具有不可替代的重要作用，做好非洲猪瘟防控工作，意义极为重大。对非洲猪瘟的防控，单靠单家独户的养殖户（场）已经不能解决，疫情防控需要国家统筹调控，出台全方位政策抑制疫情并保证产业健康发展。

疫情发生以来，农业农村部及时采取特别重大突发动物疫情应急响应措施，牵头组织协调各省级人民政府和各有关部门，借鉴各国经验做法，结合本地实际，制定了科学有效的防控措施，通过压实属地责任，严格落实防控措施，严防疫情蔓延成势。按照非洲猪瘟应急预案和防治技术规范要求，指导发生疫情省份严格落实封锁、扑杀、消毒、无害化处理等措施，所有已发疫情均得到有效处置，没有发生二次扩散；对生猪运输车辆实行备案，并与交通运输和公安部门联合开展生猪承运车辆查验，严格实施生猪及产品调运监管。各地结合本地实际，加强对餐厨剩余物全链条监管，严格落实禁止使用餐厨剩余物喂猪措施。为强化工作保障，财政部及时将非洲猪瘟纳入扑杀补助病种范围，督促地方财政落实经费保障。此外，农业农村部还统筹做好生产供给，推进生猪屠宰标准化建设，强化产销对接，保障肉品市场供给，并同商务部指导各地做好产销对接，加强市场监测，确保猪肉市场供给。同时，健全动物防疫和监督管理体系，稳定基层兽医机构和队伍，加快非洲猪瘟疫苗和诊断试剂研发进程（出台相关政策见表6-1）。

表6-1　关于非洲猪瘟防控的相关政策

时间	部门	出台文件及内容
2018.8.3	农业农村部	非洲猪瘟Ⅱ级疫情预警
2018.8.7	农业农村部	全国非洲猪瘟防治工作紧急视频会议
2018.8.10	农业农村部	关于防治非洲猪瘟加强生猪移动监管的通知
2018.8.31	农业农村部	全国非洲猪瘟等动物疫病防控工作视频会议
2018.9.11	农业农村部	关于进一步加强生猪及其产品跨省调运监管的通知
2018.10.9	农业农村部	生猪产地检疫规程、生猪屠宰检疫规程

（续）

时间	部门	出台文件及内容
2018.10.12	农业农村部	关于进一步加强生猪检疫和调运监管工作的通知
2018.10.20	农业农村部	关于加强规模化猪场和种猪场非洲猪瘟防控工作的通知
2018.10.26	农业农村部	打击生猪屠宰领域违法行为 做好非洲猪瘟防控专项行动方案
2018.10.26	农业农村部	关于做好非洲猪瘟实验室检测工作的通知
2018.11.8	农业农村部	关于组织做好生猪运输车辆备案等有关工作的通知
2018.11.21	农业农村部	非洲猪瘟疫情防控八条禁令
2018.11.26	农业农村部、国家林业和草原局办公室	关于强化家猪野猪非洲猪瘟联防联控工作的通知
2018.12.14	农业农村部	关于进一步做好非洲猪瘟实验室检测工作的通知
2018.12.18	农业农村部、公安部、市场监管总局	关于开展打击私屠滥宰防控非洲猪瘟保证生猪产品质量安全专项治理行动的通知
2018.12.27	农业农村部	关于规范生猪及生猪产品调运活动的通知
2018.12.29	农业农村部	关于抓好生猪生产发展稳定市场供给的通知
2019.1.2	农业农村部	关于印发《生猪产地检疫规程》《生猪屠宰检疫规程》和《跨省调运乳用种用动物产地检疫规程》的通知
2019.1.2	农业农村部	中华人民共和国农业农村部公告第119号
2019.1.4	农业农村部	生猪产地检疫规程、生猪屠宰检疫规程和跨省调运乳用种用动物产地检疫规程
2019.1.18	农业农村部	关于进一步加强非洲猪瘟综合防控技术科研攻关的通知
2019.1.21	中央农村工作领导小组办公室、农业农村部	关于做好2019年农业农村工作的实施意见
2019.1.24	农业农村部	关于印发《非洲猪瘟疫情应急实施方案（2019年版）》的通知
2019.1.30	农业农村部	关于印发《2019年畜牧兽医工作要点》的通知
2019.2.11	农业农村部	关于加强非洲猪瘟病毒相关实验活动生物安全监管工作的通知

（续）

时间	部门	出台文件及内容
2019.2.15	农业农村部	关于印发《2019年农业农村科教环能工作要点》的通知
2019.3.13	农业农村部	关于加强屠宰环节非洲猪瘟检测工作的通知
2019.3.20	农业农村部	关于稳定生猪生产保障市场供给的意见
2019.4.3	市场监管总局、农业农村部、工业和信息化部	关于在加工流通环节开展非洲猪瘟病毒检测的公告
2019.4.12	农业农村部	关于加强养殖环节非洲猪瘟疫情排查工作的通知
2019.5.14	农业农村部、市场监督管理总局	关于做好非洲猪瘟病毒检测结果通报和发布的通知
2019.4.25	农业农村部	关于开展落实生猪屠宰环节非洲猪瘟自检和官方兽医派驻制度百日行动的通知
2019.6.25	农业农村部	关于切实加强非洲猪瘟防治新兽药研制活动监管工作的通知
2019.7.12	农业农村部	关于打击和防范"炒猪"行为保障生猪养殖业生产安全的通知
2019.7.15	农业农村部	关于开展基层兽医机构防控非洲猪瘟效能评估工作的通知

　　截至2019年7月3日，全国共发生非洲猪瘟疫情143起，扑杀生猪116万余头。自2019年以来，共发生非洲猪瘟疫情44起，除4月份外，其他5个月新发生疫情数均保持在个位数。经过一年的防控工作，我国非洲猪瘟疫情势头总体减缓。全国25个省份的疫区已经全部解除封锁。总体看，非洲猪瘟疫情发生势头明显减缓，正常的生猪生产和运销秩序正在逐步恢复；禽肉等猪肉替代品生产加快发展，1～5月鸡肉产量同比增长16.1%；奶业振兴行动深入推进，1～5月牛奶产量增长5.3%；水产品供应充足，1～5月水产品总产量2 145万吨，同比基本持平。

二、市场直接服务模式

市场直接服务模式指动物疫病防控服务组织依据市场运行机制，直接为养殖户（场）提供疫病防控服务的模式。不同养殖规模对疫病防控服务的需求也不尽相同。对于养殖规模较大的养殖场来说，一般会雇用专门的技术人员或加强与基层畜牧部门、农业科研院所的交流合作，及时发现并防控动物疫病；而对于一般散养户来说，养殖规模较小，疫病防控主要建立在多年养殖经验上，在日常养殖过程中若遇到疫病发生，多向村内兽医、本地合作社等购买服务。

◆ 专栏：典型案例

宁夏固原彭堡镇宏科养殖专业合作社

固原市原州区彭堡镇宏科养殖专业合作社成立于 2009 年 5 月，主要从事鲜鸡蛋的生产与销售。合作社自成立以来，通过为社员提供"六统服务"，即统一信贷、统一技术培训和防疫、统销鲜蛋、统销蛋鸡、统购鸡苗、统购饲料及蛋鸡养殖相关生产设备，合作社的生产规模迅速扩大，社员收入不断提高，示范效应进一步增强。合作社有社员 173 名，蛋鸡饲养量 17.6 万只以上，销售收入 7 800 多万元，社员人均纯收入超过 20 000 元，主产品远销银川、兰州、西宁等地。2016 年，被评为国家级示范合作社。

合作社在疫病防控方面，实行统一防疫保障生产安全。例如，2012 年 4 月，原州区原杨郎乡出现了禽流感疫情，造成 5 万多只蛋鸡被杀。这对相距只有 10 千米左右的宏科养鸡合作社来说，形势异常严峻。在此情况下，合作社安排人员连续 3 个月免费到各养殖户进行强制消毒，做到社不漏村、村不漏户、户不漏鸡，使得禽流感期间没有损失 1 只鸡。2012 年后半年，随着鸡蛋价格的回升，合作社的社员都获得了满意的收入，合作社的服务作用得到了社员们的真正认可。

另外，合作社还实行统一培训，提高社员养殖技术。利用与陕西华秦科技农牧有限公司在饲料供应上的业务联系，聘请西北农林科技大学教授及该公司高级兽医师，每年对社员进行两次强化免疫、重大病情防治和养殖技术培训，使合作社社员的养殖技术不断提高。

三、互联网信息监测服务模式

互联网信息监测服务模式指互联网公司开发专门的软件提供给养殖主体，养殖主体安装软件设备后能够快速采集猪场相关数据，帮助养殖场管理人员明晰养殖场的疫病发生情况，实现规范化管理和精细化生产。同时，在互联网平台上，养殖主体还可通过终端自动和远程诊断服务寻求动物疫病防控的相关信息，实现养殖场与互联网的无缝衔接。该种模式一般适用于具有一定规模的养殖户，普通小规模户或家庭散养户很少使用。

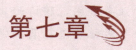

第七章

收 获 服 务

收获环节一直以来都是农作物种植过程中耗工量较大、时间紧迫性强、劳动强度较高的环节。农业机械以及相关服务主体的出现，使得农民可以在收获季节将劳动繁重的收获作业外包给农机服务主体。收获服务能够改善农民生产条件，缩短有效作业时间，提高农业生产效率，提高农民生活质量，是目前我国农作物生产中机械化率较高的环节之一。目前，三大主粮已基本实现机械化收获，其中 2019 年小麦机收率达到 96％。

第一节 相关概念

一、概念

1. 收获作业 收获作业指对成熟农作物的整个植株或果实、茎、叶、种子等主产品进行采收的过程，是农作物栽培过程中的最后一个环节，会直接影响农作物的产量、质量及农民的收入。不同农作物主产品不同，收获方式也不尽相同，常用的收获方式包括割取、掘取、采摘和拔取等。比如，水稻、小麦等带穗茎秆类作物需要采用割取的手段收获；马铃薯、花生、甜菜等作物需要采用掘取的方式收获；棉花、茶叶和水果通常采用采摘的方式收获；亚麻、黄麻等茎秆类作物则采用拔取的方式收获。

2. 收获服务 收获服务指服务组织或个人为农户等生产经营主体提供作物收获相关服务，包括传统的人工代收服务和现代的机械收割服务。割取、掘取等传统收获方式作业强度较大，对劳动力的要求较高，同时随着农村劳动力持续向城市转移，农业生产人工成本不断攀升，急需通过服务外包降低生产成本，释放劳动力；这推动了收获环节服务主体和服务业务的迅速发展，带动了收获环节机械化水平的迅速提升。

随着农业收获机械的发展，可机械化收获的农作物种类增多，农作物收获机械化程度大幅度提升。从最初的小麦到近年来的土豆、甘蔗、大葱等，越来越多的农作物实现了机械化收获。各种农作物的收取部位、形状、机械物理性质和收获的技术要求不同，需采用不同种类的作物收获机械。收获机械主要采用切割、挖掘、采摘、拔起和震落等方式进行收获。有些收获机械还对收获部分进行脱粒、摘果、去顶、剪梢、剥苞叶、分离秸秆和清除杂质等。各种联合收割机则一次完成某种作物的全部或大部分收获工序。例如，谷物联合收割机可同时进行茎秆切割、谷穗脱粒、秸秆分离和谷粒清选等；马铃薯联合收获机可同时进行挖掘、分离泥土和薯块收集作业。

与传统的人工收获相比，机械收获服务能使收获期从 10～15 天缩短到 7～10 天，使丰产的农作物及时归仓、下茬作物及时抢种，确保了农时，促进了农业增产增收。同时，机械化收获还能减少收获过程中的损失和浪费，联合收割机作业可降低粮食损失 5%～8%，仅小麦一年全国就可节约遗撒 50 亿斤左右。

二、分类与特点

1. 收获服务分类

（1）从服务供应方式角度。收获服务按照服务方式可以划分为人工收获服务与机械化收获服务。我国三大主粮的收获机械技术发展快，机械化程度高，服务形式以机械化收获为主；果蔬茶等经济类作物的收获机械研制难度较高，机械化程度较低，还需要大量人工收获服务进行辅助。但随着农业机械技术的持续发展，机械化收获服务将全面取代人工收获服务。

（2）从服务供应主体角度。收获服务供应主体包括个体农机户、农机专业合作社和农业企业等，每种供应主体各对应一类收获服务。目前，农机专业合作社是收获服务的主要供应主体，个体农机户和农业企业分别受限于自身规模和发展时间等因素，提供收获服务的范围较小。

2. 收获服务特点

（1）服务供应时间集中。过早或过晚地收获农作物都会降低产量和品质。收获过早，主产品尚未充分成熟，会影响粒重和内部化学成分，降低产量与品质；收获过晚，会造成落粒、炸荚、穗发芽等现象，减少收成。为了保证农作物增产增收，需要在农作物的成熟期内适时收获；但是，农作物的最佳收获期通常较短，如华北地区小麦的最佳收获期间一般在5月下旬至6月中旬。此外，还需考虑下茬作物的适宜播种时间，如冬小麦在收获后需要抢种玉米。因此，收获服务供应时间较为集中，一旦遇到雨天、大风天等恶劣气候，收获服务作业的时间会更加紧迫。

（2）服务模式多元化。早期收获服务主要以跨区机收模式为主，但是随着农业经营主体规模的扩大、农机服务组织规范化程度的提高、"互联网＋"、大数据等新兴技术的出现，收获服务模式不断创新向多样化发展，陆续出现订单作业、租赁作业、共享农机等服务模式，较好地满足了新型农业经营主体的需要。

第二节 发展现状与趋势

早期收获服务始于20世纪80年代的小麦收割机跨区作业。当时用于粮食收获的机械较少，在麦收期间，不少农民争用收割机。由于南北方地区的麦收存在时间差，部分农民从中发现了巨大的商机，自发购买联合收割机提供跨区机收服务。这部分农民通过服务提高了自身收入水平，率先成为"万元户"；又主动更新设备，扩大跨区作业规模和半径，成长为农机服务大户。随着农村市场化改革的深入，越来越多的市场主体加入收获作业服务中，农机专业合作社、农机服务公司发展起来，推动了全国农作物收获服务快速发展。

一、基本现状

近年来，我国农村劳动力大量转移，农村人均收入水平稳步提升，收获社会化服务迅猛发展，作物收获的机械化水平不断提高。目前，我国三大主粮——小麦、水稻和玉米已经基本实现机械化收获。到了每年 5 月下旬至 6 月中旬的夏收时节，小麦和油菜需要抢时间收割。众多的农机服务主体会投入到"三夏"粮食跨区机收，由南向北依次完成对鄂、豫、皖、苏、鲁、冀、陕等冬小麦主产区的有序快速收获。2018 年，全国收获冬小麦 3.1 亿亩，机收比例达 95.5%，创历史新高。全国共有 63 万台联合收割机、5.5 万个农机服务组织、180 万名农机手奋战在夏收夏种一线，其中参加跨区作业的大喂入量高性能联合收割机占比超过 70%，机收效率大幅提高。

此外，政府大力推动信息化手段在农机服务中的应用。农机部门、平台型企业等主动研发或搭建农机信息平台，推出手机 App 等终端软件，促进农机服务的智能化、共享化，方便机手找活干、方便农民找机用。借助信息化手段，收获服务效率明显提升。2018 年麦收时节，全国连续 5 天小麦日机收面积超 2 000 万亩、单日机收面积最高达 2 751 万亩，均创历史新纪录。麦收进度过半、过八成、达到基本结束用时比 2017 年同期缩短 1～2 天。

二、存在的主要问题

1. 不同农作物机收服务水平差异较大　目前，小麦、水稻、玉米三大主粮综合机械化水平较高，基本上实现了收获机械化。截至 2017 年底，我国的小麦机收率达到 95%、水稻机收率达到 88%、玉米机收率达到 69%。而棉油糖、果菜茶等经济作物的机械化生产体系尚未建立，机械化收获水平较低。例如，2017/2018 榨季甘蔗收获机械化水平仅为 1.42%，与主粮存在较大差距。

2. 从业人员素质低，技术操作不规范　农机手操作收割机的技能主要来源于自己摸索，对农机手的技术培训滞后与收获社会化服务发展地需要不匹配。由于大多数农机手不具备机械基础知识、未接受专业培训、驾驶操作不熟练，使得误操作、不按技术规范操作机器的现象时有发生，导致收获质量较差、收割机损坏、机手受伤等问题频繁发生。另外，有些农机手为追求效率，通过调高机器转速、改变皮带轮直径等方式私改机器工作参数，降低了机器可靠性，增加了事故隐患。

3. 支持保障体系不健全，作业效率低　服务组织获取信息渠道狭窄，机收供求信息滞后、时效性差、可用率低，导致收割机资源配置不合理，阻碍收获服务的有序进行，影响服务组织的作业效益；部分农机维修网点设施设备陈旧、技术水平较低，无法满足收割机跨区高强度作业所需的维修服务；基层农技推广体系人员老化、能力不足，服务内容单一，无法有效适应农机服务社会化、市场化和产业化发展。

三、发展趋势

2018 年 12 月 29 日，国务院印发《国务院关于加快推进农业机械化和农机装备产业转型升级的指导意见》，要求在适应供给侧结构性改革的前提下，推动农机装备产业向高质量发展转型，实现农业机械化向全程全面高质高效升级。

1. 服务短板加快补齐　对薄弱环节的农业机械化技术创新研究将得到加强，农机装备的研发、推广与应用将进一步普及，制约作物机械化收获的技术瓶颈将逐步攻克。油菜、马铃薯、花生等经济作物，甘蔗、甜菜、大葱等具有较强区域属性的特色农作物的机械化收获水平将得到显著提升。

2. 相关技术持续更新　随着物联网、大数据、移动互联网、智能控制、卫星定位等信息技术在农机装备和农机作业上的普及应用，"互联网＋农机作业"将逐步替代传统的农机服务模式，同时带动农机作业监测、维修诊断、远程调度等信息化服务平台建设，实现数据信息互联共享，提高作物收获的服务质量与效率。

3. 服务主体不断壮大　农机服务主体的机具购买、技术培训、组织作业等将得到优先支持，且力度会进一步加大，促进农机大户、农机专业户以及农机合作社、农机作业公司等新型农机服务组织队伍发展壮大，丰富跨区作业、订单作业、农业生产托管等农机服务方式，有效满足不同农业生产经营主体的需求。

4. 基础条件持续改善 通过高标准农田和田间道路建设，农机通行和作业条件将得到进一步改善；丘陵地区农田"宜机化"改造步伐不断加快，农机适应性和农机运用空间将得到有效扩展；配套服务逐步建立并完善，农机安全应急救援、监管执法、机具抢修、监测调度等能力明显提升。

第三节 主要模式

一、跨区作业模式

跨区作业模式指农机服务主体利用农作物成熟时间的地域差异，有计划、有目的地到其他地区提供机收服务。该模式提高了农业机械的使用效率和服务收益率，延长作业周期3～4倍，购机投资回收期大为缩短，农机手外出提供服务的积极性显著提升。跨区作业模式成为目前收获服务最为广泛应用的一种模式。2016年，我国跨区作业机收面积为15 803.42千公顷，其中小麦、水稻、玉米跨区机收分别为7 566.27千公顷、4 699.34千公顷、2 858.61千公顷。但随着农业适度规模经营推进和本地农机服务主体发展，许多农业经营主体选择自己购买农机或购买本地服务，跨区作业有效需求有所下降。

◆ 专栏：典型案例

雷沃农机合作社

雷沃农机合作社成立于2010年2月，位于山东省汶上县郭仓镇，占地5.3亩，建有标准化机库和维修车间2 000余平方米。合作社现有社员61户、从业人员85人、各类机械110台（套）；其中，小麦联合收获机17台，玉米联合收获机14台，植保无人机2

台，大型拖拉机 16 台，播种机、深松机等配套机具 61 台（套）。2013—2018 年，承担了汶上县"政府采购农业社会化服务"项目；2018 年，完成作业面积 4.5 万亩，实现经营收入 800 余万元。

合作社在农闲时期会组织社员及散户农机手学习农机理论和机械检修知识，提升服务技能；统一采购机械设备与配件，降低了投资成本，实现了社员利益最大化；把安全生产放在第一位，建立健全农机安全责任体系，夯实农机安全生产基础，与各驾驶员签订责任状，将安全生产目标任务层层分解，将责任落实到人。合作社积极开展社与社之间的交流，尤其是与外地合作社之间的横向联系，为跨区作业奠定坚实的信息共享基础。连续多年远赴河南、河北等省份开展跨区作业，年作业面积达到 3 万亩。

◆ 专栏：典型案例

仲山农机专业合作社

仲山农机专业合作社，是在原农机合作社、农业机械协会发展的基础上，于 2008 年 2 月在济宁市注册成立。目前，合作社成员 360 人，固定资产 2 800 余万元。其中，大型拖拉机 236 台，自走式小麦联合收割机 228 台，水稻联合收割机 12 台，玉米联合收获机 78 台，小麦免耕播种机、植树打坑机等配套农机具 868 台（套）。

2008 年以前，仲山镇大部分农业机械都处于自购自用、分散经营状态，机械利用率低、经济效益差。合作社成立后实施网络化管理，对全社驾驶员及农机具进行入网管理，社员机械的购买时间、修理部位、修理时间、作业地点、作业面积等都记录在档；并建立了合作社财务管理、社员档案管理、人员培训、安全规章等项制度，形成了农机专业合作社的长效管理机制。

为促进农机手更大范围增收，合作社每年都组织大规模的跨区作业。在作业中，实行统一联系业务、统一签订合同、统一调度机械、统一规范价格、统一作业标准、统一维修服务、统一协调纠纷。通过有效运作，跨区作业已涵盖小麦机收、玉米机收、秸秆还田、小麦机播等方面，作业范围辐射河南、安徽、甘肃、河北、内蒙古、黑龙江等省份。通过统一组织社员辗转各地进行跨区作业服务，彻底改变了过去作业效率不高、信息不通、作业成本较大的"散兵作战"方式，向"集团式"方向发展。仅2016年"三夏"去河南、安徽单机纯利润已达2万元以上，加上胶东、河北及当地作业，平均每台收入达4万元以上。

◆ 专栏：典型案例

辽宁省海城市丰沃农机服务专业合作社

辽宁省海城市丰沃农机服务专业合作社于2012年5月在温香镇成立，注册资金510万元。合作社成立后，很快吸引了周边10余户农机户参加，通过农机大户带机入社提高了农机集成配套能力和使用效率，大型、新型、高科技机械快速发展，农田作业实现了全程农机化服务。合作社按照土地成方连片签订作业合同，提供一条龙托管服务，以低于同期市场作业价格结算，农民节约了作业支出，解决了劳动力短缺困难，同时增加了成员经济收益。

根据当地农机作业市场和自身情况，合作社与成员形成了3种联结模式：一是松散型联合运作模式。农机户带机入社，机械所有权归个人所有，自己保管。合作社统一联系业务、统一组织作业、统一收费标准，实行单机核算，按作业量统一提取管理费。二是松散型单机作业模式。合作社利用信息和组织化优势，通过信息平台调度成员进行单机分散作业，按统一收费标准收费，单机核算，合作社收取一定比例管理费。三是紧密型股份合作模式。

成员带机作价或带资入股，利益共享，风险共担。机械由合作社统一调配、统一联系业务、统一组织作业、统一收费、统一核算，成员实行按劳分配、按股分红。

2016年，合作社在保持自身强大服务能力的基础上，又引进各种先进收割机62台，组织9个收割服务队160多台收割机，层层分包、责任落实，统一组织油料供应、统一组织维修服务人员、统一作业标准和作业价格，高效完成本地收割5万亩。在完成本地收割之外，合作社又到吉林、黑龙江地区进行跨区收割作业服务，跨区收割4万亩。

二、租赁作业模式

租赁作业模式指农机制造或销售企业、农机服务主体及其他农机拥有者以租赁的方式把农业机械提供给农户、家庭农场、合作社等农业经营主体使用，并负责农机日常维护修理。租赁方按照农机使用时间或作业量向出租方支付费用。相对于直接购买服务的主体，租赁农业机械的主体规模一般较大，作业需求集中，以租赁方式使用农机成本更低，还节省了购买农机的资金占用成本，优化了农机资源配置，提高了农业机械使用效率。

◆ 专栏：典型案例

广西甘蔗生产服务有限公司

广西甘蔗生产服务有限公司成立于2016年11月，注册资本2亿元，是一家主营甘蔗生产服务的国有控股企业。公司以服务广西糖业产业发展为战略定位，以全程机械化为重点，推进广西500万亩甘蔗"双高"基地和新型甘蔗生产服务平台建设。公司采用"公司购机-农机合作社、种植大户、糖厂等合作运营-农机服务站托管服务"的运营模式，由公司购置糖料蔗收获机，农机合作社、种植大户、糖厂等向公司租赁糖料蔗收获机，公司与收获机生产厂商合作共建的农机服务站为在各蔗区作业的收获机提供及时、高效的维保服务（图7-1）。

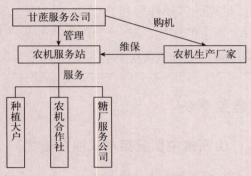

图7-1 广西甘蔗服务公司服务模式

公司将"全力推进甘蔗生产全程机械化"列为三大业务之一，在2016/2017榨季试运营5台甘蔗收割机的基础上，2017/2018榨季创新推出新的机收运营模式，将45台收割机布局到全区各主蔗区，榨季累计完成机收作业量6.2万吨，单机最高作业量2 830吨，平均单机作业量达到1 378吨。2018/2019榨季，公司向机收市场提供112台糖料蔗收获机，作业量20万吨，有效提升了广西甘蔗生产机械化水平。

针对自治区普遍缺乏机收运营团队及熟练机手的问题，公司通过组织举办甘蔗收获机驾驶员培训班、引入区外成熟机收运营团队、加强机收工作交流等方式，培育稳定机收队伍，为机收运营储备人才，促进机收业务可持续发展。同时，还组建机收工作小组，深入蔗区作业现场，实时了解各机收运营方的工作动态，全力做好售后维保等协调服务工作。

三、订单作业模式

订单作业模式指通过合同或协议的形式，农机服务组织负责在约定时间内按约定内容进行农机作业，服务对象在作业服务完成后按照合同规定向农机服务组织支付相关报酬。通过该模式，农机服务组织巩固了与服务对象的关系，提前了解了机收的需求状况，稳定了预期收益。随着农机服务组织作业的标准化、规范化程度提高，部分农机服务组织和土地经营者提前签订农机作业服务合同，确保"机有田收、田有机收"。早期的订单作业模式以单一订单作业为主，但随着农业经营主体服务需求的增加，单一订单模式已经无法有效满足，农机服务开始向菜单式、复合式等综合订单作业转变。

◆ 专栏：典型案例

山西省屯留县菜单式服务模式

屯留县位于山西省东南部，属于上党盆地核心区，下辖14个乡（镇、区）293个行政村，总面积1 142平方千米，耕地70万亩，西部是山地、中部是丘陵、东部为平原。2017年，该县选择麟绛、西贾等10个乡镇开展农业生产托管服务试点，确定服务主体11家（其中农民合作社10家、农业企业1家），签订托管服务总面积82 102亩，服务农户6 484户，预计未来5年内实现全县46万亩玉米全托管。

屯留县创造性地提出"六核心服务、三环节套餐"模式。"六核心服务"指在试点范围内围绕机播、机收、秸秆还田、深松深耕、旋地、烘干6项核心服务及其相关业务开展托管服务。"三环节套餐"指：套餐一包含以玉米机收、秸秆还田、深松深耕、旋地等为主的全套作业环节，适合东部平原地区；套餐二包含秸秆还田、深松深耕、旋地等部分核心作业环节，适合丘陵地区；套餐三，以玉米机械化烘干为主，包含测土配方施肥、收储等环节。2017年，套餐一作业39 163亩，套餐二作业12 500亩，套餐三作业8 325吨。2018年，针对西部山区重点推出了"半机械化＋人工"和"全人工"的"三环节套餐"托管服务升级模式。

◆ 专栏：典型案例

南漳县银土地农机专业合作社保姆订单式服务

南漳县银土地农机专业合作社成立于 2012 年 3 月 10 日，起初主要从事机械育插秧及农业生产资料经销、粮种经营等业务。2013 年初，为扩大农机作业面积，合作社在南漳县武安镇月明寺村流转土地 500 亩，同时在月明寺村签订机械插秧、收获作业合同 3 000 亩。2015 年，为扩大规模、提高服务功能，合作社投资 200 多万元，新建粮食仓库 750 平方米，新建农机维修车间 230 多平方米，机具库棚 300 平方米；同时，新建了一栋办公楼，拥有固定资产 500 多万元。

合作社现有各类机械 40 多台（套），包括插秧机 8 台、自动育秧播种机 2 套、水稻直播机 1 台、小麦精量播种机械 4 台、大型拖拉机 8 台、联合收割机 13 台、秸秆粉碎机械 4 台。作业服务范围覆盖九集镇泗堵河、沈家湾、胡家棚、曾家畈、老官庙、肖湾、丁家营、易家畈计 8 个村，服务农户达 400 多户。

多年来，合作社坚持农机、农技相结合，逐渐走出了一条从农资经销、机械作业服务到订单作业服务，再到全程保姆订单式服务之路；即从耕整、供种、育苗、插秧、供肥、供农药、农技服务及机械收割、粮食收购、销售等一体化作业，全程由合作社实施，农户只需日常看管植保。

合作社按耕整每亩 90 元、插秧每亩 75 元（包育秧苗另外按每盘 3 元收费）、收割每亩 90 元、小麦播种每亩 90 元收取作业服务费。2016 年，合作社实现机械耕整面积 6 000 亩、机械收割面积 6 000 亩、机械插秧供秧面积 4 000 亩、机械播种面积 3 000 亩，保姆订单式作业服务总收入 201 万元。

保姆订单式服务减轻了劳作强度，提高了农户种地的积极性。通过订单服务，每亩水稻节省成本 120 元，增产 30 千克，高产增收 80 元，亩均增收 200 元；每亩小麦节省成本 100 元，增产 35 千克，高产增收 75 元，亩均增收 175 元。按 2016 年合作社订单作业面积 6 000 亩计算，麦稻两季共可为农民增产粮食达 39 万千克，实现农民增收 225 万元。

◆ 专栏：典型案例

芜湖县惠农农机专业合作社

芜湖县惠农农机专业合作社于 2010 年 4 月发起成立，注册资金 80 万元。现有社员 59 人，带动农户 180 户，服务农户 580 户，拥有大中型农机具 168 台。其中，大中型拖拉机 33 台，秸秆粉碎还田机 17 台，油菜小麦播种机 3 台，收获机械 22 台，水稻插秧机 20 台。

合作社开展"公司＋合作社"经营模式，按照"统一品种、统一用肥、统一用药、统一管理、统一收割、统一价格、统一品牌、统一销售、统一按交易量进行二次返利"进行农业规模化经营。同时，在全县率先开展"四代一管"的订单式服务，即代育秧、代耕作、代机插、代收割和田间管理，产生了明显的综合效益，不仅减轻了农民耕种的劳动强度，还产生了更多的连带效应。据测算，种粮农民每年平均每亩可节约用工 2 个以上，降低成本约 120 元，亩均增产达 40 千克以上；而规模化种植的形成又促进农业新品种、新技术、新材料的推广应用，有利于农业生产的长期稳定发展。此外，合作社积极承办油菜机械化收割、油菜机械化种植等现场会，形成推广示范效应，辐射周边区县 8 万余亩油菜实现了机械化。

四、共享农机模式

共享农机模式指利用"互联网＋"、大数据、物联网等新兴技术，以手机 App 为主要媒介，为广大农机服务供需双方提供信息交流平台，需求方可通过手机 App 在信息平台上发布农机需求等信息，供给方发布机械类型、服务价格、作业范围等信息，双方可以实现实时有效沟通。农机服务主体还可以通过共享农机服务模式，与其他主体共享闲置农机资源，提高经济收入。

◆　专栏：典型案例

惠州市"滴滴网约农机"服务模式

2018 年，惠州市以"智慧农林"App 为平台，结合"互联网＋"、大数据、物联网等技术，在广东省首创推出"滴滴网约农机"服务模式。农业经营主体通过"智慧农林"平台发布种植情况、农机需求等信息，平台将及时向合理区域的农机服务主体推送业务，服务主体再根据自身情况接单。截至 2018 年底，"智慧农林"入网挂单的农业机具超过 500 台，平台点击率达到 1.5 万次，服务覆盖惠州市两区三县全体种植农户，已完成多单跨地市作业。2019 年底基本完成了惠州跨区作业农机的入网挂单，作业服务亩数达 10 万亩以上，实现了服务平台与农业大数据平台的数据共享。

2019 年，惠州市农业农村局在龙门县旧梁村开展农机服务进贫困村活动。旧梁村是广东省级贫困村，村里水稻连片超过 3 000 亩，适合机械作业，但村里仅有 3 台收割机，每逢收获时节，农户就面临"有田无机收"的尴尬局面。"智慧农林"通过搭建贫困村农户与农机服务主体的信息交流平台，开拓了农户获取收获服务的渠道，加快了现代化农业机械融入贫困村的步伐，提高了农作物的生产效率。同时，旧梁村有 49 户建档立卡贫困户，只要种植水稻，就能取得 70％ 的机械作业费用补贴。农机服务的推广，调动了贫困户的种植积极性，推动了贫困村"脱贫摘帽"。

◆ 专栏：典型案例

南平市建阳区"滴滴网约农机"服务模式

2019 年 3 月，南平市建阳区总投资 185 万元建设智慧农机服务管理平台项目，以手机 App 为终端，在全省首创推出"滴滴农机"新模式。"滴滴农机"可以发布耕田、插秧、打药、植保、收割等农业生产订单。农户和农机手下载"滴滴农机"App，登录注册后，可以找到各自相应的使用界面。农机手界面中可以填写农机类型、作业范围、作业价格等详细信息，而农户除基本信息外，还能选择作业面积、作业需求类型，有针对性地下单。农户可以通过"滴滴农机"自主定位，并与农机手实现即时有效沟通，达到资源最大化利用。同时，平台上会发布全区最新的农机作业服务指导价格，给农户提供参考，保障平台农机作业价格在合理区间内。

目前，建阳区已有 20 多家合作社进驻"滴滴农机"，农业机械管理站已在各大中型农机具上安装定位系统 210 套，在各合作社机库安装监控系统 32 套。通过智慧农机平台，农机站可以实时获取农机的定位信息、作业轨迹、作业面积等数据信息，详细了解作业情况。

"滴滴农机"不仅加强合作社的监管和农机安全生产管理，实现全区农机化作业精准统计，还能实现信息互通，在农忙的时候进行统一调度，解决合作社和农户之间信息不对称的问题，提升全区农机信息化综合服务水平，促进农业增效、农民增收。

◆ 专栏：典型案例

许昌市"网约农机"服务模式

许昌市地处豫中平原，地势平坦，土壤肥沃，是河南省粮食主产区之一。近年来，许昌市以提升农机社会化服务水平为切入点，以"互联网＋"、大数据等信息技术的拓展应用为支撑点，努力推进机械化与信息化的融合。

2014年，许昌市以GPS和北斗导航为基础，自主开发"智慧农机测亩计产系统"，启动建设"智慧农机"信息平台。2015年起，通过政府采购，免费为农机合作社安装的形式，不断推进联合收割机"智慧农机"终端安装工作。目前，全市安装数量达到2 400台，接近联合收割机实际保有量的40％，覆盖全市200多家农机合作社。

2017年，许昌市农机局开发出"滴滴农机"手机App，并于2018年投入"三夏"使用。农户手机下载"滴滴农机"后，通过"区域找车"功能，可寻找到附近3千米、4千米、5千米的联合收割机；通过"车辆分布"功能，点击位置图标后，可看到收割机号牌、机主姓名、电话、车型、地理位置等信息，可以直接呼叫机主手机或一键导航至收割机所在地点。目前，可以响应这种网约农机方式的，是安装了"智慧农机"终端的2 400台联合收割机，以及安装了"滴滴农机"的1 000多户农民。

为了引导更多农户善用网约软件，自主联系机械，实现快捷收割，农机局不断加大"滴滴农机"手机App宣传力度，扩大用户群；同时，派专人为农机手安装"智慧农机"终端，对其进行了使用培训，并对旧终端进行检查升级，保证"智慧农机"的上线率。

第八章

仓 储 服 务

在农产品流通体系中，仓储是连接农产品生产和流通的重要环节，在减少收获后损失、保持和提高产品质量、促进产品加工和销售等方面发挥着重要作用。仓储服务作为农业产后服务的薄弱环节，在农业生产性服务业发展到一定水平后需要重点培育。近年来，伴随着农业产业链、供应链不断升级，各环节经营主体对仓储服务的需求日益增强，带动仓储服务迅速发展。仓储服务渐已成为农业生产性服务发展的新亮点。

第一节 相关概念

一、概念

1. 仓储 仓储指通过仓库对物资进行储存、保管及仓库相关储存活动的总称，是商品流通的重要环节之一，也是物流活动的重要支撑。仓储随着物资储存的产生而产生，又随着生产力的发展而发展。相较于工业产品，农产品易烂、易腐，自然保存时间短，在进入流通环节之前需要通过仓储保鲜实现由收获到流通的有效过渡。对于农产品的价值实现，仓储就显得尤为重要。

2. 仓储服务 仓储服务指保管人储存存货人交付的产品、收取存货人支付的仓储费的一种服务形式。仓储服务的存在有 2 个原因：一是农产品较为特殊，特别是粮食等战略性物资具有公共产品属性，需要国家建立储备体系以保障安全有效稳定的供给；二是因为仓储设施投资较大、回收期长，超过了一般企业和农业经营主体的实力，需要通过专业化仓储服务满足他们存储农产品的需求。

二、分类与特点

1. 农产品仓储服务分类（表 8-1）

（1）根据仓储对象（仅种植业）分类，农产品仓储服务可以分为粮食仓储、果蔬仓储等。

（2）根据仓储服务供给者分类，农产品仓储服务可分为企业主导型、合作社主导型、产业联合会主导型、政府主导型等。

（3）根据服务环节分类，农产品仓储服务可分为单环节仓储、多环节仓储。多环节仓储指，服务主体不仅仅提供仓储服务，同时提供收购、运输、售卖、保险等服务。

（4）根据服务供给性质分类，农产品仓储服务可分为政府主导的公益型仓储服务和市场自发产生的经营型仓储服务。

（5）按照仓储地点分类，农产品仓储服务可分为产地仓储服务、销地仓储服务、中转地仓储服务。

表 8-1　常见的农产品仓储服务分类

分类依据	分类
仓储对象（仅种植业）	粮食仓储、果蔬仓储等
仓储服务供给者	企业主导型、合作社主导型、产业联合会主导型、政府主导型等
服务环节	单环节仓储，多环节仓储（服务主体同时提供收购、运输、售卖、保险等服务）
服务供给性质	政府主导的公益型仓储服务、市场自发产生的经营型仓储服务
仓储地点	产地仓储服务、销地仓储服务、中转地仓储服务

2. 仓储服务特点

（1）仓储服务专业性强、技术含量高。农产品多为具有生命特征的鲜活产品，对仓储有特殊要求，且不同产品对仓储条件的要求各异。这就决定着农产品储藏的技术手段和设施设备、管理运营都具有专业性。完备的仓储设施是农产品仓储服务快速发展的必备条件，完整的环境控制设备是农产品仓储服务快速发展的保障条件，先进的仓储技术是农产品仓储服务快速发展的先决条件。近年来，得益于仓储设施、设备、技术等快速发展，仓储服务发展迅速。

（2）仓储服务产品以经济作物为主。随着农业种植结构调整，经济作物比重不断上升。相较于粮食作物，经济作物的自然储存周期短、产品附加值高、季节性特征明显，在产品大量上市且销售环境欠佳的情况下，迫切需要延长储藏时间，对仓储服务的刚性需求增强。因此，市场中仓储服务产品以经济作物为主。当然，市场中也存在一些粮食仓储服务需求主体，如粮食生产大户、经纪人、加工企业，表现出阶段性、随机性的仓储服务需求。

（3）仓储服务主体规模大、实力强。仓储服务具有显著的规模效应，一般来讲，仓储设施规模越大、越先进，仓储的经济性就越好；而仓储设施设备固定资产投入大，要实现持续、稳定发展需要达到一定的仓储量或起点规模。这就使得市场主体从事仓储服务的投资门槛较高，只有达到一定规模、具有一定实力才能成为仓储服务的供给主体。近年来，国家政策积极引导、推进仓储服务业市场化发展，主要支持对象也是大型企业和实力强的合作社。

第二节　发展现状与趋势

一、基本现状

相对于其他农产品生产性服务内容，农产品仓储服务起步晚、发展快。近年来，伴随农产品市场不断开拓、仓储设备设施升级、仓储技术提高，仓储服务得到快速发展，目前已经成为错峰调节产品上市时间的重要举措。现阶段，大部分主体在开展仓储服务的同时，还开展农产品运输、分拣、包装、售卖等服务，由单一的仓储服务供给转变为货运、储存、包装、加工、配送等综合服务供给。仓储服务的快速发展，提高了农产品附加值，保障了农产品市场稳定供给。

二、存在的主要问题

1. 仓储服务供需不匹配　尽管农产品仓储服务呈现迅速发展的态势，但总体上发展水平低的局面未得到根本改变。在很多地方，农产品仓储服务都是农业生产性服务业发展的短板。而且，现有农产品仓储服务供给结构与需求结构存在很大偏差，主要表现在农产品仓储服务主体比较偏好规模化新型农业经营主体，仓储设施设备得不到充分利用，而小农户的仓储服务需求得不到满足。

2. 仓储设施设备待加强　仓储设施设备建设成本较高，在小规模农户高质量仓储服务得不到有效满足的情况下，只得诉诸设施设备简陋、仓储费用较低的传统农产品仓储服务，而该类仓储服务的冷链、气调等先进技术采用率较低，多以常温仓储或者自然存储为主，农产品损耗较大，食品安全得不到有效保障。随着仓储服务市场竞争加剧，仓储服务主体为拓展利润增长点，也在尝试开展分拣、分类、包装、物流等多样化服务，但相关设施设备及配套技术水平跟不上发展要求。

三、发展趋势

1. 供需矛盾逐步缓解　供需平衡是仓储服务业良好发展的基石。随着农户仓储需求不断加大，仓储服务主体逐渐增加对技术的投入，供给结构和需求结构之间的差距将会进一步缩小，主要表现在仓储设备逐步适应多样化的仓储需求、设施设备的利用率显著提升、农产品储存的损耗率稳步降低。

2. 条件建设不断优化升级　随着经济结构的不断优化，仓储服务需求日益增多，机械率低、设施简陋的传统仓储服务难以满足需求。仓储服务主体加大了设施设备投入，运用冷冻、冷藏、防潮等先进科学技术给农产品提供一个适宜的储存条件，依此提高农产品储存质量，加大作业集成度，提高作业效率，降低农产品损耗率。

第三节　主要模式

一、粮食仓储服务模式

　　粮食仓储在粮食流通工作中占有非常重要的地位，是将收购、加工、销售连接起来的中间环节。我国是粮食消费与生产大国，因此粮食仓储服务在我国就显得尤为重要。粮食仓储分为粮食储备和周转储存2个部分。粮食储备是为了应对突发事件，如发生粮荒、粮食价格波动幅度过大等情况，可通过粮食储备来稳定粮食市场价格。周转储存则指粮食离开生产领域、即将进入消费领域而进行的临时存储。

　　根据服务提供主体的不同，我国的粮食仓储分为国家和地方储备、企业储备、合作社储备和农户储备等。按照服务类型不同，粮食仓储可以分为传统粮食代储和新型"粮食银行"，两种类型各具特点、互相补充；其最大区别在于损耗承担方不同，传统粮食代储的损耗由需求方承担，新型"粮食银行"的损耗由服务供给方承担。

　　1. 粮食代存　粮食代存服务包括传统粮食代存服务和现代粮食代存服务。传统粮食代存服务的提供主体是国家地方粮食储备机构、粮食仓储企业、合作社、农户等，仓储服务需求主体将粮食交由仓储服务供给主体代存，按照期限缴纳仓储服务费或场地租赁费。现代粮食代存服务是需求方将粮食交由供给方后，供给方将粮食称重后存储，需求方可以随时从存储企业取走粮食或者直接卖给企业，供给方按照储存量、储存时间向需求方收取相应的储存管理费（或场地租赁费）。现阶段，企业是粮食仓储服务的主要提供者。随着粮食流通市场化改革的深入推进，民营企业已逐渐成为粮食仓储市场的主要经营者，民营资本在粮食流通领域占有重要地位。

　　2. "粮食银行"　"粮食银行"采取市场化运作，吸收农民手中的余粮"储蓄"，农户可凭借"存折"随时提取粮食或折现。"粮食银行"向农户提供代农储粮、代农加工和品种兑换的服务。

　　2000年以来，伴随着我国粮食流通体制改革，"粮食银行"快速发展，在惠农、促进粮食企业发展等方面发挥了重要作用。对农户而言，"粮食银行"克服了农村青壮年劳动力不足及储粮设施简陋等困难，为农户提供了新的储粮方式；"粮食银行"通过集中存储，提高话语权，有利于保障农户利益。对企业而言，"粮食银行"用较少的资金就可以获得大量的粮食，降低企业的运作成本；有助于粮食企业与银行合作，发展金融服务业务。对下游加工企业而言，可降低交易成本，提高原料供应稳定性。对社会而言，"粮食银行"能推动粮食规模化生产，降低粮食损耗，保证粮食安全，还能发挥集中存储、有序流通的作用，稳定粮食价格。

"粮食银行"主要有 4 个特点：一是保值增值，农民存粮后可以直接折算计价存入，也可以在存储期内按照当时市场价格自由结算；二是损耗由"银行"承担，由于农户将粮食作为一种资本存入企业，存储结束后，按照等值或增值领取粮食，粮食损耗一般由"银行"承担；三是兑换方便，农户可以到粮食系统开设的"粮油超市"兑换不同品种的粮油或者其他商品。"粮食银行"具体可以分为"两代一换"、代储经营、利益共享 3 种模式。

（1）"两代一换"模式。"两代一换"即代农加工、代农储粮、兑换各种商品。根据"粮权在农、保管在行、农民自愿、存取自由"的原则，农户将手中的存粮存入"粮食银行"，折算成相对应的成品粮油，记录在农民的储粮存折上。农民若想换成高等成品粮，则需要补上差价。在这种经营模式之下，企业对粮食的利用率较低、经营风险较小、利润也较低，储户的储粮风险也相对较小、从中获得的便利程度也较为有限。此模式主要针对粮食自产自销的农户，经营规模小、农户平均存粮少、农户储粮以口粮为主。农户由于自身存储条件的限制，为了减少发霉变质、虫咬鼠患损失，将口粮存入"粮食银行"，"粮食银行"从粮食存储费或加工兑换中获得利润。这是早期普遍选择的一种模式，随着经营水平的提高，正逐步为更高层次的发展模式所代替。

（2）代储经营模式。代储经营模式是目前最常见的模式。企业在提供"两代一换"服务基础之上，利用农户储存的粮食进行加工、贸易等经营活动，通过与银行等金融机构合作，与农资超市、生活超市等对接，开展提现、消费、贷款、转存等多项金融服务。该模式中，"粮食银行"和农户的风险加大，利润也较第一种经营模式更高。

◆ 专栏：典型案例

凤台县"粮食银行"

凤台县"粮食银行"是代储经营的典型代表，已经建立各类服务网点73个。其中，粮食收存点32个，粮油兑换点1个，供销部门物品兑换点15个，农业部门社会化服务兑换点12个，商业部门消费点3个，农行服务点10个。

凤台县"粮食银行"的运营主要取决于农户、政府、粮食单位、粮食运营者之间良好的利益联结。农户将粮食存入"粮食银行"，可以解决存粮难的问题，并且储户还可享受存粮带来的利息收入、贷款及粮价波动所带来的增值收入。用粮单位可以向"粮食银行"贷取粮食，减少采购粮食的资金压力和物流运输压力，同时粮食加工企业可以利用"粮食银行"的网点开拓市场渠道、扩大市场覆盖率。凤台县"粮食银行"按照规定将农户70%的存粮用来经营，通过开展贷粮业务获取利息差，通过提供运输服务获取中介服务费，通过开展加工项目来获取加工附加值，同时"粮食银行"还可以获得国家相关政策的支持。政府通过"粮食银行"所提供的一系列专业服务极大程度上节约了粮食资源，减轻了储粮压力，节省购粮支出，提高农民种粮积极性，有利于保证粮食安全（图8-1）。

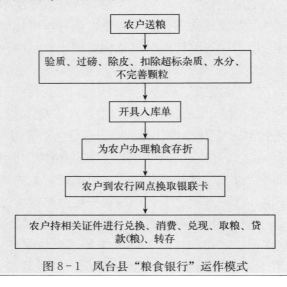

图 8-1 凤台县"粮食银行"运作模式

◆ 专栏：典型案例

江西省利源现代农业发展有限公司

江西省利源现代农业发展有限公司通过集中周边农民土地，提供农业生产外包服务，由企业统一"六代一管"，从选种、育秧、插秧、田间管理、收割、烘干、储藏到市场销售，实行一体化服务。其中，代储藏指稻谷烘干后因农户家庭均无储粮设施，通过代储藏的方式解决了农户稻谷储藏难题，成立"粮食银行"；农户将粮食寄存在项目单位，项目单位发放"粮食存折"，农户可随时按照一定比例用稻谷兑换大米。江西省利源现代农业发展有限公司通过"六代一管"模式，集中对田地进行分片作业管理，减少零散作业管理所产生的损耗，减少人工开支，增加粮食产量收益，增加企业效益，比传统生产方式每亩可增收盈利约 300 元。

三是利益共享模式。此模式由第二种模式演变而来，常见的做法是：农户以当时市场价将粮食存入银行，农户与粮食银行形成利益共同体，共享粮食销售、流通、加工等环节的经营收益，共同承担市场风险。

◆ 专栏：典型案例

北大荒"粮食银行"

北大荒"粮食银行"是风险共担、利益共享的典型代表。为解决粮食连年丰产丰收导致的存储、运输、售卖难题，北大荒商贸集团联合旗下网点与黑龙江省粮食局合作，于 2000 年，成立了北大荒"粮食银行"。经过多年发展，有近一半农户加入"粮食银行"。其主要运作方式如下：

（1）吸收储户粮食。农户开立粮食存折账户的同时签订双方存粮、收粮协议。农户将粮食运往指定仓库，可以选择自己运输，也可以付费给"粮食银行"代为运输。"粮食银行"相关业务人员对粮食进行质检，按照不同等级将粮食入库，农户拿到"粮食银行"的粮食存折。

（2）存粮换贷款。北大荒商贸集团与商业银行开展合作，为储户办理抵押贷款。"粮食银行"核实农户粮食存折无误后，为农户贷款提供担保，合作银行根据确认担保书发放贷款。

（3）协商保管粮食。"粮食银行"免费为农户存粮3个月；在3～6个月时，按照每吨每月6元标准收取保管费；超过6个月，"粮食银行"将与储户协商，由储户取走，按国家收购最低价或协商价将粮食卖出。

◆ 专栏：典型案例

河南省商水县天华种植专业合作社

商水县天华种植专业合作社成立于2009年，主要从事粮食生产。合作社建设了1 500平方米标准化粮仓，解决合作社粮食仓储问题。同时，利用富余仓容，探索创新粮食代储，参照银行业务流程开办粮食储蓄服务，满足农户存粮或变现的不同需求。合作社采用"一户一本"存粮凭证方式，存粮本进行统一数字编号并加盖合作社公章。农民将粮食存入"粮食银行"，可以随时提取粮食或折现，还能按照双方约定享受存粮增值收益。农户粮食存放在合作社，合作社不收保管费，卖出时双方按照比例对增值部分分红。例如，2014年6月农户将小麦存进"粮食银行"，当时市场价格是1.18元/斤，2015年5月以1.28元/斤卖出，其中0.1元增值合作社得3分、农户得7分，按照小麦亩产1 000斤算，农户每亩能再多收70元。农户走进"粮食银行"，就好像走进了商业银行的储蓄所。

◆ 专栏：典型案例

安徽省农业服务股份有限公司

安徽省农业服务股份有限公司成立于2015年，该公司积极探索推广农业社会化服务"331"服务模式，服务范围涵盖了农业生产的产前、产中及产后环节，受到了规模经营大户的广泛欢迎和农业专家的高度关注。自成立以来，该公司组建了5个子公司，与2个农业大县签订了战略合作协议，建设了3条烘干线和5个农服体验店。目前，公司日烘干能力650吨，在颍上县和大圹圩农场、华阳河农场建设9条烘干线及仓储设施，为区域内种植大户提供便捷的烘干仓储服务，帮助农户锁定种植收益，保障粮食安全。该公司还利用"粮食银行"和农产品期货相结合的方法规避农业市场风险。"粮食银行"吸收农民手中余粮进行"储蓄"，农民既可以直接把存粮兑换成现金，也可以随时提取存粮或进行销售。粮食期货指农服公司把通过服务拥有的粮食期权放到农产品期货市场，根据成本锁定一个价格，一旦达到期望价格即在期货市场交易、套现，待农作物收获之后再按照期货合同的要求进行交割，有效防范粮食价格波动造成的市场风险。该公司与雁湖面粉公司开展合作，农户种植指定品种，面粉公司承诺按照约定价格收购并存储为原粮，给予农户高于银行利率的存单，农户凭存单可以兑现、支取利息，规避了农户卖粮时的市场风险，一定程度上提高了农户的种植收益。

◆ 专栏：典型案例

济宁大粮农业服务有限公司

济宁大粮农业服务有限公司是一家面向种粮大户、家庭农场、农民专业合作社等新型农业经营主体的综合性农业社会化服务组织。公司通过落实产前、产中、产后全产业链服务模式，解决了农户在关键农忙季节粮食的收储、晾晒难题。公司建设有晾晒场地 10 000 平方米，建设 500 吨钢板仓库房 2 座，日烘干 300 吨粮食烘干塔 1 座，占地 4 400 平方米、仓储容量为 10 000 吨的粮食中转仓 1 座。公司以专业服务帮助农户增收，靠先进科技实现农业增值，全力推进农业增产、土地增效、农民增收。

二、果蔬储存模式

果蔬作为重要的农产品，随着居民生活水平的提高，对果蔬的品质、口感等提出更高要求，对其仓储条件也提出了更高要求。建立果蔬仓储基地，可以很好地解决果蔬季节性生产与均衡消费之间的矛盾，确保果蔬持续供应和价格稳定。根据主体的不同，仓储服务模式可以分为企业主导型、合作社主导型、产业联合会主导型、政府主导型 4 种。根据果蔬耐储性的不同，仓储服务模式可以分为耐储运果蔬仓储和不耐储运果蔬仓储。前者的仓储物在适宜的条件下可以长时间保存，如马铃薯、苹果等；后者的仓储物即便提供优异的储存环境，也不能长时间保存，如葡萄、绿叶菜类等。下面对企业主导型、合作社主导型、产业联合会主导型、政府主导型等仓储服务模式进行介绍。

1. 企业主导型 企业主导型指以仓储服务企业为核心，为农户、新型经营主体、零售商等提供农产品仓储服务；在提供仓储服务的同时，也会开展果蔬批发、物流运输等业务，同市场进行有效对接，减少经济损失，极大地促进果蔬产业的发展。

◆ 专栏：典型案例

宁夏华泰农农业科技发展有限公司

宁夏华泰农农业科技发展有限公司筹资 300 多万元新建 4 320 平

方米六连栋大棚 14 座、100 吨蔬菜保鲜冷库 4 座，在满足自身蔬菜保鲜需要的同时，为农户提供果蔬保鲜储藏、批发市场经营、果蔬冷链、物流配送等托管服务。在蔬菜集中上市时，可以避免受储运能力制约和价格季节性波动的影响，破解了农民增产不增收的困境，保障了农民的利益。

◆ 专栏：典型案例

大连金农果蔬市场管理有限公司

大连金农果蔬市场管理有限公司位于大连市金普新区七顶山街道老虎山村。该公司成立于 2015 年，建立 5 万平方米硬化交易场地、1.5 万平方米彩钢顶棚、233 个固定摊位、4 000 吨气调库、1 000 平方米的分拣加工车间及自动分拣包装等设施。该企业立足于"互联网＋农产品"的发展战略和国内外市场开拓要求，为促进大樱桃集中销售、避免批发商恶意压价、保护农户经济利益，依托老虎山大樱桃交易市场，建立了集分拣包装、冷藏保鲜、现货交易、物流速递于一体的国际化大樱桃分拣集散中心，构建了商贸信息发布平台，奠定了金普新区在全国大樱桃交易中的核心地位，扩大大连樱桃在全国范围内的销售市场。

主要做法是在樱桃成熟上市时期，商家依托交易中心收购樱桃后，可自愿将樱桃交由公司代为分拣仓储并支付一定的费用。通过发展仓储保鲜、物流产业，吸引全国各地樱桃收购商，拓宽樱桃销售渠道，带动当地樱桃种植户增收。

2. 合作社主导型　合作社主导型指以合作社为主体，为农户提供仓储服务的一种模式。在此模式中，农民合作社既为农户提供技术、储藏等服务，又会向零售商、加工企业等新型经营主体提供高质量农产品。在此过程中，农户在生产活动中提供劳动力，新型经营主体为合作社提供市场信息，三者形成稳定的联盟关系。

◆ 专栏：典型案例

青海省互助县绿田农产品营销合作社

青海省互助县绿田农产品营销合作社创立于 2010 年，为了让农户获得马铃薯销售的更多收益，合作社建设储藏设施，如建立温棚 40 栋、1 200 平方米马铃薯储藏窖 1 座。该合作社提供范围较广，覆盖马铃薯生产的产前、产中、产后服务，包括技术指导、马铃薯存储、加工及销售等服务。其中，合作社代储代销服务的具体做法与"粮食银行"类似，农户将马铃薯交给合作社后，可以根据后期市场价格的涨落随时进行交易，可以延长马铃薯销售时间，避免集中上市，尽可能地克服了价格波动对农户收益造成的影响。合作社的发展态势良好，在规模经营的驱动下，每年增产马铃薯 5 000 吨以上，农民每亩增收 600 元以上。

3. 政府主导型　政府主导型指政府作为服务主体，一方面为农户提供机械耕种、机械收获等重点生产环节补贴，另一方面相关职能部门对服务组织提供的服务进行监管。目前，最为常见的为"政府＋服务组织＋农户"模式。通过建立合理的利益联结机制，农户与服务组织之间以订单合作方式或者通过经纪人进行有效连接，利益共享、风险共担。

◆ 专栏：典型案例

河北省围场县"政府＋服务组织＋农户"服务模式

围场是马铃薯产业大县，是国家级现代农业示范区，被誉为"中国马铃薯之乡"。目前，围场已经成立省级产业技术联盟，组建县级马铃薯产业协会。服务组织为马铃薯种植主体提供收获服务之后，还可以继续为农户提供储藏保鲜服务，经多年发展，基本形成了"产业联盟＋种薯繁育＋加工＋仓储＋园区＋基地＋农户"的完整产业链条。服务组织出资建设大中型马铃薯储藏设施，目前拥有规模仓库 67 个，仓储能力高达 90 万吨；并且与种植户签订储藏协议，每年协议储藏量在 100 万吨以上，种植户根据市场行情择机销售，实现农户增收。

◆ 专栏：典型案例

山东省潍坊市农业局蔬菜托管服务

近年来，山东省潍坊市农业局以开展蔬菜产业托管服务为切入点，不断创新服务模式，积极拓展服务领域，以便更好地服务于蔬菜规模经营。该市的蔬菜产业托管主要集中于技术托管、生产环节托管、保鲜储藏托管 3 个领域。其中，保鲜储藏托管是最为普遍的，服务供给主体多为蔬菜种植合作社、种植大户，以满足自身储存保鲜需求为主，也会对外提供服务。在蔬菜集中上市时，由于受到储运能力和价格季节性波动的影响，农民往往陷入增产不增收的困境。为解决该难题，该市组织合作社、企业等经营主体建设了大型冷库，为种植户提供蔬菜代储，破解了农户困境。库容通常在 1 000 吨左右，个别主体容量达到 5 000～6 000 吨。并且使用率都较高，在采收旺季基本满库容运行。

4. 产业联合会（体）主导型　产业联合会（体）指由产业联合会（体）为种植户提供仓储服务的一种模式。联合会（体）主要由果蔬生产、加工、储藏、售卖等企业和合作社构成。因其自身优势，联合会（体）发展仓储业务可以有效降低仓储服务成本、提升仓储服务效率。作为新型经营主体的联合会（体），在推动果蔬行业产业化发展、果蔬仓储服务体系建设等方面具有重要作用，既能够联结农户，降低农户不必要的仓储服务资本投入，又能够有效连接市场，增加各方收益。

◆ 专栏：典型案例

甘肃省静宁县银惠合作农技服务业联合会

甘肃省静宁县银惠合作农技服务业联合会为静宁县的苹果种植主体提供仓储服务。为满足日益增长的仓储需求，联合会建成了 40 孔、储藏能力约为 11 550 吨的气调库，并且均匀地分布在各村。农户可根据自家苹果产量预交股份，每 35 斤左右为一件，每件预交 20 元的股份，每件的库费制售 2.8 元。农户若无法存够自己预定的存量，可以转让给他人或者求助于联合会，每存一件返还给股东 4 元，这样可以在较大程度上减轻农户经济负担。联合会利用市场优势和技术优势，为农户提供全面的产前、产中、产后服务，解决了果农面临的仓储难题，降低了果业生产链条的运营成本和风险。

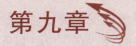

第九章

金融服务

金融是现代经济体系的"血脉",发展现代农业需要发挥金融服务的支撑作用。当前,资金约束和经营风险是各类农业经营主体升级发展面临的两大突出难题,需要建立完善的现代农业金融服务体系来化解。农业金融服务是农业生产性服务业的重要组成部分,也是较为薄弱的环节。实施乡村振兴战略,实现小农户与现代农业发展有机衔接,必须把发展现代农业金融服务放到重要位置,持续提高金融服务的可获得性、提高农业金融服务的水平和质量,切实解决农业经营主体尤其是小农户面临的融资难、融资贵、缺乏风险保障等难题。

第一节　相关概念

金融指与货币流通和银行信用相关的各种活动*。金融业是服务业的重要组成部分,以各类产业和居民生活为服务对象,自然包括为农业生产经营提供的金融服务。农业金融服务指为农业生产经营提供服务的金融活动,属于农业生产性服务业的业务范畴,业务范围涵盖现代金融业中以生产经营活动为服务对象的金融业务。农业金融服务可分为政策性和商业性两种,前者是通过国家政策支持以优惠方式提

---

　　* 主要内容包括:货币的发行、投放、流通和回笼;各种存款的吸收和提取;各项贷款的发放和收回;银行会计、出纳、转账、结算、保险、投资、信托、租赁、汇兑、贴现、抵押、证券买卖、国际间的贸易和非贸易的结算,以及黄金白银的买卖、输出和输入等。

供的金融服务；后者是基于市场原则提供的金融服务。农业是弱质产业，经营风险较大，而农业经营主体多数"散弱小"，尤其是"小农户"为主的基本国情农情，导致农业金融服务市场发育缓慢，需要政策支持农业金融服务发展。所以，相比政策金融业，农业金融服务领域政策性金融的占比较大。此外，为弥补政策性和商业性金融服务缺口，还存在农业经营主体在资金上相互融通、相互帮助而发展起来的合作金融形式。一般而言，小农户接触到的农业金融服务业务较少，主要是常规贷款、农业保险、信用担保等；家庭农场、农民合作社、农业企业等新型农业经营主体接触的农业金融服务业务较多，如融资租赁、信用贷款、产业链金融、抵押、期货期权交易等。

第二节　发展现状与趋势

为缓解各类农业经营主体的融资难题、发挥金融助力现代农业发展的作用，国家一直强调健全完善现代农业金融服务体系，注重创新农业金融服务业务、改善农业金融服务环境，推动农业金融服务业的快速发展。

一、发展现状

近年来，在国家惠农利农政策支持下，涉农金融机构和金融业务取得长足发展，初步形成了多层次、渐完善的农业金融服务体系，服务覆盖面不断扩大，服务水平不断提高。

1. 农业信贷服务　国家不断深化农村金融体制机制改革，丰富农业金融服务主体，切实发挥涉农金融机构服务农业作用。目前，政策性的农业金融服务机构有国家开发银行、中国农业发展银行，商业性农业金融机构有中国农业银行、农村商业银行（农村信用合作社）、邮政储蓄银行、村镇银行、小额贷款公司等，中国工商银行、中国建设银行等其他大型商业银行多数也开展了涉农贷款业务。农业贷款产品种类迅速增多，针对农户的贷款业务既有小额信用贷款、担保贷款、抵押贷款、联保贷款、财政贴息贷款等传统产品，也有近年来兴起的"三权"抵押贷款*、设施农业贷款、动产质押贷款、产业链融资等。在国家大力支持发展普惠金融的政策引导下，很多互联网企业如阿里、京东等纷纷拓展互联网金融业务，把农业生产经营作为重点业务服务对象，也带动了传统金融机构积极创新涉农互联网金融业务。截至 2018 年末，全国银行业金融机构涉农贷款（不含票据融资）余额 33 万亿元，同比增长 5.6％；普惠型涉农贷款余额为 5.63 万亿元，增长 10.52％；农户生产经营贷款余额 5.06 万亿元，同比增长 7.6％。

中国农业发展银行是直属国务院领导的我国唯一的一家农业政策性银行，1994 年 11 月挂牌成立；主要职责是按照国家的法律法规和方针政策，以国家信用为基础筹集资金，承担农业政策性金融业务，代理财政支农资金的拨付，为农业和农村经济发展服务。中国农业发展银行主要办理以下业务：粮食、棉花、油料的收购、储备、调销贷款，以及肉类、食糖、烟叶、羊毛、化肥等专项储备贷款；粮食、棉花、油料加工企业和农、林、牧、副、渔业的产业化龙头企业贷款；粮食、棉花、油料种子贷款；办理粮食仓储设施及棉花企业技术设备改造贷款；农业小企业贷款和农业科技贷款；农业基础设施建设贷款，支持范围限于农村路网、电网、水网（包括饮水工程）、信息网（邮政、电信）建设，农村能源和环境设施建设；农业综合开发贷款，支持范围限于农田水利基本建设、农业技术服务体系和农村流通体系建设；农业生产资料贷款，支持范围限于农业生产资料的流通和销售环节；代理财政支农资金的拨付等。

中国农业银行是中央管理的大型国有银行，是中国四大银行之一，2009 年 1 月整体改制为股份有限公司，2010 年 7 月分别在上海证券交易所和香港联合交易所挂牌上市。中国农业银行网点遍布中国城乡，成为中国网点最多、业务辐射范围最广的大型现代化商业银行。其业务领域已由最初的农业信贷、结算业务，发展到品种齐全、本外币结合、能够办理国际国内通行的各类金融业务。中国农业银行

---

　　*　包括林权、土地经营权、农房所有权及宅基地使用权等。

的主要业务包括存款服务、综合贷款服务、外汇理财、人民币理财、代客境外理财、银行卡、汇款及外汇结算、保管箱租赁、缴费服务、代发薪服务、出国金融服务、电子银行服务、私人银行、融资业务、国内支付结算、国际结算、基金相关业务、企业理财服务、金融机构服务等；同时，还提供各种公司银行和零售银行产品和服务，并且开展自营及代客资金业务，业务范围还涵盖投资银行、基金管理、金融租赁、人寿保险等领域。针对农村农业的产品主要分为"三农"个人产品和"三农"对公产品。其中，"三农"个人产品有金穗惠农卡、惠农信用卡、农户小额贷款、地震灾区农民住房贷款、农村个人生产经营贷款、县域工薪人员消费贷款。"三农"对公产品有农村城镇化贷款、季节性收购贷款、县域商品流通市场建设贷款、化肥淡季商业储备贷款、农业产业化集群客户融信保业务、农村基础设施建设贷款等。

农村信用合作社指经中国人民银行批准设立、由社员入股组成、实行民主管理、主要为社员提供金融服务的农村合作金融机构，后来很多改制更名为农村合作银行。农村信用合作社是独立的企业法人，以其全部资产对农村信用社债务承担责任，依法享有民事权利。其主要任务是筹集农村闲散资金，为农业、农民和农村经济发展提供金融服务。依照国家法律和金融政策规定，组织和调节农村基金，支持农业生产和农村综合发展，支持各种形式的合作经济和社员家庭经济，限制和打击高利贷。2011年，银监会表示，不再组建新的农村合作银行，现有农村合作银行要全部改制为农村商业银行；全面取消资格股，鼓励符合条件的农村信用社改制组建为农村商业银行。

中国邮政储蓄银行于2007年3月20日正式挂牌成立，是中国第五大银行，是在改革邮政储蓄管理体制的基础上组建的国有商业银行。经国务院同意，中国邮政储蓄银行有限责任公司于2012年1月21日依法整体变更为中国邮政储蓄银行股份有限公司；依法承继原中国邮政储蓄银行有限责任公司全部资产、负债、机构、业务和人员，依法承担和履行原中国邮政储蓄银行有限责任公司在具有法律效力的合同或协议中的权利、义务，以及相应的债权债务关系和法律责任。自 2015 年 12 月开始，中国邮政储蓄银行采取发行新股方式，融资规模 451 亿元，发行比例 16.92％，实现了由单一股东向股权多元化迈进。2016 年 9 月，中国邮政储蓄银行在香港联交所主板成功上市。涉农贷款产品有传统农户小额贷款、农民专业合作社贷款、土地经营权承包贷款、农机购置补贴贷款、家庭农场（专业大户）贷款、再就业小额担保贷款、传统商户小额贷款、农业产业链贷款、烟草贷款等。

2. 农业担保服务　全国性的农业信贷担保体系已初步建立起来（图 9-1）。2016 年，中央 1 号文件提出，"用 3 年左右时间建立健全全国农业信贷担保体系"。中央财政出资 544 亿元、地方财政出资 76 亿元，支持国家和省级农业信贷担保公司发展。

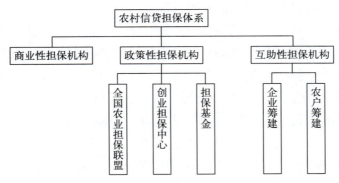

图 9-1　我国农业信贷担保体系基本框架

2017 年 4 月 18 日，国家农业信贷担保联盟有限责任公司（以下简称国家农担公司）在北京举行揭牌仪式，国家农担公司作为全国农业信贷担保体系的国家层面政策性担保机构，不以营利为目的，在坚持自身信用和可持续发展基础上，实行政策性主导、专业化管理、市场化运作；旨在统一担保业务标准、强化系统风险控制、规范农业信贷担保体系建设，更好发挥担保的经济助推器功能和财政资金的"四两拨千斤"作用，将更多金融活水引入农业农村发展领域，推动种植结构调整和农业适度规模经营，促进农业发展方式转变。公司股东包括财政部和全国省级农业信贷担保机构，分 3 年形成约 150 亿元的资本金规模。国家农担公司的职责和任务：一是落实国家农业支持政策，制定再担保业务标准，为省级机构提供业务指导和规范指引；二是为所有省级机构提供再担保服务，根据各省级机构的信用评级和风险控制水平，制定合理的代偿风险分担比例和再担保费率；三是研究开发农业信贷担保产品和服务，扩大信贷支持农业的覆盖面；四是与银行等金融机构开展总对总的战略合作，建立适用于公司和省级机构的银担风险共担机制；五是建立风险补偿和风险救助机制；六是研发建立统一规划、统一标准的全国农业信贷担保业务数据信息系统，实行线上申报和管理，实现项目评审和风险控制等工作的信息化；七是组织全国农业信贷担保专业人才培养和人员培训，指导省级机构建立一支扎根农村、熟悉农业、懂金融会管理的基层担保员队伍。

国家农业信贷担保联盟有限责任公司成立以后，各省级农业信贷担保公司陆续成立，已建立 33 家省级农担公司，设立分支机构 521 家，与地方政府或金融机构合作设立 1 017 家业务网点，基本实现对全国主要农业县的全覆盖。2015 年 7 月至 2019 年 1 月末，全国农担体系累计新增担保项目 34.2 万个，金额 1 216.5 亿元。2018 年，在保余额和项目数大约分别占全国涉农融资担保行业的 30% 和 40% 以上。全国农担体系担保费率一般在 1%～1.5% 之间，专注于支持农业适度规模经营，农担项目户均规模 36 万元，10 万～300 万元之间贷款担保占比达 80.33%。

3. 农业保险服务 农业保险服务网络初步建成，保险覆盖面、保障水平迅速提升（表 9-1）。我国农业保险机构已从最初的 6 家增至 30 多家，建成基层服务网点 40 万个，基本覆盖所有县级行政区域、95% 以上的乡镇和 50% 左右的行政村。中央财政农业保险保费补贴品种扩大至 16 个，地方自主确定的特色险种已超过 200 个。农业生产中各地域、人群与门类均有相应的保险品种覆盖。2018 年，财政部开展水稻、小麦完全成本保险试点和玉米收入保险试点，推动农业保险由"保物化成本"阶段进入"保收入"阶段。2007—2018年，我国农业保险保费收入从 51 亿元增长至 573 亿元，覆盖人群从 5 000 万户次增加至 1.95 亿户次；2018 年，农业保险提供风险保障 3.46 万亿元，承保粮食作物面积 11.12 亿亩；涉农小额贷款保证保险实现保费收入 4.1 亿元，赔付支出 8.3 亿元，帮助 20 万农户撬动"三农"融资贷款 138 亿元。

表 9-1　农业保险种类

分类角度	具体类型
农业种类	种植业保险、畜牧业保险、林业保险、渔业保险等
危险性质	自然灾害损失保险、病虫害损失保险、疾病死亡保险、意外事故损失保险、市场波动损失保险
责任范围	基本责任险、综合责任险和一切险，一般也可以分为部分成本险、全部成本险
赔付办法	损失险、收获险

◆ 专栏：典型案例

爱种网气象指数保险

北京爱种网络科技有限公司（简称"爱种网"）由隆平高科、大北农金色农华、北大荒垦丰、东亚种业、中种集团、登海种业等国内 11 家骨干明星种子企业和现代种业发展基金共同投资设立，是国内农业领域一家由众多骨干企业共同发起的具有公信力的行业中立第三方信息、电商、信用和大数据平台。爱种网致力于打通种子等农资行业信息流和资金流，以"互联网＋种业"作为业务根基和优先发展领域，为政府、企业、经销商和农户服务，全力打造成"全程服务种植业"的具有公信力的行业中立第三方农业大数据平台。爱种网为中小"种肥药"等农资企业与农技服务、农机销售等服务企业提供互联网宣传、营销工具和平台，提供价格低廉、甚至免费的标准信息化管理工具，以及收费的定制化、个性化信息系统建设服务。同时，整合种植行业各类服务资源，向农户推广"种肥药"套餐＋农业保险＋农业金融。

　　在辽宁省，爱种网与辽宁富友种业有限公司、中华联合财产保险股份有限公司辽宁分公司、华风象辑（北京）气象科技有限公司（以下简称"合作四方"）合作，推出针对玉米干旱气候而设计的气象指数保险。农民购买了气象指数保险后，只要出现了保险条款规定的天气情况，不需要鉴定田间的实际损失，就可以第一时间进行赔付。合作四方根据近几年阜新蒙古族自治县的种植特点和天气规律，提出了将保险分成玉米播种期和玉米生长期 2 期进行承保、分别计算干旱天数的方案。根据条款，在 4 月 20 日至 5 月 20 日为期 31 天的玉米播种期内，如果无降雨天数超过 23 天，则每超过一天都会予以赔偿，数额从每亩 3～50 元；在 6 月 20 日至 7 月 30 日为期 41 天的玉米生长期内，赔偿与否的界线被划定为 30 天，最高赔偿额可以达到每亩 100 元。农户只需要负担每亩 5 元的保费，就可以在 5 月 20 日后和 7 月 30 日后分别获得两笔赔偿，最终一次性支付，累计最高每亩 150 元。2019 年恰巧，第一期内降雨不足，但 5 月 20 日刚过就下了一场透雨，每亩不仅能够赔付 12 元，玉米出苗还没受影响，农户对保险新产品的顾虑一下就打消了。农户既能拿赔偿，收成又不减，一方面得益于气象保险独特的理赔机制；另一方面更是合作四方所坚持的条款主导权，从过去简单地向保险公司买保险到自主设计条款，把保险"反卖"给保险公司。在合作四方的气象保险创新模式中，农民成为风险降低、利益得到有效保障的一方。就是这样，合作四方把保险和种子捆绑在一起，以"服务＋"的形式推出。

　　在 2019 年种子销售季，气象指数保险成功落地阜蒙、彰武、北票 3 个县，共投保 25 万亩玉米，保费每亩 5 元，共计 125 万元。第一期承保结束后，所有农户就已经确定可以得到 12 元一亩的赔偿。通过合作四方的共同努力，在经历了一个干旱、高温的生长季后，气象指数保险大获成功并顺利进入理赔阶段，总计赔付总额为 340 万元，真正实现了为农业生产保驾护航的目的。气象指数保险的引入促进了富友种业的种子销售，让华风象辑和中华财险的新农业保险品种顺利落地，迅速抢占农险市场；同时，也让爱种网的品牌和资源整合顺利得到进一步推广。

二、存在的问题

虽然我国农业金融服务体系已初步建立起来，农业信贷、担保、保险等金融服务也迅速发展起来，但从总体上看，我国农业金融服务体系仍处于初级发展阶段，农业金融服务既是整个金融体系，也是农业生产性服务业中的薄弱环节。农业金融供给与需求衔接的渠道还不通畅，农业发展的金融服务供给不足、需求缺口较大，仍是农业金融服务发展的主要矛盾，也是制约现代农业发展的重要因素。

1. 供求矛盾较为突出　不同类型农业经营主体的金融服务需求不同。小农户对小额零碎的农业生产资金、普惠型的农业保险服务需求较多，家庭农场、种养大户、农民合作社等新型农业经营主体资金需求量较大，对担保、保险等的需要也较大，而且更多需求商业性的保险。目前，各类金融机构仍然存在明显的排斥小户问题，适应各类农业经营主体的金融产品也不多；在金融产品设计上，注重政策性金融产品，忽视引导和培育商业性金融产品。例如，新型农业经营主体对商业性农业保险需求强烈，但很多地方保险产品较少、保障水平偏低，财政补贴资金对商业性保险的支持力度不够。随着新型农业经营主体的迅速发展，尤其是农业产业化龙头企业的迅速发展，对农业金融服务的需求更加多样化、高端化，而现有农业金融产品供给结构较为单一，新产品、新服务开发不够，制约了新型农业经营主体的升级发展。

2. 服务质量亟待提升　农业金融服务基层网点建设已经取得明显成效，紧接着就需要提升农业金融服务质量。近年来，新技术新模式的不断涌现，新型经营主体的成长壮大，农业金融服务的需求主体、需求方式发生了很大变化，要求传统的金融机构和金融业务加快转型升级。同时，基层网点服务效率低下、服务质量不高的问题进一步突显。总体而言，大多数农村金融机构没有建立起自主服务农业经营主体的内生性组织机制，专业人才队伍缺乏，服务意识薄弱，导致农业金融产品少、缺乏可获得性，个别地区即使农业金融产品多种多样也存在"养在深闺无人识"的现象。

3. 基础环境仍待改善 农村支付结算工具和渠道建设较为滞后，银行网点、自助 POS 机等分布较少，销售点终端交易、手机银行、网上银行等普及率较低。农村信用体系，尤其是农户、家庭农场等的信用体系建设刚刚起步。农村产权制度改革稳步推进，土地承包经营权、宅基地使用权、集体产权、林权等抵押贷款逐步获得政策支持，但产权交易服务体系建设刚刚起步，农业经营主体缺乏抵押物、抵押额度小等问题依然存在。这些都制约着农业金融服务发展。

三、政策支持方向

党的十九大做出实施乡村振兴战略的重大决策部署，对农村金融服务发展提出了新的要求。2018 年中央 1 号文件明确，"坚持农村金融改革发展的正确方向，健全适合农业农村特点的农村金融体系，推动农村金融机构回归本源"。提高金融服务乡村振兴能力和水平，主要是通过强化金融服务方式创新，把更多金融资源配置到农业发展的重点领域和薄弱环节。除了继续要求各类涉农金融机构增强对农业发展的支持外，农村承包土地经营权可以依法向金融机构融资担保，把普惠金融重点放在乡村，支持符合条件的涉农企业发行上市、新三板挂牌和融资、并购重组，深入推进农产品期货期权市场建设，稳步扩大"保险＋期货"试点，探索"订单农业＋保险＋期货（权）"试点。2019 年中央 1 号文件进一步明确，推动建立县域银行业金融机构服务"三农"的激励约束机制，推动把地方政府债券资金更多用于农业农村重点领域。同时，要求健全农业信贷担保费率补助和以奖代补机制，推动农业信贷担保体系降低服务门槛、下沉服务重心、扩大担保业务；推动出台农业保险高质量发展的指导意见，做好农业大灾保险、"保险＋期货"、三大粮食作物完全成本保险和收入保险等试点，开展对地方优势特色农产品保险以奖代补试点。2019 年 2 月，中国人民银行、银保监会、证监会、财政部、农业农村部联合发布《关于金融服务乡村振兴的指导意见》，把精准扶贫、粮食安全、农村一二三产业融合发展、新型农业经营主体和小农户等作为金融支持乡村振兴的重点领域和薄弱环节，要求拓宽农业农村抵质押物范围、推动新技术在农村金融领域的应用推广、完善"三农"绿色金融产品和服务体系，更好满足乡村振兴多样化融资需求。

第三节 主要模式

农业金融服务的业务范围较广，包括信贷、担保、保险、信用等一系列服务业务，也涉及多种多样的金融服务机构和服务体系，很难从金融机构和相应业务的角度具体划分农业金融服务的模式。我们观察到，农业经营主体选择直接或通过不同的媒介获得各类金融服务。据此，可以把农业金融服务划分为以下几种简单易识别的发展模式。

一、直接服务模式

涉农金融机构不通过任何中介或媒介，直接为农业经营主体提供服务的模式。这类服务模式主要对应规模化农业经营主体的金融需求，如大型农业企业、规范化农民合作社和具有相当规模、实力的家庭农场等。规模化农业经营主体对信贷、保险、担保等方面的金融服务需求多，单次额度相对较大，需求层次也较高。例如，有些农业产业化龙头企业、农民合作社等对产业链金融、期权期货交易等的需求较为强烈，各类金融机构直接为这些农业经营主体提供服务具有经济可行性。就业务结构来看，这类农业金融服务发展模式中，商业性金融服务占比较多，如担保、保险业务大都是基于市场原则供给的。随着新型农业经营主体的迅速发展，这类农业金融服务模式也会迅速发展起来。

◆ 专栏：典型案例

北京农信互联科技集团有限公司"猪联网"

北京农信互联科技集团有限公司是一家农业互联网高科技企业，专注于农业互联网金融生态圈建设，致力于成为全球最大的农业互联网平台运营商，推动农业智慧化转型升级。为解决我国养猪户规模偏小、分散、管理水平落后、交易环节多且不易追溯、农业征信体系缺失、贷款困难、价格波动剧烈、养殖风险高等问题，公司利用在生猪领域所积累的多年经验和数据，创建了专门针对生猪产业的互联网平台——"猪联网"，形成"管理数字化、业务电商化、发展金融化、产业生态化"的商业模式，以期促进我国生猪产业转型升级，实现生猪产业供给侧改革与创新。

"猪联网"立足北京，服务全国。平台已聚集150万专业养猪人（场），覆盖生猪超过5 000万头，是国内服务养猪户最多、覆盖猪头数最多的"互联网＋"养猪服务平台。以猪为核心，依托平台，将猪产业各经营主体链接形成"猪友圈"；并通过构建生猪产业链大数据，建立新型、全方位的农业普惠金融体系"猪金融"。"猪金融"为从事猪管理和交易的生产资料企业、养殖户、经销商、贸易商、屠宰场提供全方位金融服务，降低融资成本，解决猪业相关主体的融资难题，并为闲置资金提供了丰富的理财途径，提高资金的利用效率；还联合中国人保，提供全国第一家互联网生猪运输保险，为地方农业和农民保驾护航。目前，公司金融服务体系涵盖了征信、支付、理财、借贷、保险、融资租赁、保理等环节，为用户累计发放贷款超过142亿元，帮助农户管理闲置资金523亿元，累计实现理财收益超过1.14亿元。

二、间接服务模式

涉农金融机构通过中介或媒介为农业经营主体提供服务的模式，主要对应为小农户和规模较小、实力较弱的农民合作社、小微企业、家庭农场等农业经营主体提供的金融服务。小农户对农业金融服务的迫切需求亟须满足，但所需要的金融服务零碎、单次额度小，加上农户本身规模小、实力弱、缺乏可抵押物、抗风险能力弱，金融机构要了解农户的信用状况、监督农户生产经营活动，需要付出相对更大的成本。这导致金融机构直接为农户提供金融服务不具有经济合理性，往往需要专业中介或媒介帮忙化解部分交易成本。因此，实践中，多数金融机构和金融业务要通过中介或媒介来为农户提供服务。承担中介或媒介角色的经营主体或组织主要有农业龙头企业、农民合作社、村集体经济组织、致富带头人等。他们负责掌握农户信用状态、组织对接农户、监督农户生产经营等事项，起到了降低交易风险和成本的重要作用。这类模式下的金融业务多数是政策性金融服务，如小额贴息贷款、政策性农业保险等。近年来，依托各类涉农服务平台（农村电子商务平台、农业服务平台）的农业金融服务迅速发展，为农户提供农业生产经营的资金需求服务，也属于这一类农业金融服务。

◆ 专栏：典型案例

湖南安邦农业科技股份有限公司供应链金融

湖南安邦农业科技股份有限公司创立于2009年3月，注册资金3758万元，是一家综合性农业社会化服务公司，主要从事测土配方施肥、有害生物专业化防治、农资供应、全程机械化服务、谷物烘干收购及储存、农产品品牌运营等业务。公司与农行、邮储银行、农商行合作，通过供应链金融，为农场主提供1.5亿元的担保贷款服务，解决他们资金短缺的问题。

◆ 专栏：典型案例

宁夏灵武市农利达农业社会化综合服务站农资担保贷款

宁夏灵武市农利达农业社会化综合服务站于 2013 年 1 月在灵武北郊成立，注册资金 100 万元，下设灵武市农利达农业服务专业合作社联合社、灵武市农达植保专业合作社、灵武市丰乐植保机械作业公司。服务站是集农资购销、个性化测土配方施肥、农机作业、农作物统防统治、农技培训、金融担保和农产品购销服务为一体的农业社会化综合服务站，为灵武市 3 万农户和 50 家农业生产经营主体提供服务。在长期服务农民过程中，服务站发现很多农民为贷款发愁的情况。为了更好地解决农户贷款难、利率偏高等问题，服务站同宁夏银行、宁东本富村镇银行、农业银行等合作，为服务对象提供银行农资担保贷款，做农户金融服务重要平台和桥梁。2017 年累计贷款 60 人、贷款额 2 000 万元，近年来累计完成贷款超过 1 亿元。

◆ 专栏：典型案例

银行十合作社联合"信用担保、有效管控"服务

浙江省乐清市金穗水稻合作社联合社，于 2014 年 9 月由乐清市绿农水稻专业合作社等 23 个农民专业合作社联合发起，以股份合作形式成立，注册资金 48 万元，流动资金 100 万元，涉及 150 多个种粮大户，总经营面积 3 万多亩。联合社以水稻专业化生产为联结纽带，以农民合作社为基本单位，以联合社为合作平台，开展生产、购销、信用"三位一体"合作。联合社开展购销合作后，农资、农机采购、稻谷收购都是以团购形式进行，资金需求量大、季节性强；同时，社员在生产过程中的农田租金、劳务工资

等也都需要周转投入。因此，联合社和社员在生产周期内的资金需求表现出"捆绑式""并发式"特点。在当前的融资环境下，如何解决资金需求成了一个难题。在农业农村等部门引导下，联合社与乐清市农商行合作，探索开辟"信用担保、有效管控"的融资途径，有效地解决了这个难题，使银行、联合社、社员三者互惠互利，共同发展。具体做法：一是以联合社出资股金的社员为界限，组成农信担保体；二是联合社根据社员经营农田的面积、股金出资的额度、社员家庭的经济状况以及社会诚信度等要素进行评估，确定社员信用贷款的额度；三是授信贷款社员在授信额度内必须交足10%的担保金；四是授信期为一年，一次授信，随借随还；五是授信额度超过30万元须追加担保人，最高不超过100万元；六是联合社和银行双轨监控信贷资金流向。2015年以来，银行每年授信额度1 500万元，实际发生信贷在900万元左右。由于监控及时、措施到位，运行良好。

三、互助服务模式

基于合作组织原则，利用团体互助方法为成员提供金融服务的模式。针对农村金融服务发展不足的问题，我国一直探索实践农民依靠自己力量提供金融服务的办法，如新中国成立以来一直存在的农村信用社系统、20世纪80～90年代兴起的农村合作基金会等。进入21世纪，伴随着农民合作经济组织的迅速发展，中央加大了政策上对农村合作金融的支持力度。2006年12月，银监会发布《关于调整放宽农村地区银行业金融机构准入政策，更好支持社会主义新农村建设的若干意见》，明确"农村地区的农民和农村小企业也可按照自愿原则，发起设立为入股社员服务、实行社员民主管理的社区性信用合作组"。党的十七届三中全会提出，放宽农村金融准入政策，加快建立商业性金融、合作性金融、政策性金融相结合的新型农村金融体系，允许有条件的农民专业合作社开展信用合作。2017年中央1号文件提出"开展农民合作社内部信用合作试点"。目前，有农村资金互助社、农民合作社内部信用合作等组织形式，前者数量较少，后者发展迅速。

通过合作形式开展的农业金融服务主要是信贷和保险业务，合作范围由农户之间扩大到农户与企业之间。

◆ 专栏：典型案例

吉林省田丰机械种植专业合作联合社资金互助合作

吉林省田丰机械种植专业合作联合社创建于 2009 年 3 月，工商注册资本 2 006 万元，固定资产 1 400 万元；截至 2018 年末，成员发展到 398 户，其中农户成员 394 户，法人（专业社、供销社、社有企业）成员 4 户。2014 年 3 月联合社正式与正榆农业开发公司开展种植业合作，共同致力于榆树市 3 万亩玉米生产托管基地建设；2015 年，长春市供销联社、榆树市供销联社注资加入联合社。吉林省田丰机械种植专业合作联合社开展内部信用合作，成立了资金互助部。合作社资金互助部入股人数 175 人，全部是土地托管社员或加入合作社的内部成员，入股资金总额 345 万元，共用资金 315 万元，互助部采取按月结算收取资金占用费，年末收回本金，盈余资金首先扣除正常经营成本外，合作社再提取部分经营风险基金，剩余资金全部分给入股社员。社员借款数额按土地面积一定比例和土地托管年限计算，不超出当年土地流转资金总额。同时，完善以土地托管收益抵押作为成员借款风险防控核心机制，当发生成员借款逾期时，按照当初成员入社土地托管收益抵押合同条款约定，在返还土地托管收益中，给借款成员留足相应的生活费后，优先扣除逾期借款及占用费。例如，当年还款资金不足，将按合同协议约定条款延续执行。这样，农民有了生活保障，合作社又避免了资金风险，还增加了双方的信誉度，保障了合作社内部资金互助业务风险可控。

四、互联网农业金融服务

互联网和信息化技术的迅速发展，迅速改变着传统业态，金融服务也不例外。2015 年 7 月，中国人民银行、工业和信息化部等 10 部委联合发布《关于促进互联网金融健康发展的指导意见》，互联网金融服务业务蓬勃发展起来。互联网金融是传统金融机构与互联网企业利用互联网技术和信息通信技术实现资金融通、支付、投资和信息中介等服务的新型金融业务模式，主要包括互联网支付、网络借贷、股权众筹融资、互联网基金销售、互联网保险、互联网信托和互联网消费金融 6 种模式。互联网金融服务具有成本低、效率高、覆盖面广等优势，也具有潜在金融风险大、风控手段匮乏、网络信息安全问题频发等劣势。互联网金融服务迅速发展过程中，迅速延伸到农业农村，拓展了很多互联网农业金融服务业务。这些互联网农业金融服务，既有传统农业金融服务业务的改造升级，也有基于互联网、信息化技术萌生的新业态、新模式，如依托大型电商平台的农业生产资料贷款、依托专业化网络平台的农业众筹等。近年来，阿里巴巴、京东、供销e 家等大型电商平台，都加快布局农业农村领域，依托平台优势发展了为农服务的金融业务板块，开发了便利农户发展的新型农业金融服务产品。一些专业化的互联网农业金融服务公司也发展起来，互联网农业金融服务的迅速发展，有效缓解了农业"融资难"，推动了高素质农民和新型农业经营主体发展。

五、农业产业链融资

农业产业链融资是资金供给者根据农产品从原料采购、生产、加工到销售等各个环节表现出来的紧密相连的商业交易关系，为农业企业上下游合作农户、个体工商户等经营主体提供的融资方案及配套服务。农业产业链融资的资金供给主体可以是银行，也可以是农业企业，但对企业资质要求较高，常见于企业资金实力雄厚、流动性充裕的农业产业链。

与其他农业金融服务形式相比，农业产业链融资存在三方面优势：一是融资成本低。农业产业链融资模式下，农业企业将代替上下游经营主体与商业银行协商贷款利率，往往出于提高企业产品市场覆盖率、增强产业链合作关系稳定性等动机，免费为上下游经营主体提供生产资料赊销、预付货款、运费等服务，农业产业链融资成本显著低于传统信贷。二是破解农业担保难题。银行围绕整个农业产业链开展偿债能力评估，改变了过去对单一农户、单一主体的授信模式，需要的抵押物主要是应收账款、票据等交易凭证或者货物、仓储、现金流，解决了农户、合作社和农业企业有效担保品、抵押物不足的问题。无论是银行农业产业链贷款还是农业企业产业链融资平台，都能利用农业产业链的商业交易关系，获取农户生产技能、信用状况等信息，识别农户生产经营风险，并把农业企业的良好信用延伸到产业链上下游成员，解决了传统信贷模式下银行与农户信息不对称的问题。三是贷款额度高。传统农户小额贷款的单笔金额上限很低，难以满足农业适度规模经营的资金需求。而农业产业链融资凭借农业企业在日常商业交易中积累的农业经营主体偿债能力、偿债意愿、经营资金缺口等信息，能为其提供更符合其资金需求特征的融资方案，破除银行与经营主体信息不对称对融资额度的约束。随着农业现代化的迅速推进，现代农业产业链、供应链、价值链建设水平不断提高，农业产业链融资发展基础得到进一步改善。农业产业链融资是未来农业金融服务的重要发展方向，前景十分广阔。目前，主要有银行农业产业链贷款和农业企业产业链贷款两种类型。

1. 银行农业产业链贷款　银行在为农业经营主体提供融资和其他结算、理财服务的同时，向这些经营主体的上游供应商或下游分销商提供贷款、预付货款代付、存货融资等服务。常见的贷款品种有核心企业担保贷款、订单融资、应收账款融资和动产质押融资等。

◆　专栏：典型案例

中国邮政储蓄银行农业产业链贷款

中国邮政储蓄银行拥有庞大的基层客户基础和服务网络。近年来，邮储银行借助城市分行靠近总部、县级支行扎根乡村的优势，与农业产业化龙头企业等产业链核心经营主体合作，向与核心经营主体保持长期合作关系并签订购销合同的上下游成员发放农业产业链贷款。贷款对象需要同时具备以下条件：独立自主经营，有明确、合理的贷款资金需求；为核心企业的上游或下游客户，与核心企业的合作期限至少在 1 年以上（含 1 年），且与核心企业签订合同；在核心企业的推荐名单中；能够提供最近 12 个月与核心企业的交易结算账户银行流水，且交易结算账户必须为借款人本人、其配偶或经营实体有限责任公司名下；与核心企业的交易结算账户应在邮储银行开立，接受邮储银行监督；未结清贷款前，不与核心企业终止合作。开展具体业务时，邮储银行需要依托原有农户小额贷款、家庭农场贷款、农民专业合作社贷款等具体贷款产品。申请农业产业链贷款的借款者需要满足相应涉农贷款产品的准入条件，最高额度、贷款期限、还款方式和担保措施均按照对应农户小额贷款、家庭农场贷款或合作社贷款等产品要求执行。农业产业链贷款的担保方式较为灵活，包括核心企业担保、担保机构担保、第三方担保、特殊抵质押担保、纯信用担保和传统农户担保 6 大类。农户可在当地所有具备信贷功能的邮储银行网点办理农业产业链贷款，邮储银行最快 2 个工作日完成审批流程。

2. 农业企业产业链融资　又称产业链内部融资，指产业链核心企业为上下游成员和利益相关者提供资金支持的服务模式。农业产业链不同环节的经营主体实力不一，资金紧缺程度不同。往往是薄弱环节的经营主体资金约束压力最大，也有的是部分环节经营主体因为资金压力而使该环节制约整个产业链的发展。这时候，资金实力雄厚或金融资源较多的产业链核心企业，会从促进整个产业链发展的角度出发，为薄弱环节或资金紧缺的经营主体提供融资支持，帮助他们渡过难关、壮大实力，增强他们与整个产业链衔接的紧密度。实践中，多是产业链核心企业为其他企业、普通农户、家庭农场、合作社等农业经营主体提供融资帮助。对于农户来说，这种金融服务模式较受欢迎，有利于企业与农户建立紧密型利益联结关系，形成产业链利益共同体。产业链核心企业对产业链整体现金流进行统筹安排，可以实现整条产业链财务成本的最小化。常见的农业企业产业链融资有生产资料赊销、预付货款、委托贷款和企业直接贷款等。

◆ 专栏：典型案例

新希望集团——希望金融

　　新希望集团有限公司创立于 1982 年，经过几十年的发展壮大，集团资产规模超过 1 400 亿元，涉足饲料生产、农业科技、食品加工、渠道终端、设施建设、金融服务等多个领域，成为以现代农业与食品产业为主导，持续投资运营具有创新引领和成长性新兴行业的综合性企业集团。新希望集团是中国农业产业化国家级重点龙头企业，中国最大的饲料生产企业，拥有中国最大的农牧产业集群，是主导产业链金融发展的领军者。近年来，金融服务是新希望集团转型升级发展的重要方向。2015 年 3 月，新希望集团上线互联网金融科技创新服务平台——新希望慧农（天津）科技有限公司（以下简称"希望金融"，图 9-2）。这是国内第一批专注于农牧产业链金融的互联网金融服务平台。

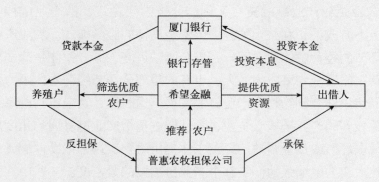

图 9-2　希望金融平台惠农贷业务流程

　　希望金融作为互联网金融信息中介平台，充分把握市场机遇，全力为"绿领"创业和发展提供服务，定位于支持"三农"、服务"三农"，坚定地深耕"三农"领域，服务"三农"实体经济，促进城市和乡村资源要素双向流动。借助先进的互联网技术，希望金融实现了金融与科技的深度融合，逐步破解了"三农"领域服务成本高、有效覆盖难、信息不对称、风险管理难等核心难题，将金融信息服务范围扩展到"三农"领域的小微企业和农村欠发达地区，树立以客户为中心的服务理念，真正关注普惠金融服务对象的需求、偏好和行为，努力打通"三农"金融服务"最后一公里"。除了提供金融信息中介服务外，希望金融在发展过程中还提出了科技增值服务概念，向用户提供技能培训、营销培训和市场信息等免费增值服务。为此，希望金融利用自身在农牧行业的专业知识，开发了"养鸡助手""猪盈利"和"望望先花"等辅助农民提高生产效率和交易效率的互联网工具平台。依托集团的农村市场积淀和千亿级产业基础，希望金融已经覆盖农业产业金融、农业供应链金融、农业产业支付等领域。农业供应链金融依托集团旗下的农牧企业，为其上下游农户或小微企业提供金融服务，确保供应链各环节资金到位；农业产业金融为农户提供单笔借款金额6万元以下的借款服务，解决生产生活中的流动资金不足问题。为更好地发展农业支付业务，希望金融推出了"希望宝"货币基金账户，通过提供货币增值支付工具，引导客户使用网络支付代替现金支付。

希望金融有惠农贷、股权贷、应收贷、订单贷、惠商贷、兴农贷六大产品，主打产品是惠农贷、应收贷。以新希望集团的合作养殖户为主要借款对象，最初业务是服务养殖户，并要求合作农户必须购买集团的种苗和饲料，在养殖周期完成后，把符合要求的农产品卖给集团肉食厂。在养殖初期，养殖户需要较多资金购买生产资料，希望金融会凭借历史交易经验和数据对农户进行信用评估，筛选具有还款能力的养殖户在希望金融平台发布借款信息。待社会投资者出资后，希望金融通过转移支付，直接把贷款打入生产资料供应商账户；在养殖周期结束后，肉食厂以销售款为限，代替农户偿还贷款本息，剩余款项支付农户。贷前调查方面，希望金融建立严格准入标准，业务部门采取双人互审方法，对客户进行面谈及实地双向交叉全面性调查，引入新希望集团旗下的普惠农牧担保公司提供担保，并承担借款人逾期或违约连带责任。贷款审查方面，风控部门对客户个人及资产进行综合验证复审，包括但不限于真实的用款方向、明确的还款来源、优质的征信情况等，然后递交贷审会进行综合方案的最终审核与判定。

经过近年来的稳健运营，希望金融业务范围已经覆盖天津、山东、河南、安徽、河北、山西、四川、重庆等 10 多个省市，成功助力数万户农村家庭脱贫致富，在广大农村拥有了大量的客户群体，为当地经济和社会发展作出了积极贡献。截至 2019 年 8 月 31 日，平台累计借贷金额 107.97 亿元、借贷余额 10.3 亿元，累计交易 9.26 万笔，累计出借人数 6.89 万人，累计借款人数 3.53 万人，资金全部服务于"三农"实体经济发展。未来，希望金融将继续深耕"三农"领域，服务"三农"实体经济，坚持互联网金融信息中介的定位，借力科技金融服务"绿领"，助力乡村振兴。

第十章

农产品产地批发

　　原国内贸易部颁布的《批发市场管理办法》提出，批发市场指为买卖双方提供经常性地、公开地、规范地进行商品批发交易，并具有信用、结算、运输等配套服务功能的场所。农产品批发市场指专门为农产品批发交易提供的场所和条件，并为农产品流通提供服务的组织机构。

　　自改革开放以来，我国农产品批发市场经历了 4 个阶段。一是初始发展阶段（1984—1989 年）。《中共中央关于 1984 年农村工作的通知》提出，大中城市在继续办好农贸市场的同时，要有计划地建立农副产品批发市场。1984 年，山东寿光蔬菜批发市场建成。二是网络扩张阶段（1990—1994 年）。该阶段进一步加快农产品市场网络建设。1991 年，国务院下发了《关于进一步搞活农产品流通的通知》，要求逐步建立和完善以批发市场为中心的农产品市场体系。这一阶段，我国农产品批发市场的数量和规模飞速发展，市场经营主体和市场投资建设主体的规模发展壮大。三是提档升级阶段（1995—1999年）。该阶段围绕菜篮子工程，进一步加强以批发市场为中心的农产品市场体系建设，并开始在重点产地建立一批国家级农产品产地市场。国民经济的持续稳定发展为农产品批发市场提供了良好的生存环境和广阔的发展空间，国家采取了一系列措施对批发市场进行规范：一要推行市场办、管分离；二要推行市场登记与年检制度；三要整顿市场秩序，清理撤销地方保护的政策措施；四要调整基层工商行政管理机制，减少基层政府对市场管理执法的干扰等。四是集约经营阶段

（2000年至今）。该阶段继续进行农产品批发市场试点项目建设，加强对农产品批发市场升级改造，尤其是更加关注农产品产地流通设施的投入力度。我国农产品批发市场主要包括农产品产地市场、销地市场和集散地市场。本章重点介绍农产品产地市场。

第一节　概　　述

一、概念

产地批发指在具有较高商品率的农产品主产区，农户通过产地集散载体或平台进行农产品商品化处理、集散销售等活动或行为。农产品产地批发市场作为农户产地批发的重要平台，一般具备对农产品进行清洗、分选、烘干、包装、预冷、冷藏等商品化处理，以及农产品交易、检测、流通追溯和信息处理等功能，是我国现代农业产业体系和农产品市场体系的重要组成部分。

二、分类

1. 按照农产品交易范围划分

（1）综合型产地批发市场。日常交易的农产品在三大类以上，如交易产品包括蔬菜、水果、肉类、水产品、特色农产品、调味品等。

（2）专业型产地批发市场。日常交易的农产品在两类以下（含两类），如果菜产地市场等；只交易一个品类的如蔬菜产地市场、水产品产地市场、水果产地市场、花卉产地市场、食用菌产地市场、中草药材产地市场、活禽产地市场、活畜产地市场、禽蛋产地市场等。

2. 按照市场发展阶段划分

（1）初级市场。基本具备了烘干、包装等简单商品化处理和农产品集散的功能，市场内采用传统的对手交易，基础设施建设总结为"地面硬化＋敞开式交易厅棚＋办公用房"，设备配备"农药速测仪＋公平秤"等设施。该类市场基础设施薄弱、经营环境一般，适用于茄果类、根茎类等耐储藏农产品，实现就近销售或为原料销售，如河北省永清县瓦屋辛庄田头市场和云南省鲁甸花椒田头市场。

（2）中级市场。市场设施建设总结为"地面硬化＋交易厅棚＋办公用房＋预冷库＋冷藏库＋仓库＋生产生活服务"等，基础设施较为完善，具备预冷、烘干、清洗打蜡、分等分级、包装等商品化处理、农产品集散、储藏和生产生活服务等功能，设备主要包括"移动检测设备、电子地磅等称重设施以及场内搬运设备"等。基础设施较为完善，市场服务设施配套较为齐全，经营环境良好，适用于附加值高的水果、蔬菜、中药材等季节性生产全年供应的农产品销售，如青海省海西州枸杞市场。

（3）高级市场。市场基础设施建设包括"地面硬化、封闭或敞开式交易厅棚、办公用房、预冷库、冷藏库、仓库、质量检测和信息报送室、生产生活服务"设施等，设备包括商品化处理设备、信息服务系统、检测设备、电子地磅等称重设施及场内搬运设备；除具有商品化处理、农产品集散、冷链物流和仓储等基本功能外，信息服务和产品质量安全体系建设也较为健全，市场组织性高，部分尝试电子结算方式，管理制度较为健全。有些市场建设运营水平较高，代表了国际先进水平，如贵州省遵义市中国辣椒城。一些市场因产品特点突出，如重庆市生猪交易市场采用电子交易，重点投入电子交易软硬件设施的建设，重庆生猪交割点硬件设施建设包括修建猪圈、化粪池、污水池、上猪台、消毒池、检疫区、隔离区等设施，购置地磅、电脑、监控设备等专用设备。云南斗南花卉市场重点在拍卖设施设备建设。

3. 按照农产品市场的影响区域划分

2015年农业部印发的《全国农产品产地市场发展纲要》提出，建设国家级农产品专业市场、区域性农产品产地市场和田头市场3级产地市场。

（1）国家级农产品专业市场。指在优势农产品区域，由农业农村部和省级政府共同支持建设，能够辐射带动本区域乃至全国优势农产品产业发展的大型农产品专业批发市场。国家级农产品产地市场是农产品产业体系的"航空母舰"和引领国内产业发展的龙头，是全国价格形成中心、产业信息中心、物流集散中心、科技交流中心和会展贸易中心。国家级市场发展定位是建立国家产销平台、培育国家品牌。

通过建设和培育，推动国家级专业市场达到设施完善、功能完备、管理先进、运营规范的要求，成为该产品全国的物流集散中心、价格形成中心、信息传播中心、科技交流中心和会展贸易中心，形成与生产布局相适应的国家产销平台；培育国家品牌，重点是坚持以生态、安全、营养为基础，托依国家产销平台，通过对产品全产业链的培育、塑造、宣传、监管和保护，打造国家品牌，使该产品在全国具有较高的品牌知名度、较广的市场覆盖率、较高的国际竞争力，促进产业持续健康稳定发展。

（2）区域性农产品产地市场。建在农产品优势产区，能够辐射带动市场所在县及周边县优势产业发展的农产品批发市场。区域性农产品产地市场是引领区域主导产业发展的"桥头堡"，是区域内农产品的价格形成中心、产业信息中心和物流集散中心，是连接产销市场的重要纽带。区域性产地市场也是衔接田头市场到国家级产地市场、销地市场、集散地市场的重要环节，区域性产地市场重点是促进农产品优势区内产品流通，塑造培育区域性农产品品牌。

（3）田头（码头）市场。建在农产品生产基地，辐射带动市场所在村镇及周边村镇农产品流通的小型农产品产地市场，主要开展预冷、分级、包装、干制等商品化处理及交易活动。田头市场是农民家门口的市场，属于典型的公益性流通基础设施，是提高农户营销能力，实现农产品产后"存得住、运得出、卖得掉"，发展农产品产地直销和电子商务等新兴流通业态的重要支撑，在促进农业稳定发展、推动农民持续增收、满足城乡消费需求方面发挥着不可替代的作用。

第二节　发展现状与趋势

农产品产地市场体系是生产和消费的中间环节之一，是实现农业再生产的必要前提，是物流、资金流、信息流交互的重要载体。近年来，我国农产品产地市场体系逐步建立和完善并取得长足的发展，实现了从数量增长到提高水平、优化结构、创新方式的不断跨越，构建起国家级、区域性和农村田头市场相互补充、相互衔接的现代农产品产地市场体系。

一、发展现状

1. 总体情况

（1）农产品产地市场网络初步形成，市场承载能力增强。我国农产品批发市场自 20 世纪 90 年代快速发展，根据国家统计局 2017 年公布的数据，我国年交易额亿元以上的农产品批发市场 1 655 家，销售额过亿元市场增加超 75％；其中，专业性市场 994 家，占 60.1％，年交易总额占 66.6％。在专业市场中，蔬菜、干鲜果品、畜禽、水产品和特色农产品市场数量占 76.39％。我国已初步形成专业性与综合性相结合，产地、集散地与销地相衔接的市场体系。

（2）产地市场管理水平不断提升。在农产品流通业快速发展的形势下，产地市场经营者管理水平不断提高。一批实力较强的产地市场开始应用现代信息技术，实现了经营管理的信息化，并建立产地市场信息收集发布平台，实时发布农产品价格信息、交易信息和供求信息。同时，在传统的对手交易、现金结算的基础上，有些产地市场开始采用电子结算；一些产地市场建立了电子商务交易平台；有的产地市场还尝试推行了电子拍卖交易。

（3）产地市场功能逐步完善。产地市场从初期的集散交易不断拓展商品化处理、信息服务、品牌培育等功能。依托产地市场，经销商对农产品进行预冷、分级分选、包装等商品化处理，不仅能减少农产品流通损失，也有利于形成产地农产品品牌，提高了农产品附加值和市场竞争力。作为农产品需求信息和价格信息的交汇平台，产地市场能够反馈信息引导农民生产，推动了农业生产结构优化调整。农产品市场设施不断完善，全国农产品产地市场不断完善安全监控、检验检测、废弃物处理等设施设备，综合服务功能不断完善。

（4）经营主体多元化。民营企业和个体经济发挥重要作用。近年来，农产品产地市场发展呈现"国退民进"的态势。据商务部资料显示，在全国农产品产地市场中，国有、集体、民营投资主体分别占 9％、15％、76％，民营市场已占据主导地位。在农产品产地批发市场中，经销商和零售商贩基本都是个体经营。

（5）政策环境好。2012年8月，《国务院关于深化流通体制改革加快流通产业发展的意见》要求"统筹农产品集散地、销地、产地市场建设，构建农产品产销一体化流通链条"。自2013年1月到2017年1月，中央1号文件连续5年对构建公益性农产品市场体系，加强农产品产地市场建设提出明确要求。中央相关部委也出台相关政策，2014年2月《商务部等13部门关于进一步加强农产品市场体系建设的指导意见》提出，"在我国优势农产品产业带和集中生产基地，规划建设一批全国性、区域性和农村田头等产地市场"。2015年6月，农业部正式发布了《全国农产品产地市场发展纲要》，明确提出了以建设全国性、区域性和田头3级农产品产地市场体系。中央政策的提出为产地市场建设提供了良好发展环境。

（6）多渠道支持产地市场建设。国家通过一系列的财政补助政策支持产地市场建设，同时撬动社会资本参与国家级、区域性和田头市场建设。为推进农产品产地批发市场升级改造，农业部和中国农业银行于2007年4月，签署了《共同支持农产品批发市场建设合作框架协议》；在"十一五"期间，农业部与中国农业银行为农产品批发市场升级改造提供政策和金融支持，重点支持产地市场对交易厅棚、冷链物流、安全检测等设施进行升级改造，增强市场在检验检测、安全追溯、支付结算、信息采集、安防监控、废弃物处理等方面的能力，满足了一大批农产品产地批发市场基础设施建设和日常经营的资金需求。截至2010年末，中国农业银行为246个农产品批发市场提供了信贷支持，累计发放各类贷款约111.85亿元。2010年，商务部办公厅、财政部办公厅印发了《关于农产品现代流通综合试点指导意见的通知》，并在江苏、浙江、安徽、江西、河南、湖南、四川、陕西等省份开展农产品现代流通综合试点，加强农产品流通基础设施建设，对产地集配中心和田头市场进行资金扶持。2013年，农业部与国家开发银行共同签署《关于支持国家级农产品专业市场建设的意见》，合作探索产地市场与金融机构合作的新模式，建立两部门工作联动机制，发挥农业部组织优势和国家开发银行资金引领优势，支持国家级农产品专业市场建设运营。农业部加强对国家级农产品专业市场建设的指导和服务，加强规划编制指导、论证工作；推动、指导市场实施现代化升级改造，改善交易条件、提高服务水平；协调有关部门支持市场建设发展，鼓励多渠道投资参与市场建设；协助核查、评估市场实际状况。国家开发银行发挥"投、贷、债、租、证"综合金融服务的协同优势，以中长期贷款为主、其他金融产品为辅，全力支持国家级农产品专业市场的建设和运营。自 2014 年起，农业部启动了田头市场试点示范项目，分别在河北、海南、山东、辽宁、重庆、云南、四川等省份试点示范 40 个田头市场，每个田头市场试点扶持 20 万元，重点完善商品化处理和信息服务等功能。地方农业部门也不断加大对田头市场的支持。河北省各级部门对田头示范点配套 50 万元资金，扶持市场基础设施建设；海南省配套 1.6 亿元资金，强化产地集配中心的冷藏等设施建设。

2. 三级产地市场发展现状

（1）国家级产地市场。随着农业结构调整的不断深入，生产逐步向优势产区集中，产地市场的布局、规模和集散能力与逐步提高的生产能力不匹配，生产稳定发展的风险加大；随着大生产、大流通格局不断推进，主产区参与国际和区域农产品贸易的份额越来越大，但缺乏有影响的物流贸易平台，导致在市场竞争中缺乏话语权。借鉴国际经验，农业发达或主导产业优势明显的国家普遍注重建设影响力大的批发市场。法国、日本、韩国、澳大利亚、荷兰等建设国家级农产品批发市场，主导国内生产供应大局；荷兰的花卉市场、津巴布韦的烟草市场等，在国际贸易中主导价格形成和信息引领的地位突出。自2011 年起，农业部联合陕西省人民政府启动了洛川苹果第一个国家级市场。农业部先后与浙江省、甘肃省、江西省、黑龙江省、湖北省、重庆市、云南省、陕西省、河南省、辽宁省、四川省、吉林省12 个省份签订合作备忘录，启动舟山水产、定西马铃薯、赣南脐橙、牡丹江木耳、荆州淡水产品、重庆生猪、云南花卉、眉县猕猴桃、信阳茶叶、大连水产、彭州蔬菜及长白山人参等 13 个国家级市场；在促进主产区农产品集散、农业科技推广、农产品贸易、交易价格形成、产业信息服务等方面发挥了重要作用，取得了显著成效。

◆ 专栏：典型案例

国家级彭州蔬菜市场

四川国际农产品交易中心（国家级彭州蔬菜市场，图 10-1）位于我国蔬菜优势产区的核心区——四川省彭州市濛阳镇，由江苏雨润集团主导投资建设。交易中心主要经营蔬菜、果品、粮油、水产、冷冻品的批发交易、冷藏仓储、加工配送等，规划占地约2 800 亩，预计总投资 80 亿元。交易中心分三期建设，一期工程占地 1 000 亩，其中蔬菜交易区占地 500 亩，总建筑面积 16.5 万平方米，包括蔬菜展示交易区、加工配送区、冷链仓储区、停车场、综合服务区、商业配套区等，于 2013 年 12 月建成并投入使用。目前，交易中心农产品经营户 6 000 余户，入驻率达 100%，日均蔬菜交易量 9 000 吨，高峰期交易量达 13 000 吨，2018 年市场交易额超过 400 亿元，国家级市场五大中心、两大平台功能基本实现。

图 10-1　四川国际农产品交易中心（国家级彭州蔬菜市场）

在价格形成方面。交易中心与彭州市农村发展局联合委托西南财经大学，研究编制了"中国彭州（雨润）蔬菜指数"，并于2013 年 11 月 1 日在第四届中国·四川（彭州）蔬菜博览会上正式发布。蔬菜指数已成为中西部地区蔬菜批发价格的"风向标"和"晴雨表"。在信息服务方面。交易中心建有 600 平方米的网络信息中心，场内建有 190 个 LED 信息终端，滚动发布供求信息和重要的行业新闻；中心还建立了四川国际农产品交易中心官方网站，发布市场价格指数、蔬菜产业政策趋势、市场行情、求购信息、物流配送、会展贸易等信息。在物流集散方面。交易中心现设施代化、管理系统化，每天到货车辆 1 000 余辆，蔬菜销售半径 500 千米以上，实现了"买全国、卖全国"的格局。在会展贸易方面，交易中心是"中国·四川（彭州）蔬菜博览会"（以下简称"菜博会"）的常设会址，至今已成功举办 9 届，吸引了来自全国蔬菜产业领域的知名专家、学者，以及国内大型蔬菜生产企业、流通企业、种子种苗企业、农产品加工企业、农机企业、农资企业等参会参展，成为国内继寿光之后第二个承办蔬菜博览会的基地。在科技交流方面。中国园艺学会、中国农科院蔬菜花卉所与彭州市人民政府正式签订战略合作协议，确定在彭州建设蔬菜院士工作站和专家工作站，加强在农业科技培训、市场信息交流、创意观光农业等方面长期合作；四川省农科院生物工程育种中心、上海种都种业、四川新博育田生物科技、四川百信农业科技等从事蔬菜育种、种子研究、蔬菜加工储运的企业和机构落户彭州，并在交易中心周边 5 千米范围内集聚。同时，交易中心集聚了全国乃至世界的蔬菜新品种、储藏保鲜新技术、商品化处理新技术等科技信息资源，可以充分利用信息发布平台和展会平台，促进科技信息的交流与合作。在品牌建设方面。通过政府推动、市场带动、"菜博会"拉动，为促进彭州蔬菜销售、打造蔬菜产业链条、巩固"彭州蔬菜"品牌地位作出了贡献，形成了"北有寿光、南有彭州"的蔬菜产业格局。2016 年，农业部与四川省政府签署合作备忘录，以四川国际农产品交易中心为载体，共建国家级彭州蔬菜市场。

（2）区域性市场。农产品区域性产地市场是我国农产品流通的中坚力量，作为生产和消费的桥梁和纽带，在促进优势产区农产品销售、提供充足的"货源"、保障市场供应和稳定农产品价格等方面作用突出。区域性产地市场发展重点以企业等社会资本投入为主、政府支持为辅。随着农业规模化、品牌化发展及新型交易方式的迅猛发展，除物流集散功能外，区域性产地市场在带动产业发展和服务农产品流通方面的作用日益凸显，部分区域性产地批发市场不断拓展服务领域，在金融服务、电子商务、冷链物流等方面服务功能不断健全，在农产品流通中的作用越来越显著。此外，区域性产地市场是宣传、推广和保护区域农产品品牌的平台，通过市场辐射发散的销售渠道和各类推介活动，有助于扩大农产品市场品牌在行业中的知名度和影响力，发挥品牌宣传推介作用。

◆ 专栏：**典型案例**

云南省通海县金山蔬菜专业批发市场

通海县位于滇中南部，处于亚热带半湿润高原季风气候区，因四季温度均衡，通海县的露地蔬菜已实现周年生产。2017年，全县蔬菜播种面积34.6万亩，成为全国重要的"南菜北运""西菜东运"生产基地，被《全国蔬菜产业发展规划（2011—2020年）》列为西南热区冬春蔬菜优势区域和全国蔬菜产业重点县。通海县金山蔬菜专业批发市场（图10-2）于2000年开始运营。该市场属国有企业，隶属于通海县政府市场服务中心，后由市场服务中心委托金山村村委会进行日常管理。通海县金山蔬菜批发市场坐落在环湖平坝区，是金山蔬菜的主产区和中心地带，建设用地154亩，蔬菜批发交易大棚面积7 000平方米，冷藏设施5 500平方米，办公面积5 313平方米，零售场占地面积4 167平方米、宾馆占地面积364平方米、门店占地面积596平方米、停车场占地面积10 520平方米，餐饮、零售大棚占地11 340平方米，场内主副干道、场地占地 49 048 平方米。

图 10 - 2　通海县金山蔬菜批发市场

　　农户每天早上市场开门后将采收好的蔬菜运送到市场，大部分农户与经纪人谈好价格直接将菜运至市场外指定冷库进行商品化处理和运输；也有农户与经纪人谈好价格后，蔬菜在市场内进行分拣、加工，然后运到指定冷库包装、预冷和运输；还有农户与经纪人谈好价格后，蔬菜在市场内进行分拣、包装，不经过预冷直接装车运输。通海县金山蔬菜批发市场有自己的信息员队伍，从 2002 年开始，每天到市场采集当天主要交易农产品的最低价、最高价和平均价，并将价格报送至中国农业信息网、商务部、供销总社等地，在市场价格信息采集、处理和发布方面基础扎实。经过近 20 年的发展，金山蔬菜批发市场在促进通海蔬菜流通、提升产业发展水平、培育产业品牌等方面发挥了重要作用，2001 年被评为农业部定点批发市场，2009 年被评为商务部"双百"市场，2 010 被评为农业部定点批发市场信息重点采集点。

　　（3）田头市场。农村田头市场是农产品产地市场体系的基本组成部分。我国农产品滞销卖难现象局部频发，其主要原因之一是农户离市场太远，农产品销售不方便，农户急需的信息服务、仓储服务、销售服务等社会化服务体系尚不健全。进入 21 世纪后，我国农产品市场供应已由生产不足转向供过于求。各地积极探索从农产品产地解决销售问题。2000 年，在珠江三角洲和长江三角洲地区，一批有远见农产品经纪人就从田头组织交易，如广州市梅县当地农民通过安装电话、手机等方式，足不出户了解农产品价格行情；江苏省海安县依托农村经济合作社建设市场，吸引客商到产地采购，田头市场交易模式初步形成。到 2004 年，长江三角洲地区田头市场体系日渐成熟。铜山县田头市场就达到 103 个，当地 76.6% 的蔬菜、瓜果运向全国 30 多个大中城市。淮安市涟水县按照"一村一品一试点"的标准，在乡镇培育了 38 个具有特色农产品田头市场，在盱眙建设蔬菜、草莓田头市场和小龙虾塘头市场，在洪泽县建立水码头市场，并通过标准制定和评价体系，规范田头市场发展。上海市嘉定区、青浦区通过合作社建立蔬菜田头市场，发展直供直销，形成了长江三角洲地区以田头市场为纽带，连接农产品生产基地、新型经营主体及农产品经销商，发展订单模式、农超对接等流通模式。党的十八大提出，要加快京津冀一体化发展，环渤海主要农业生产地区也立足自身优势和特点，通过完善农村田头市场功能，构建高效的农产品流通体系。天津市、河北省永清县围绕供应北京市"菜篮子"产品为核心，发展蔬菜产业，建立多个蔬菜田头市场，搭建农产品流通销售平台，不断完善田头市场在农产品检测、市场信息及农资农药农具等产业服务功能；辽宁省田头市场不断强化流集散和产业服务等方面的功能；山东省发挥寿光蔬菜物流中心平台作用，进一步提升田头市场在商品化处理、物流集散及信息服务等方面基础设施建设；青岛市通过制订批发市场规划，科学布局田头市场，满足产业需要。我国农业生产区域性和流通广泛性，形成"西果东送"和"南菜北运"格局，西部地区特色产业的迅速发展，田头市场建设也越来越受到重视。宁夏、陕西、山西加强田头市场的冷链设施建设，不断提升葡萄、苹果、猕猴桃、枸杞等特色鲜活农产品品质。成都、重庆及云南不断提升田头市场交易环境和基础设施水平，有效推动农产品流通，保障农民收益。海南和广西等南部主要果蔬生产大省的田头市场随着居民消费升级，预冷、冷藏等商品化处理功能成为重点，随着订单和直供直销模式的发展，田头市场已成为当地农产品流通的重要保障，其成熟的经验做法也得到了推广和应用，成为田头市场建设管理的后起之秀。

◆　专栏：典型案例

山西省太谷县南席村辣椒田头市场

图 10 - 3　山西太谷县南席村辣椒田头市场

南席村位于山西省太谷县东北部，与榆次接壤，紧临 108 国道、南同蒲铁路、龙城高速公路，距省会太原 40 千米，交通十分便利。全村共有耕地 4 837 亩，土壤肥沃，水利设施配套、完善，农田灌溉便利。多年来，南席村形成以辣椒为主，大葱、葱头、茴子白、白菜等全面发展的大田蔬菜基地，大田蔬菜成为村内主导产业之一。南席辣椒市场（图 10 - 3）由村集体出资，个人经营，属公办私营类型。市场占地 15 万平方米，拥有冷库 2 个、库容 1 500 吨。目前，市场主要管理人员 5 人（以村支两委为主），经纪人 80 余个。市场内基础设施健全，包括地面硬化、交易棚、库房、结算中心、办公用房等，并配备地磅、计算机等必要设备。辣椒等农产品经田头市场主要销往河南、四川、贵州、青岛、深圳等，并依托青岛、深圳两个口岸出口销往东南亚各国家和地区。市场年集散销售辣椒 60 万斤、葱头 500 万斤、其他各类蔬菜 1 300 余万斤；带动 1 万余户农户直接受益，年均增加农民收入约 1 760 万元。

随着农产品流通产业效益不断提升，社会资本投入田头市场建设，如辽宁省窟窿台批发市场。通过销地批发市场发展产地批发市场，带动田头市场建设。例如，深圳海吉星和北京新发地农产品批发市场，通过在全国产地建立田头市场，完善冷链物流设施保障鲜活农产品质量。同时，龙头企业、合作社等新型农业经营主体依托产业发展，也逐步重视田头市场建设的发展，通过完善商品化处理设施，保障产业健康持续发展。

二、发展趋势

1. 保障农产品供应的公益功能突出 当前，农产品产地市场基本实现了鲜活农产品的集散、价格形成、交易结算、信息传递、调节供求和综合服务的功能。在国家重视下，产地市场的保供稳价作用逐步凸显，能有效缓解农产品卖难滞销情况，保障城市农产品供应。此外，产地市场对周边相关产业的发展和农民增收的带动能力明显增强。

2. 新兴交易模式推进市场转型升级 一些大型产地市场自主开展电子商务交易，云南斗南花卉拍卖交易继续探索，大豆等农产品期货交易稳步发展。农产品电子商务交易异军突起，传统农产品批发市场也大力发展农产品电子商务。城市社区直销菜店数量显著增长；"农超对接、农校对接"等营销方式稳步发展；各地连锁配送专卖企业数量有所增长。农产品电商、社区直销菜店、连锁配送等的货源大多来自农产品批发市场。随着农业供给侧结构性改革深入推进，农产品批发市场逐步进行转型升级，农产品批发市场大数据平台建设和电子商务建设也将风生水起。

3. 倒逼产品质量安全化 民以食为先，食以安为先。农产品产地市场承担着流通过程中食品安全保障的社会责任，把好"准入关"，严格进行索票索证，把好第一道门槛；把好"准出关"，严查流通环节质量安全，做好农产品质量安全检验检测；把好"信息关"，完善农产品信息的可追溯体系；与基地、政府实施联动，从源头加强农产品质量把关。此外，产地市场建设对带动区域品牌影响力发挥着重要作用。

4. 融合发展趋势加快 产地市场作为衔接农业生产和农产品加工流通的重要载体，通过内部与商户、向前与基地、向后与销售终端、并行与直供直销模式等进行调整关系和优化资源配置，建立从生产到消费的全产业链条一体化的经营模式，形成产地市场、集散地市场、销售市场、零售环节等多层次、集团化的农产品流通体系。此外，产地市场在发挥平台效应和带动影响力方面作用巨大，实现农产品生产、加工流通、消费有效对接，推动农产品由数量增长向质量提升，从分散布局向产业集聚转变，促进一产种植养殖业、二产加工业和三产商贸服务业之间紧密相连、协同发展，有效推进农村一二三产业融合发展。

5. 市场管理规范化　农产品产地市场作为农产品流通的第一环节，建立健全现代化、规范化的管理机制是产地市场发展的首要条件。近年来，随着党中央、国务院的重视，商务部、农业农村部、发展和改革委员会等中央部门对健全农产品流通设施建设制定并印发了系列文件，引导农产品产地市场建立健全农产品产地准入准出、检验检测、日常监管、问题处置等长效机制，促进产地市场开办者和入场经营者主体责任意识不断强化，使市场销售行为得到有效规范。批发市场对下游市场的源头保障作用、对提升农产品安全整体水平的基础带动作用更加凸显，未来农产品产地市场在监管科学化、运营规范化水平方面将得到全面提升。

6. 市场信息化程度不断提升　在"互联网＋"的大背景下，农产品产地市场加快转型升级，整体推进信息化建设大势所趋。产地市场信息管理系统建设包括仓储物流、资产管理、经销商管理及市场信息管理等 ERP 系统，夯实产地市场信息化运营基础，提升现代化管理水平。加快电子交易基础设施建设，推动市场实行电子结算，创新市场交易方式，探索实体市场开展拍卖和网上竞价等新型交易方式，实现交易结算系统的电子化、信息化、数据化。加快电子商务系统建设，依托自身仓储、物流等优势建立电子商务平台，或借助现有的成熟电商平台开展电子商务，推动电商企业入驻批发市场开展集货经营，提升市场的价格信息采收、分析和发布功能，建设面向农民、农业生产经营主体、消费者及政府部门的现代信息服务系统，为进入市场交易的农户和采购商提供及时、全面、准确的产销信息，解决信息不对称问题。

7. 集群式集团化发展的趋势凸显　农产品产地市场仍是农产品流通的重要组成部分，一些市场经营者开始走集群式、集团化的发展道路。有的企业以农产品批发市场为中心，向生产、零售两头等延伸至整个农产品流通产业链条，推动农产品经营的市场化、产业化、信息化、品牌化、国际化；有的市场注重新技术、新模式的推广，在坚守公益性方向的基础上，推动传统业态与新兴业态的结合、线上与线下结合，不断拓展经营范围；有的农产品批发市场朝集团化、连锁化转变；此外，有些产地市场自发或在政府支持下与产地深化合作，形成具有紧密合作机制的产地市场体系，不仅提高市场的竞争力，更能显著带动当地特色产业的发展。

◆ 专栏：典型案例

辽宁省北镇市产地市场体系

北镇市窟窿台蔬菜批发市场有限公司的前身是北镇市窟窿台批发市场（图10-4）。该市场始建于1991年，是农业农村部最早命名的国家定点市场，建成时是东北地区最大的、全国排名第二的蔬菜专业批发市场。2003年，因乡镇合并，位于原窟窿台乡的北镇市窟窿台蔬菜批发市场与中安镇的中安蔬菜批发市场、五粮蔬菜批发市场合并，成立了北镇市窟窿台蔬菜批发市场有限公司。公司属股份制企业，其中自然人持股51%、中安镇政府持股49%。公司是商业部认定的双百市场工程重点扶持企业，是辽宁

图10-4　辽宁北镇窟窿台农产品产地市场

省农业产业化重点龙头企业，是中国农产品批发市场协会副会长单位。2015 年，公司辖下的中安蔬菜田头市场成为农业部田头市场示范点。2016 年，辽宁农产品交易集团与北镇市人民政府、北镇市窟窿台蔬菜批发市场有限公司合作，将原有市场改造升级成为集基地建设、中转集散、冷链物流、初深加工、大宗贸易、产地批发于一体的国家级大型农批市场及产地集配中心。

从 2006 年开始，为满足蔬菜产业发展需求和蔬菜采购商采购需求，公司通过自建和收购方式，不断增加下辖田头市场数量。目前，已形成包含窟窿台蔬菜批发市场、中安蔬菜批发市场、五粮蔬菜批发市场、大屯蔬菜批发市场、季家蔬菜批发市场、柳家蔬菜批发市场、新立蔬菜批发市场、大十字蔬菜市场、常兴翠隆蔬菜果品批发市场等 15 个产地市场在内的产地市场集群；形成了以窟窿台市场为中心，以黑山县、北镇市 15 个分市场为辅助的集群模式；辐射基地面积 100 万亩，年成交量 10 亿千克，年成交额 30 亿元；带动农户 20 万户，占当地农户总数 65％左右；是"东北第一大"产地型专业蔬菜批发市场。经多年探索，公司总结提炼出适合产地市场集群发展和管理的模式经验。

1. 产地市场集群模式　公司通过自建和收购两种方式建设田头市场，使其成为市场子公司。自建方式：公司根据地方蔬菜产业发展情况、农户出售蔬菜的情况，决定自建田头市场的布局，并在建设地地方政府的支持下，建设田头市场。收购方式是针对已建田头市场，如果该市场不能满足市场所在地蔬菜产业发展的需求，或经营不规范、欺农骗农，公司会收购原有市场，并按公司统一要求对市场进行改造，使其成为公司市场集群的一部分。

（1）管理模式。公司旗下的 15 个田头市场都采取"田头市场＋基地＋农户＋批发采购商"方式进行经营。各田头市场的管理制度、建设内容、交易流程、收费标准均由北镇市窟窿台蔬菜批发市场有限公司制定，且完全一致。公司采取统一核算制度，旗下的 15 个田头市场均为其子公司，无独立核算。因实行统一核算，避免了经营同一种蔬菜的田头市场之间的恶性竞争，有利于保护农民利益。

（2）市场职责范围。公司旗下所有田头市场向采购商和农户提供司磅、质量安全检测、供求信息和纠纷调解等服务。公司向采购商收取服务费，按成交量收费。所有田头市场不向农民、经纪人和场内其他服务人员收费。市场内经纪人、商品化处理和装卸服务人员均是自发形成。经纪人为采购商提供经纪服务，帮助其向农户采购农产品，按交易量收取服务费，标准自定。

2. 北镇窟窿台田头市场集群发展经验借鉴

（1）集群式发展，改变田头市场经营状态。公司旗下的田头市场，建设在不同村镇的蔬菜生产基地中，经营各村镇的优势农产品。各村镇农产品生产有季节性，但不同村镇农产品在生产季节上形成了互补。通过公司的统一核算、分散经营、按需聘用人员的管理方式，公司常年都有收入，能维持比较好的效益。

（2）统一管理方式，紧密连接各市场。公司采用统一管理、统一核算方式连接公司与各田头市场之间的利益。公司统一管理旗下的15个田头市场，田头市场管理层和工人的工资由公司统一发放，保证各田头市场遵守公司各项规定、按公司要求开展田头市场的经营和管理工作。另外，公司制定统一的考核奖励办法，通过给每个田头市场设立独立账目，对进行考核，年底根据各田头市场的收入对市场的经营管理者和普通工作人员进行奖励，以鼓励各田头市场做好服务，吸引客商和农户到市场交易。

（3）政府持股，为农户提供公益性服务。公司是股份制企业，企业由出资更多的个人负责经营，但因北镇市中安镇政府占有49％股份，公司为农户生产和流通做了大量公益性的服务工作。公司通过培训和组织菜农到外地学习、参观、考察等办法，提高农户素质；建立示范田，示范、推广农产品新品种和农业生产新技术；与金融部门协调，帮助农户获得贷款，用于温室大棚建设或化肥、种子、农机具等生产资料购买，有效推动了当地蔬菜产业的发展，促进农民增收、带动农业增效、繁荣农村经济。

第三节　主要模式

随着我国市场经济改革不断深入，新型流通业态和互联网技术的快速发展，农产品产地市场建设运营模式由最初的政府建设管理向多样化建设管理模式转变，产地市场的建设主体由政府单一主体向合作社、农产品流通企业、电商平台、农产品加工企业、超市、社区等多主体转变，产地市场的功能作用逐步完善，流通方式也呈现不同特点。根据产地市场建设主体不同，建设运营模式包括以下4类。

一、政府/村集体建设经营模式

产地市场是农产品优势产区流通储藏基础、最普遍、凸显公益作用的设施。有些农产品附加值低、生产季节性强，加之产地市场建设成本较高、盈利能力弱等原因，地方政府、村集体经济或者两者合作主导建设比较多见。例如，政府和村集体以土地、资金投资产地市场建设，采取全资或控股50%以上，成为产地市场的主要控股方。在运营方面有多种方式：一是运营主体政府派出管理机构、村委会等；二是委托农民合作社、民营企业、种养大户或劳动能手等在村镇有较强带动能力的个人管理；三是采用租赁经营方式，将市场租赁给第三方经营。例如，一些地区田头市场建设运营管理，采取"村社共建、资产分开、合作社管理运营、村集体实现固定收入"的模式，既发挥了田头市场的公益职能，又能激发经营主体活力，促进了产业发展，搞活集体经济，带动农民致富增收。该类建设运营模式在田头市场、区域性产地市场的建设运营中应用较多，此外，国家级洛川苹果市场也是政府建设经营模式的典型案例之一。

◆ 专栏：典型案例

河北省乐亭县冀东果菜批发市场

河北省乐亭县是传统农业大县，依托优越的农业生产条件，该县多年来培育形成了蔬菜、果品、畜牧、水产四大主导特色产业，先后荣获"中国鲜桃之乡""中国果菜十强县""全国农业产业化经营示范县""中国优质果品基地县"等多项荣誉。河北省乐亭县冀东果菜批发市场（图10-5、图10-6）位于唐山市乐亭县

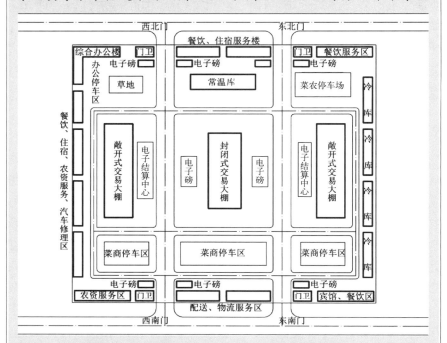

图10-5　河北省乐亭县冀东果菜批发市场平面布局图

图10-6　河北省乐亭县冀东果菜批发市场

新城区，距离唐港高速入口 5 千米、京唐港口 25 千米。市场始建于 1998 年 4 月，于 1998 年 11 月建成投入使用，市场总占地面积 20 公顷，总投资约 1 亿元。乐亭 80% 蔬菜与水果通过市场销往外地（京津唐、东北、长江以南等）。

1. 市场建设　敞开式交易大棚 2 座，共 10 000 平方米；封闭式交易大棚 1 座，共 6 200 平方米；预冷保鲜库 3 600 平方米；日加工能力 500 吨；综合办公楼和业务洽谈室 3 800 平方米；商贸营业楼 43 000 平方米；市场地面硬化面积 130 000 平方米。目前，市场具备果蔬集散、商品化处理、仓储运输、质量检测、信息发布、农资服务和餐饮娱乐等功能。另外，市场自建有网站，用于对外宣传和发布果菜行情。市场的果菜交易数据，如交易量、交易最低价、最高价、平均价、菜品种类等每日均上报农业农村部、商务部、国家发展和改革委员会等部门。

2. 功能划分　市场综合服务功能区分为市场行政办公管理区和市场服务区两部分。市场行政管理区对内主要为市场工作人员使用，对外出入口用于接待与业务洽谈，为进入市场的交易双方提供政策推行、招商引资、信息发布、税收、海关、工商、检验检疫、项目审批、后勤等一系列管理服务。市场综合服务区内主要包括宾馆、汽车修理、银行、邮政储蓄、派出所、食堂等设施；综合服务设施分布在市场周边，为市场交易商与经纪人提供生活服务。

3. 市场交易　市场内采用对手交易电子结算方式，双方凭借划价单过磅，过磅时出示结算卡并刷卡确认身份。买方持过磅单卸货，划价人负责验货并盖章确认。卖方凭借章确认后的交易单、联合结算卡到结算中心领取货款。买方凭结算卡到结算中心核对货款、缴纳服务费，并出具出门证。交易便结束、离场。

4. 市场管理　冀东果菜批发市场由市场管理委员会负责管理运营。管委会为正科级事业单位，共有管理人员 287 人，其中在编人员 150 人。市场管委会制定相应的管理制度，同时协助当地农业部门负责监管和农残检测，确保果菜安全。市场内农产品质量检测具备省级资质，质检采取快速抽检（抽检率 15％）方式，在市场内和田头分别进行，保证产品品质。

二、合作社建设经营模式

近年来，农民合作社不断发展壮大，截至 2018 年底，全国依法登记的农民合作社达 217.3 万家。合作社的经营规模、产品类型、服务范围不断扩大，产业链条不断完善，一些合作社也从单一的生产向二三产业延伸。合作社建设经营产地市场，主要是根据产业规模、产品特点、储藏流通工艺参数、关键设施设备等要素，自建或与家庭农场、运销企业、经纪人等合作共建、经营、享受投资收益和承担经营风险的商业模式。该种建设经营模式在农产品主产区村镇大量存在，一般通过"田头市场＋冷链（仓储、烘干）等设施建设＋运销主体"的模式，实现周边农产品集散。该种经营模式使农民进入市场成本更合理，应对自然风险和市场风险的抵抗力得到相应提高，并且可以为农民提供生产、供销、技术和信息等方面的服务，引导农民生产和销售。许多合作社经营主体通过投资建设产地市场，一方面服务社员，降低农产品损耗；另一方面可以打造自主品牌，提升产品附加值，掌握市场竞价权；同时，经营主体建设田头市场能有效保障农产品顺畅销售，促进产业良性发展；除此之外，合作社和经纪人所建田头市场可帮助农民解决农产品"卖难"问题，帮助农民获得更高经济回报，促进农民增收。

◆ 专栏：典型案例

河北省永清县瓦屋辛庄田头市场

永清县瓦屋辛庄田头市场地处河北省永清县西南部的龙虎庄乡瓦屋辛庄村西。河北省永清县紧邻北京大兴区。依托北京巨大的农产品销售市场，该地区自 1992 年开始大力发展无公害蔬菜生产，经过二十几年的发展，蔬菜产业逐步成为永清农民增收致富的支柱产业。在蔬菜产业方面取得的成绩得到了上级部门和领导的肯定和认可，2003 年被农业部确定为第一批"国家级无公害蔬菜生产示范基地县"达标单位；2006 年被中国农业大学农学与生物技术学院确定为"教学实习基地"。全县已获得无公害蔬菜认证的品种达到 68 个，绿色蔬菜达到 128 个，播种面积达 36 万亩，总产量达到 131.05 万吨，形成了深冬蔬菜、早春速生菜、秋延后果菜、露地菜四大特色蔬菜生产基地。永清县瓦屋辛庄田头市场建设在"永（清）、固（安）、霸（州）"3 县交界处，吸引方圆百里的蔬菜商贩到此交易。不仅解决了永清蔬菜的销售问题，也在很大程度上带动了固安、霸州的蔬菜产业发展。

　　该市场由兴瓦果蔬农民专业合作社筹资兴建，并拥有市场经营管理权，于 2001 年正式运营（2008 年正式在工商局注册登记），主要交易模式为菜商与农户自主随机现金交易。市场占地120 亩，其中商务办公区面积 3 500 平方米、交易大棚 20 000 平方米、硬化路面 58 000 平方米。市场内设有管理部、销售部、财务部、后勤部、治安科、检测站等多个部门，从业人员达 119 人。市场年交易蔬菜 58 万吨（全县蔬菜产量 168.5 万吨），蔬菜交易额达 5.8 亿元。

　　市场主要交易品种为黄瓜、茄子、番茄等，产品主要销往北京新发地、大洋路、石门等市场。发展至今，市场成为集蔬菜加工、蔬菜批发、质量检测于一体的蔬菜专业批发市场。市场先后与北京新发地批发市场、北京西城

图 10-7　河北省永清县瓦屋辛庄田头市场

区百舸湾市场签订合作协议，组建友好合作单位；并于 2011 年被评为廊坊市农业龙头企业。

三、下游流通主体建设经营模式

我国的下游流通主体包括农产品流通企业、销地市场、大型超市、经销商及农产品加工企业等。随着城市居民消费水平提升，消费者对农产品质量安全、产品品质和品牌意识也日益提升，倒逼销售企业和经营主体从产品流通端强化设施建设，确保农产品质量。此外，一些大型流通企业集团化、链条化发展，不断扩大产地网点布局，占据产地优势，从而降低流通成本。

流通下游主体建设经营产地市场模式，主要指由大型农产品批发市场、农产品流通企业独资或与当地政府联合投资、经营，享受投资收益和承担经营风险的一种产地市场商业模式，可有效控制农产品流通数量和质量。该种商业模式较为突出的案例，如辽宁北镇窟窿台产地市场体系，北京新发地、深圳海吉星等大型批发市场，在全国主要农产品优势产区的布局网点。此外，经纪人、经销商等主体通过代理收购和经销商直采及经销商订单收购型等多种方式，在农产品集中产区建立以预冷库、仓储等设施为依托的田头市场建设模式在海南省、广西壮族自治区等主要蔬菜生产基地较为典型。

◆ 专栏：典型案例

海南省琼辉万宁大茂农产品产地集配中心

海南省琼辉万宁大茂农产品产地集配中心由海南琼辉果菜冷冻保鲜有限公司投资建设。该公司成立于2004年12月，注册资金2 000万元，是乐东琼辉果菜冷冻保鲜有限公司的兄弟公司，是北京新发地企业集团下属的一家主营蔬菜交易的"菜篮子"工程骨干企业，主要从事现代农业开发、农产品生产种植、农产品收购、农产品冷藏保鲜加工。自2010年以来，市场先后获得"海南省农业龙头企业""优秀农业龙头企业""优秀农业企业""农业部国家级农业产业化龙头企业"等称号，是海南农产品现代流通综合试点之一。

海南琼辉万宁大茂农产品产地集配中心建于2012年，是农村集体建设用地，占地面积40亩。其中，冷库3 500平方米，交易集散区4 500平方米，加工、配送区3 500平方米，制冰厂175平方米，办公管理区600平方米（包括办公室、会议室、质量检验检测室和信息追溯室等），详见图10-8、图10-9。

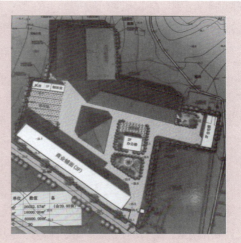

图10-8 平面布置图

图10-9 交易棚和冷库

市场负责帮助批发商雇用、组织当地人员进行分拣、分级和包装，计件或按天收费，分拣、分级设备由市场免费提供，包装箱另行收取费用。市场方负责冷库的操作、日常管理和维修、维护，冷库租赁方式包括包月和计件两种。海南的田头市场季节性明显，而且主供北方市场。

四、电商平台建设经营模式

近年来，我国农产品电子商务的快速发展，重塑了农产品供需匹配方式，提升了农产品质量安全水平，助推了精准脱贫和农民增收，拓宽了农村就业创业空间，促进了农村金融服务创新，对实施乡村振兴战略、深化农业供给侧结构性改革、构建现代农产品供应链、实施精准扶贫等方面具有重要战略价值。随着阿里巴巴的"新零售"与京东"无界零售"时代的到来,大型电商平台纷纷在农村设立物理网点,如阿里巴巴建立"村淘",京东、苏宁开设农产品特产馆。这些物理网点为农产品上行突破了"最初一公里"问题。产地流通的潜力被发掘,各大电商纷纷改变原有的物流供应链模式,缩短供应链环节,把仓储直接移到原产地,在产地仓布局上发力,农产品上行"最初一公里"物流问题有突破。

电商平台建设模式主要指电商平台通过自建或与合作社、地方企业等主体共同建设或租赁等方式,重点是制定和实施企业标准,提升农产品清洗、分级分拣、预冷保险、包装、储藏等农产品初加工和冷链运输设施装备水平,提供产地仓储、生产打包、前置分拣、运输配送等一体化服务。电商平台也从培养电商服务人员、设立网点等方式建立健全电商服务体系(该部分内容,详见电子商务模式部分)。电商平台产地仓运营管理思路为,将客户、系统、数据、供应链分享给上游合作伙伴,又通过产地仓及背后的整套包装标准降低生鲜产品的周转次数,降低损耗,大数据成为提高效率、降低成本、提高用户满意度的核心力量。

◆ 专栏:典型案例

菜鸟产地仓

菜鸟产地仓属于田头市场。2017 年 6 月 1 日,菜鸟在广州茂名建立第一个原产地仓,直接把物流系统接到产地仓,打造菜鸟"产地仓+冷链"模式。消费者的订单可以直接下发到产地仓库,由产地直接打包成包裹随着冷链车送往全国各地。既保证了原产地鲜果原汁原味的品质,满足消费者的新鲜口感,又实现了物流成本的最优控制。用以保障当地数万吨荔枝的全程冷链运输,"产地仓+冷链"模式的成功推出,不仅把茂名的荔枝销量和价格双双推向了更高的档次，而且把"互联网＋"电商销售模式推向了新的高度、广度和深度。

2017 年 12 月 26 日，菜鸟在瑞金黄柏乡凌角山设立农产品原产地仓，在原产地就对赣州脐橙进行逐一品质检测，确保广大消费者收到的脐橙来自赣州原产地，与线上销售承诺的规格、大小等标准完全一致，减少货品的不合格损耗。该产地仓覆盖周边 3 000 家种植户。经测算，从产地仓出发，通过一套完整的全球物流体系，赣南脐橙等水果的物流效率可以提高 50％以上，物流成本可以降低约 10％。产地仓有效解决当地脐橙等农产品的高效流转，同时为革命老区精准扶贫提供广阔的销售和物流平台。

2018 年 4 月份，在前期工作经验基础上，菜鸟联合天猫集团启动"神农计划"，宣布将在全国开设 100 个原产地生鲜仓库（简称产地仓），覆盖全国生鲜主产区，将工业级标准引入生鲜供应链全领域，用算法和黑科技帮助农户卖水果、运水果。产地仓建设主要集中在生鲜冷链方向。首个菜鸟原产地标准化仓库选址在陕西省咸阳市武功县，在两年内就将原产地仓扩大到了 100 个，覆盖所有的生鲜产区。

第十一章
农产品产地直销

长期以来，我国农业生产呈现出小农户分散经营的特点，作为农产品集散服务平台，产地批发市场成功解决了小农户与大市场对接的问题。随着合作社、家庭农场及龙头企业等农业新型经营主体的快速成长，农产品生产的规模化程度越来越高，逐步具备与销地采购商直接交易的能力。农超对接、农社对接、农企对接、农校对接等产地直销形式应运而生，成为我国农产品流通的重要补充。本章重点介绍农社对接、农企对接、农校对接等产地直销业态；农超对接模式将在第十二章详细说明。

第一节　概　　述

一、概念

农产品产地直销指，农产品生产者不经过中间环节，直接将农产品出售给消费者的营销形式；具体指农产品按照规模化、专业化、标准化要求组织生产，建设原料基地，进行产地初加工，再根据消费终端的要求，进行分级、整理、包装、储运、配送。

我国生产经营主体主要包括农户、家庭农场、合作社、新型农村集体、涉农企业等农业生产经营主体。消费终端包括机关、学校、餐饮企业、企业食堂、居民社区乃至具体消费者等。产地直销模式主要包括农产品生产经营主体与餐饮企业、学校、企业等团体餐饮对接，以及供应社区直销店，随着互联网技术和我国物流设施设备完善，出现了农产品生产基地直接配送社区家庭的高端配送模式。

二、特点

产地直销模式提倡农产品以"当地生产、当地消费"为目标，缩短运输距离、降低流通成本，确保农产品新鲜，保证食品安全。产地直销是贯彻绿色流通发展理念、满足市场消费需求及适应城市现代生活方式的有效模式。产地直销模式是一个以消费者为中心的垂直综合经营体系，具备以下特点。

1. 农产品生产的规模化　农产品产地直销对接主体如机关单位、学校、企业等食堂餐饮团体部门，以及酒店、餐厅、饭店等餐饮部门。这些对接主体特点表现在：农产品日消费量稳定，数量较大、品种多样。为满足这种消费者长期、稳定、消费品种、消费量大的实际需求，农产品生产经营主体需具备规模大、产品结构合理、生产稳定的生产基地。一般生产经营主体会联合集中其他有能力的主体或农户生产一定规模与标准的农产品满足消费者的需求。例如，在 2017 年大连市蔬菜直通车实施方案中，提出要申报主体拥有自营标准化蔬菜基地 500 亩以上或联营标准化蔬菜基地 3 000 亩以上，其中设施蔬菜种植面积在 200 亩以上，并与本市基地和农民专业合作社签订长期蔬菜供应合同；农民专业合作社辐射基地面积在 1 000 亩以上。规模化的特点也使得在流通体制上实现农户分散面对消费者到合作组织面对消费者的转变，有效提高单个农户的抗风险和议价能力。

2. 农产品标准化　农产品产地直销是一个标准化支持的系统，标准化的生产方式是直销模式运行的必要前提。农产品产地直销对接团体餐饮主体或个体消费者，直接提供给相对集中、固定的消费群体，如职工、学生、餐厅消费者等；对产品质量、产品供应持续性、稳定性及产品服务的反馈意见，都会成为持续合作的重要原因。农社对接中的直销店、高端配送等方式都直接对接消费个体，产品价格、产品品质、消费体验等直接决定消费者是否继续购买的重要原因。因此，农业生产、农产品商品化处理及农产品流通服务等产业全链条标准化要求，能有效倒逼农业生产经营方式的规范化，提高产品品质，提升服务水平，为打造品牌农产品、营造主体良好声誉奠定基础。

3. 生产管理专业化 专业化贯穿农产品产地直销模式的各个部分，特别体现在专业的生产过程，保证农产品产地直销的农产品质量和价值。农产品产地直销消费主体涉及服务对象数量较多、需求品种丰富，且涉及群体的饮食卫生安全和健康标准更高。特别是企业、学校等团体消费群体对农产品质量安全要求更高，对农产品生产经营主体在农产品生产环境、种子、化肥、农药等生产投入品质量及农产品商品化处理卫生环境、农产品运输环节等各方面要求严格；甚至一些餐厅、社区配送的高端消费者要求农产品全程质量可追溯，要求农业生产经营主体需要具备专业的生产技术管理水平，生产过程中要严格农业投入品的使用，农产品采收初加工和冷链物流等设施、工艺实现更加规范化、专业化的服务。

第二节　发展现状

一、基本现状

我国农产品产地直销从 20 世纪 90 年代就已经开始了，最初以订单农业的形式出现，后来逐步发展形成品牌农业、城市超市、连锁商店、社区农产品产地直销店等多种形式。2000 年以后，直销批发市场、直销连锁店、直销窗口等直销形式在我国部分省市出现，以长江三角洲城市群发展最为典型，如上海、江苏等地发展尤为迅速，而且逐步出现农产品产地直销跨区跨国的新趋势。

进入 21 世纪以来，我国优势农产品区域布局规划推进实施，我国农产品生产的区域化、规模化、专业化水平显著提升，一批新的优势产业区稳步发展壮大。与此同时，农产品生产集中度的提高与消费的普遍性之间的矛盾，既创造了流通的机遇，也增加了"卖难"的潜在风险。同时，一些大中城市蔬菜供给率不断降低，一些地区"菜篮子"市长负责制弱化，措施不落实，蔬菜生产水平和组织化程度低，流通设施能力不足，部分大城市蔬菜自给率过低，蔬菜价格大起大落、农民"卖菜难"和居民"买菜贵"并存等问题日益突出。许多地方政府为解决农民增收和市民"菜篮子"问题，纷纷制定相应政策推动农产品产地直销模式的进一步深化。在传统的农产品批发市场方式下，借鉴"农超对接"发展经验，农业农村部联合相关部委多措并举以农校对接、农企对接及农社对接为主的农产品产地直销方式，解决农产品"买难卖难、买贵卖贱"的突出问题。

1. 农校对接　农校对接是我国农业农村部等有关部门基于农超对接工作成功开展的经验基础上出台的新型农产品"产-供-销"试点模式，为优质农产品进入高校搭建了平台，建立起农户（合作社）和高校食堂的"产-供-销"渠道，通过缩减农产品销售过程当中的环节、降低销售成本的方式，使"农校"之间建立起长期、稳定供销关系的一种新型农产品流通模式。2009年11月，教育部、农业部和商务部办公厅联合印发了《关于高校学生食堂农产品采购开展"农校对接"试点工作的通知》（教发厅〔2009〕8号）。2010年7月27日，教育部和农业部在天津市联合举办了首届农校对接洽谈会。2011年8月，教育部、国家发展和改革委员会、财政部、国家食品药品监督管理局、国家税务总局联合印发《关于进一步加强高等学校学生食堂工作的意见》（教发〔2011〕7号），把农校对接列为长效后勤保障体系的重要内容。2011年8月17日～19日，教育部、农业部和商务部在山东省济南市联合举办了第二届全国农校对接洽谈会。2012年7月27日～29日，教育部、农业部、商务部和中华全国供销合作总社在西安市联合举办了第三届全国农校对接洽谈会。其目标之一是开拓农产品的销售渠道，使农民的收入实现增长；另一个目标是降低高校食堂采购成本，保持高校饭菜价格稳定、建立高校食品安全源头追溯体系，促进高校的和谐稳定。随着农校对接政策支持和地方的努力，北京、上海、天津、重庆、山东、广东、安徽、陕西等地的高校均不同程度地采取农校对接，实现农产品供应。

2. 农企对接　随着农超对接、农校对接等农产品产地直销模式的兴起，农企对接作为农产品产地直销流通模式的一种也得到较快推进。从1996年开始，为改变蔬菜小规模流通的格局，上海市政府开展了蔬菜直销发展之路。2009年，宝山区的5个农村合作社与相关企业签订了《蔬菜产销协议书》，将 5 个合作社作为企业的蔬菜基地，在实现蔬菜直销的同时也保障了蔬菜的食品安全。随着"菜篮子"工作的推进，2009 年，农业部在农超对接、农社对接试点基础上，提出拓宽农产品流通渠道，大力发展农企对接等农产品产地直销模式。

其中，与餐饮企业的直接对接是农企对接的一种方式，具体指餐饮企业借助自身的优势，为了节省采购成本，将纵向一体化战略渗透到农产品的生产环节中，保障农产品可以由产地直供餐饮企业的一种农产品创新流通方式。农餐对接在北京、上海、天津等一线城市发展迅猛。2011 年，在北京市商务委员会的大力推动下，农餐对接模式在各区县如火如荼地实施；到 2014 年，参与试点的餐饮集团已扩大到 23 家，涉及 250 多家经营网点。2014 年 1～11 月，农产品生产基地或农产品合作组织为所有试点餐饮集团企业供农产品原料 8.5 万吨，同比增长 29.3%；其中，北京市 6.6 万吨，占 78.5%。据统计，截至 2014 年，天津市商务委、农委、教委等部门共同努力与推动，为农餐对接搭建了平台。目前，狗不理集团、百饺园、友鹏海鲜、月坛酒店、宝轩集团、大岛酒楼、鱼酷烤全鱼和鸿起顺等 120 余家大型餐饮企业与傲绿、黑马、水清源、曙光沙窝萝卜、滨泰农民合作社等 30 余家农民专业合作社及重点农产品生产基地签订了有关蔬菜等农产品的直供合作协议，"餐饮企业（部门）＋基地"蔬菜产业链模式已在天津市形成一定的规模及覆盖面。

3. 农社对接　农社对接也是借鉴农超对接的一种新发展模式。2006 年前，在江苏、上海等地区已有出现。2006 年以后，针对蔬菜流通环节多、农民卖菜难和居民买菜贵等问题日益突出，各地探索开展了农社对接。2006—2011 年，上海社区服务菜点从 8 个发展到 72 个，受益居民从 1 万多人次增加到 50 余万人次，供应的菜品从 12 种增加到 45 种。在市内各农贸市场优先安排农民专业合作社自产自销摊位，支持合作社开展标准化生产，加强农产品快速检测、储藏加工、保险服务、物流配送能力建设。2011 年，农业部启动了农社对接试点，从农民专业合作经济组织建设项目中安排专门经费，支持北京、湖南、烟台等地开展试点，引导合作社与城市社区开展对接。2011 年，合作社开设直销点（店）5 342 个，销售金额约 95 亿元。2012 年，中央 1 号文件提出支持农民专业合作社在城市社区增加直供直销网点的要求。2012 年 4 月，农业部下发了《关于抓紧确定农社对接试点城市的通知》，13 个省份在 63 个城市申请启动农社对接试点工作，并制订了相应试点方案；7 月，农业部下发了关于同意开展农社对接试点工作的批复，在 13 个省份在 63 个城市启动了农社对接试点工作。2013 年，农业部办公厅印发《农业部 2013 年为农民办实事工作方案》的通知，大力开展农社对接，支持引导农民专业合作社在部分城市社区设立直销店，开展鲜活农产品直供直销。2013 年 5 月，农业部经管司、经管总站下发关于开展农社对接工作的通知。2013 年，农业部在陕西宝鸡召开了"2013 农社对接交流会"，时任农业部副部长陈晓华对各地试点情况进行总结，提出农社对接显著成效和存在的突出问题，进一步深化了农社对接开展的重要意义，并明确了农社对接的工作思路和任务。

与发达国家相比，我国农产品产地直销发展迅速，在发展初期已经显示出了较强的优越性，且发展潜力巨大。作为农产品销售的新方式，直销依托农业生产基地，绕开了农产品经销商、农产品批发市场、农产品批发商等农产品供应链节点，通过农产品生产者与企业、工厂、机关等单位食堂对接、与农产品社区直销店对接、农产品社区配送等方式，直接把农产品从农户送到消费终端，极大限度地减少了农产品流通环节，成为农产品流通服务的重要组成部分。

二、发挥的作用

经过 20 多年的发展，农产品由初始的订单农业向农产品产地直销转变；如农产品生产基地与机关、工厂、企业等单位市场的对接，逐步向农产品产地直销店、社区直销等方式转变。农产品产地直销以"照顾农民利益，惠及消费者"为理念，农产品产地直销成为保障农户增加收入、顺畅农产品流通的新渠道，在促进农产品流通、保障农产品供应方面发挥了重要作用。

1. 解决城市居民"买难、买贵"的问题　农产品产地直销是保障农产品供给、稳定市场价格的具体举措。近年来，我国农产品价格波动加剧，"菜贱伤农、菜贵伤民"的现象时有发生，对产业持续发展造成了严重损害，也在一定程度上影响到宏观经济发展和城乡居民生活。造成这种波动的原因很多，既有农产品生产的季节性、区域性带来的供应不及时、不均衡，也有生产经营的组织化程度低、信息不对称导致的生产盲目性。随着我国新型经营主体的快速发展，在一些地方如北京、长江三角洲、珠江三角洲等城市群体已经具备了鲜活农产品从产地直接进社区的基本条件，可以根据市场需求，及时调整产品结构和生产规模，跨区域合理布局农产品生产，实现农产品常年均衡供给，保持农产品价格合理水平。

产地直销方式最大好处就是免去了中间环节，直接面对消费者，降低农产品流通成本，通过直采可以降低流通成本20％～30％，给消费者带来实惠。农产品产地直销模式缩短农产品供应链，减少农产品流通环节，提高农产品的供应效率，实现农民"菜园子"和市民"菜篮子"短时间、高效对接，成为解决城市菜价居高不下、城市居民购置鲜活农产品"买难、买贵"等问题的有效方式，有利于消费者以合理的价格获得物美价廉、放心新鲜的农产品，是我国致力于保障民生的一项长期举措。

2. 解决农户"卖难、卖贱"的问题　习近平同志指出，检验农村工作成效的一个重要尺度，就是看农民的钱袋子鼓起来没有。我国农民收入增长连续多年高于城镇居民收入增幅和国内生产总值增幅，城乡居民收入比逐步缩小，但农民收入水平总体不高，城乡居民收入绝对差距仍然很大。受生产成本"地板"抬升和农产品价格"天花板"限制的双重挤压，农民家庭经营收入难以大幅增长。农产品产地直销可以提高农民收入20％左右，并且提高农民进入市场的组织化程度，有效规避农民分散经营产生的风险，降低生产成本，为农民提供一种增收致富的有效途径。

开展产地直销是农民分享产后环节利润、拓宽增收渠道的现实选择。我国农户家庭经营收入和工资性收入仍是农民增收的两大主要来源。受我国宏观经济增速放缓影响，农民务工收入难以持续高速增长。要实现农民收入倍增目标，就必须稳住和加快家庭经营收入增长速度。农产品产地直销为订单生产方式，便于农户建立稳定的销售渠道，降低农户生产盲目性，稳定农产品销售渠道，同时提高生产者价格，增加经营性收入，还能延长产业链条，为成员提供新的就业机会，增加工资性收入。利用主体自身网络渠道销售或者专业的物流公司运送，减少中间环节，降低流通成本，降低采购环节费用，将更多利益留给了农民和消费者，对建立农产品现代流通体制、增加农民收入和促进城乡统筹协调发展具有重要的现实意义。

3. 提升农产品供给质量 随着居民收入水平提高，消费者对农产品质量安全提出了更高要求，不但要吃得饱，还要吃得好、吃得营养健康。农产品产地直销方式一般会要求农产品生产经营主体按照学校、工厂、客户等消费者提出的品种、数量、质量要求进行生产。产地直销方式让农民的"菜园子"走进市民的"菜篮子"，使生产者与消费者面对面，产品质量好不好、消费者买不买账直接影响到合作社经营状况。

消费者可通过实地考察、农产品质量监测报告或是抽检等方式检验农产品质量安全生产的情况；甚至一些高端消费群体，要求农业生产者需在生产基地配置 24 小时在线可视化生产监控体系，从而对生产者的绿色生产起到一定的监督作用。这就使得农产品生产经营主体更加注重消费者需求，进一步增强质量安全意识和诚信意识，发挥好自我管理、相互监督的内生机制，组织成员大力推行标准化生产，保障农产品质量安全，实现农产品质量从农田到餐桌的全过程控制，提高农产品质量安全水平。

此外，农产品产地直销模式有利于整合农业生产资源，推进生产规模化、标准化、专业化，有利于提高我国农产品的国际竞争力，实现农业现代化与品牌农业战略。

第三节 主要模式

按照对接主体类型，农产品产地直销主要分为农餐对接和农社对接两种模式。

一、农餐对接

农餐对接也称农产品直供，指农产品生产加工者不通过中间环节直接将生产加工的农产品供应给餐饮企业（食堂、宾馆、饭店）的一种销售模式。主要指农产品生产者与规模大的工厂、学校、企业食堂及餐饮企业主体等对接，又可称为农民合作社与团体食材用户的生鲜产品直采运销等，主要表现为以下模式。

1. 农厂对接　指农产品生产者与工厂食堂签订采购合同，根据工厂食堂餐饮品种、质量、标准要求，生产并集配农产品，满足工厂食堂需求。

2. 农企对接　指农产品生产者与企业食堂采购之间签订采购合同，并形成终端间的直接供销关系。根据企业餐饮提出的产品品种、质量监管、卫生标准等要求，生产并集配农产品，满足企业食堂餐饮需求。

◆ 专栏：典型案例

辽宁省辽阳盈利蔬菜种植专业合作社与鞍钢集团对接

1. 合作社基本情况　辽宁辽阳盈利蔬菜种植专业合作社位于辽宁省辽阳市辽阳县黄泥洼镇西岔子村，全村 3 000 多亩旱田全部种植了蔬菜。2008—2010 年，全村建大棚 1 300 栋。该村成立了富民菜业公司，组织农民组建了辽阳盈利蔬菜种植专业合作社，修建了冷库和蔬菜育苗中心，生产的蔬菜注册了"辽富"商标，通过了绿色、无公害食品认证。全村年产蔬菜 22 000 吨。合作社紧密结合本地实际，不断延伸产业链条、开拓市场空间，使全镇蔬菜生产得到迅速发展，创出了农业品牌，以订单农业的方式带动周边乡镇的蔬菜生产。采取了"公司＋合作社＋农户"的产业运行模式，即由公司为农户提供种植品种、生产订单、生产技术服务、销售信息等全面服务，农户以资金和劳动力入股合作社的方式自愿参与经营。经过艰苦创业，在应用科技成果转化、推广先进实用的新技术、新品种方面取得了明显成效。2012年被农业部授予"全国农民专业合作社示范社"光荣称号。2015年8月，合作社与鞍钢集团签约，成为长期战略合作伙伴，从2016年1月1日开始，为鞍钢集团在鞍山和鲅鱼圈地区的89家市场供应全部所需蔬菜，是农企对接的典型案例。

合作社通过土地流转建成生产基地3 000亩，现有辽沈Ⅳ型育苗温室20栋；高标准恒温保鲜库5 000平方米，可一次性制冷蔬菜300万千克；腌制品加工车间2 000平方米；建成GP－L8－4型联动式工厂化蔬菜育苗温室2栋，面积10 000平方米，年育苗能力达4 000万株。合作社生产蔬菜在辽阳市信誉好，通过与辽阳市供销资产管理有限公司合作，在辽阳市内开设了35家农产品产地直销（连锁）店，在为居民提供放心菜、便宜菜的同时，也收获了良好市场反应。合作社生产的蔬菜都获得了无公害产品产地认定，大白菜获得了绿色食品认证。此外，合作社十分重视产品分拣中心等车间环境卫生安全，制定严格的操作卫生制度，要求车间工作人员在进入操作间前要穿好工作服，同时要对手部及工作靴进行消毒杀菌。

2. 产品要求　一是绿色安全生产。在生产过程中，鞍钢集团要求合作社必须使用农家肥，农药必须是生物有机的及低毒农药。合作社不仅施用腐熟农家肥，同时还对蔬菜种植管理进行全程记录，对蔬菜病虫害防治采用杀虫灯、防虫网、性诱剂、黄板等物理方法，减少农药残留。二是质量把关。企业要求每天配送的蔬菜都要有检验报告。辽阳市政府为合作社农产品检测中心提供了场地及检测设备。合作社为企业配送之前，都会对所有品种蔬菜进行抽样检测，并将检验报告提供给企业。同时，每天的检验报告都会及时上传到辽阳市农产品质量检验检测中心的平台上，方便查阅。每个月，辽宁省质检站也会对合作社生产的产品进行检测。多重检验，为企业与合作社的长期合作奠定了扎实的基础。对于出厂产品，合作社都要求进行农残检测，不合格产品不得出厂，确保蔬菜质量安全。三是产品品质要求。除检验报告外，企业还要求每天配送的蔬菜外观、品质都要好，要达到一等菜的要求。

3. 对接要求 一是明确产品品种。每天各食堂需要什么蔬菜，都在前一天将订单品种发给合作社备货。合作社种植有西红柿、水黄瓜、尖椒、芸豆、菜花、甘蓝、大葱、芹菜等 17 种蔬菜，但并不能完全满足企业所有食堂对蔬菜品种的需求。因此，除合作社自己生产的蔬菜外，各企业食堂需求的其他蔬菜由合作社代为采购。在所有配送的蔬菜中，合作社生产的蔬菜占80%。另外，所有代采购的蔬菜也需要经过检测，并出具检测报告后再一同配送。二是确定配送时间。对于鞍钢集团 89 家食堂蔬菜的配送，企业要求每天的配送时间为上午 7 点～9 点，配送人员要着装干净整齐，配送时要出示健康证及车辆运输许可证等。三是物流要求。合作社拥有 15 辆配送车，其中有 5 辆面包车、10 辆小型厢式货车。由于城区内不允许厢式货车进入，在市区内的 18 家幼儿园及 10 家服务公司由面包车配送，剩余集团各厂区食堂由小货车配送。合作社自有配送车都配备恒温厢货，足以保障企业对蔬菜配送需求。

4. 蔬菜集中上市时的销售渠道 在蔬菜大量上市时，合作社所生产的蔬菜主要供应还是面向市场，但同时也要保障鞍钢集团的订单供应。对此，合作社将70%的产量用于市场销售，剩余的30%供应合作社在市内的 35 家门店。鞍钢集团各食堂的蔬菜需求可由各门店内调配，这样也能够保证企业订单与市场销售相互不受影响。

3. 农校对接 农校对接就是农产品生产者与学校教职工食堂、学生食堂等签订合作协议，具体指农民专业合作社、农业生产基地等与高校食堂采购之间形成终端间的直接供销关系。

◆ 专栏：典型案例

上海交通大学与农产品生产基地对接

上海交通大学的 15 个食堂承担着 4 万多名大学生日常饮食和营养摄入的责任，另外还包括 7 200 多名教职工的日常饮食。为提升餐饮产品质量安全、降低学生和教职工的消费成本，2010 年，上海交通大学由校长助理亲自挂帅，组成了以后保处、后勤集团和饮食服务中心为领导的农校对接实施班子。对上海交通大学闵行校区、徐汇校区、七宝校区及重庆路校区地域特点和周边可利用农副产品资源进行调研与分析，在保证农产品质量安全的前提条件下，根据学生及教师的消费水平，缩短农产品从田间到食堂的运输路程和时间，结合农产品的价格，综合各方面的因素进行农产品的统一采购。

（1）与上海颛桥农业科技试验场合作。上海颛桥农业科技试验场是政府支持的农产品实验基地，蔬菜品种多、质量好；农业技术试验场采用按需生产方式，蔬菜等产品不提供市场，产量较少，只能供应区域内的部分食堂，符合上海交通大学档位多、每日所需蔬菜品种多的要求；而且离闵行校区只有 10 千米的路程。上海交大饮食服务中心与试验场达成合作协议，在确保上海交通大学每日采购量的情况下，再提供给其他食堂。

（2）与政府扶持的蔬菜专业合作社合作。上海春蔓地蔬菜专业合作社是闵行区政府扶持的蔬菜生产基地，蔬菜质量好，能满足上海交通大学对某些蔬菜品种大用量的需求。同时，根据蔬菜市场价格一周一定价，避免采购价格波动太大，确保价格的基本稳定。自 2012 年，上海交通大学与奉贤区农委签订了《上海交通大学后勤集团与奉贤区农委合作框架协议》。上海扬升农产品专业合作社与上海交通大学饮食管理服务中心签署了合作协议，合作社成为上海交通大学后勤集团农校对接扬升直供基地。上海扬升农产品、专业合作社将立足"安全、优质、高效"的服务宗旨，面向交大师生提供食堂农产品配送、特色蔬菜套餐订购、优质果品直销等特色服务；并以此为基础，辐射带动区内其他农产品示范基地进入上海高校食堂集成配送平台，实现农产品产地直销。

（3）与区域内蔬菜基地保持稳定合作关系。上海松叶农产品配送有限公司是闵行区内蔬菜供应较大的蔬菜基地。优势是蔬菜产量大，配送服务规范，能满足对蔬菜加工要求比较高的要求，如莴笋、丝瓜送来时需去皮等特殊要求。

通过以上 3 类合作渠道，上海交通大学初步构建了农校对接平台，并取得了显著的成效。一是减少环节、降低成本。通过实施农校对接，农产品直接从田头、基地和生产企业送到学校食堂，减少中间商、批发市场等中间环节，降低了农产品流通成本。学校采购价格按不同的供货方式可以降低 10%～25%，农户增收提升了 10%～15%。二是保证质量安全，倒逼农业生产标准化。合作社、农业科技试验场及配送中心，按照上海交通大学饮食服务中心采购生产基地建设条件准入评估标准入围供应名单，同时定期接受上海交通大学供货情况的复评；并按照要求对每一批都可进行源头追溯，确保送到食堂的农产品安全可靠。因此，农产品生产经营主体须不断提升农业生产、加工流通的标准化、规划化水平。

4. 餐企对接　　餐企对接指餐饮企业实施纵向一体化战略，发挥自身优势，采用多种形式向农产品生产环节进行渗透，保障农产品由生产地直供餐饮企业的一种农产品创新流通方式。农户将农产品通过专业化农业企业、农业合作社及农产品基地等方式组织起来，集中向餐饮集团供应新鲜食材，实现与餐饮集团对接的农产品产地直销模式。

与传统的企业、工厂、学校等后勤采购方式相比，农餐对接绕过从农产品流转中赚取差价的各级批发商，实现农产品与餐饮企业直接对接，减少了中间环节及农产品在流通过程中产生的损耗。此外，农产品生产经营主体在农产品的生产、加工环节中制定了较为严格的控制标准，既实现规模化经营又生产出高品质农产品。因此，农餐对接的实施有利于促进农产品订单式生产，提升农业标准化种植水平，促进农民增收；建立可追溯源头的食品安全保障体系，识别出发生问题的根本原因，提高食品安全水平，给消费者带来保障。

◆ 专栏：典型案例

呷哺呷哺餐饮公司与农产品生产基地

北京呷哺呷哺餐饮管理有限公司的具体操作步骤：首先，物流与采购部门进行订单汇总，向门店核实后直接下达到相关合作社、企业或基地，这些订单由餐厅各个门店在当天中午12点之前在信息管理系统上填制；而后，企业、合作社或基地根据呷哺呷哺公司下达的订单，在当天下午完成采摘、分拣等物流作业，而且在当天晚上12点之前运送到物流配送中心；最后，物流配送中心对蔬菜进行接收、检测及分拣等物流作业，在第二天早上8点前将其配送至各个餐厅门店，实现了生鲜蔬菜24小时配送机制。其作为首批试点单位之一，是成功实现农餐对接的典范，已经与大兴区、房山区、通州区等多个专业合作社签订了长期稳定的供货协议，订单种植总面积达5 000多亩。农餐对接模式的实质是餐饮企业与农户的对接，消费与生产的对接，小生产与大市场的对接。这些做法不仅缩短了生鲜蔬菜从田间到餐桌的距离，而且创造了农户对接媒介，形成了农业合作社、专业化农业企业及农业生产基地与餐饮业企业等参与主体互利共赢的局面。

二、农社对接

农社对接指由农产品生产基地到社区居民的点对点的直销模式。由农业生产的组织者向社区的消费者直供农产品的新型流通方式，主要是为优质农产品进入社区搭建平台。农社对接的本质是将现代流通方式引向广阔农村，将千家万户的小生产与千变万化的大市场对接起来，构建市场经济条件下的产销一体化链条，实现农民、消费者共赢。近年来，随着农社对接这一农产品流通模式的兴起，各地方结合自身特点，逐渐探索出 4 种典型的农社对接发展模式。

1. 社区门店　社区门店指农民专业合作社在城市社区设立专门的直销门店，销售生鲜农产品；有固定的营业场所，营业时间长。社区门店的农产品具有价格便宜、质量有保证、购买方便等特点。

◆　专栏：典型案例

南京市六合区金田农产品合作联社农社对接

　　六合区东沟镇是南京市主要蔬菜种植基地之一，常年种植蔬菜面积 1 000 公顷。2010 年 12 月，南京金田果蔬专业合作社成立，同时以数十万元年租金租下迈皋桥附近一家倒闭的菜场，以蔬菜直销模式向市民提供新鲜蔬菜。为了稳定货源、保证市场供应，南京金田果蔬专业合作社创新理念，于 2011 年 3 月，联合东沟镇六合区兴渔水产专业合作社、六合区金塘肉鸽专业合作社、六合区华英养猪专业合作社、六合区新翔蔬菜专业合作社、南京金田果蔬专业合作社、南京佳培蔬菜种植专业合作社 6 家农民专业合作社，成立六合区金田农产品专业合作联社，注册社员 1 000 多户，涉及水产、果蔬、畜禽等。合作联社在南京城区开设迈皋桥、雨花西路两家直营店，每天直接销售从东沟镇刚摘的新鲜蔬菜，菜价比周边市场低 20%～30%，深受南京市民欢迎，蔬菜供不应求。合作联社每天从社员手中收购农副产品直接运到市区销售，收购价格高于商贩的价格，作为合作社社员可以享受年底分红。为弥补直营店销售门面狭窄、在群众中知名度不高等缺点，联社还主动与市工商、物价、质监、农委等部门联合，不定期在南京市区的各个社区举办地产蔬菜直销，真正做到还利于民、丰富消费市场，带动了 1 000 多农户增收致富。

金田合作社构建了以"合作联社＋合作社＋社员＋农户"的农产品生产模式，与城市居民之间形成了"农户＋合作社联合社＋社区门店＋城市居民"的直供直销模式，在农户和城市居民之间架起一座直通的"农居"桥梁，为促进农民增收、解决城市居民菜价高等问题做出了有益的尝试与探索。

2. 车载市场　车载市场指由政府划定特定区域，由合作社借助车辆开放式限时销售，开展产地农产品"新鲜直达进社区"促销活动，实现合作社对社区居民的直供直销（图 11 - 1）。一般采用薄利多销的经营策略，销售价格平均比周边菜市场低 15% 以上，营

图 11 - 1　车载市场示意图

业时间较短，集中在早晚或周末。车载市场对场地要求不高，通常以运输车辆为载体进行销售或搭建临时性销售柜台，资金投入较少，运行风险较低，能保证新鲜农产品直接从田间地头进入餐桌。

◆　专栏：典型案例

大连康福达集团农社对接

大连市政府为了贯彻落实国务院办公厅《关于"菜篮子"市长负责制考核办法》，解决中心城区"远、高、偏"社区居民"买菜难、买菜贵"和农户"卖菜难、收益低"的民生难题，2017 年下发了《大连市蔬菜直通车进社区实施方案》，明确"蔬菜直通车主体"申报条件、申报流程及主体要求等，采取"统一管理办法、统一标志标牌、统一车型类别、统一销售时间、统一准入标准"的定点销售模式，在中低收入生活群体较多、缺乏蔬菜市场的密

集社区内，设立"蔬菜直通车"固定停靠点；蔬菜的供给企业采用招标的形式确定，合同期为1年，准入门槛要求在大连市蔬菜种植面积达到200公顷以上、流转土地面积达到333公顷以上，具备相关资质和良好口碑，所经营的蔬菜必须经过严格的农产品质量安全检测，并可追溯到生产源头。2018年5月起，大连开展了"蔬菜直通车"进社区试点，2018年12月进入全面实施阶段。

康福达集团有限公司为大连市首家蔬菜直通车实施单位，成立于2012年11月。公司经营范围包括农业技术开发，以及蔬菜、食用菌、花卉、水果、苗木的种植等。康福达集团下辖3个农民专业合作社，拥有1万多个蔬菜大棚及大型食品加工园区，为农副产品提供充足保障。集团在大连市多个社区设立了车载市场，集团有10多辆流动直销车，蔬菜直通车试营业时间为每天上午6点～9点，下午3点～7点，可根据各社区居民的消费需求适当调整营业时间；主要销售蔬菜、水产、禽蛋和肉类，经营的蔬菜品种不少于20种，销售价格低于周边蔬菜零售市场15％～20％；所经营的蔬菜经过严格的农产品质量安全检测，并可追溯到生产源头。

2018年12月5日，康福达集团将蔬菜直通车由过去的棚式、车式改造成目前完全适用全年运营的厢式结构。进入冬季后，居民在户外的厢式货车上买菜很不方便。在沙河口区锦霞北园22号楼下，一个宽3.5米、长8米的集装箱改造的小房取代了以前的蔬菜直通车摊点，厢体内宽敞明亮，配备了空调、电暖器等设备，居民进来买菜时也不会因为天气寒冷而犯愁，厢体内涵盖了菠菜、茄子、土豆、白菜等几十种蔬菜、水果和豆制品。作为蔬菜直通车摊点的有效补充，体验店涵盖了蔬菜、水果、豆制品、粮油、肉禽蛋等50多种，充分满足居民的食品安全互动、体验等，店内商品的销售价格均执行蔬菜直通车的惠民价格。

3. 综合展销　综合直销店指单个合作社或多个合作社组成联合社在城市设立综合销售门店，主要经营合作社的农副产品、加工品，及名优特产，并开展产品展示、洽谈等业务。一般适用于经济实力强的合作社与城市社区进行对接。

◆ **专栏：典型案例**

吉林省帝健绿色禽类养殖专业合作社直销店

吉林省帝健绿色禽类养殖专业合作社位于吉林省敦化市翰章乡。合作社是延边地区首家经省工商局批准冠以吉林省区划名称的农民合作社。合作社产品"帝健 A＋E"鸡蛋，采用长白山特有野生植物、享有国家专利的"多种野生植物配合饲料"饲喂蛋鸡生产，生产的鸡蛋无激素、无药残、无腥味、口感醇香。"帝健 A＋E"鸡蛋被认证为"绿色食品 A 级产品"，多次参加中国蛋品科技大会、农博会，打造了自主品牌。

考虑到产品的品质、附加值、生产能力和市场需求等因素，合作社在进社区的经营方式上主要采取了综合直销店（图 11-2）。综合直销店主要与社区消费者面对面直销。合作社开设了面积 200 平方米的综合销售门店，集产品展示和业务洽谈等多项功能于一体。

图 11-2　吉林省帝健绿色禽类养殖
专业合作社直销店

目前，直销店已发展会员 3 000 多户，产品销售实现了店面直采和电话购买。目前，合作社年销售额 310 多万元，通过农社对接直销的产品占 95％。

为做好综合直销店，方便社区群众，打造品牌，合作社重点抓了以下 3 个方面。一是保鲜。鸡蛋保质期短，夏季约 7 天，春秋冬约 45 天。在保质保鲜上，成员生产的鸡蛋当天收购、当天喷码包装、当天上架销售，上架产品定期更换，确保产品质量。超过保鲜期的鸡蛋全部销毁，过期鸡蛋不准进入市场。二是采取会员制。合作社的鸡蛋销售采取会员及会员积分制。会员购买产品每花费 1 元积 1 分，每达到 666 分送 70 元的森林鸡一只，积分达到 10 000 分免费长白山一日游。此外，在会员生日当天，送价值 108 元的 2 星鸡蛋一箱，重大节日会员购货享受打折。三是便民。为方便社区居民尤其是老年居民购买产品，合作社设立了专门的订货电话，市内购蛋满 50 元，免费送货上门，同时承诺包送、包换、包退、包满意的"四包"服务。"帝健 A＋E"品牌已得到了消费者的认可，在当地市场已经家喻户晓。

4. 高端配送 高端配送指合作社运用信息技术，依托网络营销平台，根据社区居民的网络或电话订单进行农产品的直接配送。以销售附加值高的农副产品为主，专注于高收入消费群体。高端配送一般不固定销售门店，部分小区内设有智能配送柜。遵循适量生产、按需配送的原则，保证产品的新鲜度和安全性。一般适用于生产高端农产品并具有一定网络营销能力的企业、合作社与城市中高档社区进行对接。

◆ 专栏：典型案例

青岛浩丰食品集团有限公司"绿行者"

"绿行者"是青岛浩丰食品集团有限公司旗下的果蔬品牌，成立于 2008 年。"绿行者"以"从种子到餐桌的绿色"为理念，致力于高端果蔬产品的全产业链打造，并把品牌理念贯穿于育苗、种植、田间管理、采收、加工、包装、配送的每一个环节，为消费者提供安全、新鲜的果蔬产品。公司在山东、上海、福建、河北等地建立了 11 处种植面积上万亩的自有核心示范基地，所有基地全部通过 Global GAP 认证，企业通过 ISO 9001 国际质量体系和

HACCP 认证，实现了多品种蔬菜 365 天大批量均衡供应。"绿行者"品牌定位北京、上海、广州、深圳等国内一线城市高端消费群体，通过自建电商平台，在天猫、京东、亚马逊等电商平台设立旗舰店，与顺丰速运建立紧密合作，借助现代信息技术，实现消费者下单-订单定位最近基地-产品全程冷链物流，确保用户预定下单 2 天内收到新鲜果蔬（图 11-3）。

图 11-3　青岛浩丰食品集团有限公司
"绿行者"品牌高端配送

5. 其他短链流通模式　指自建或借助电商平台，通过自建或组织周边生产经营主体的生产基地，发展农产品区域范围内的配送流通模式。该模式一般具备以下 3 个特点。一是多兴起于城市周边，运输采用全程冷链，运输半径一般为 1～2 小时内到达。二是经营类型多样化，除短链配送外，经营主体一般会拓展休闲采摘、农业科普教育、城市认领农业等休闲农业与乡村旅游等功能。三是消费群体，一般为中等及以上收入人群，对食材的新鲜度和产品质量安全有较高要求。

◆　专栏：典型案例

内蒙古兴安盟科右前旗展翼种植专业合作社社区配送

科右前旗展翼种植专业合作社位于科右前旗科尔沁镇平安村大学生创业园区，省道以北，距市区 5 千米。合作社由齐晓景带领 4 位到期的大学生村官发起，于 2014 年 5 月成立，注册资金 100 万元人民币，坚持以入社自愿、退社自由、利益共享、风险共担、民主管理、自我发展的组织原则。按照章程制定运作程序、规范运行机制，完善管理制度，主要从事蔬菜、水果、种植采摘、互联网配送和家庭农场农业观光等。合作社拥有农民社员 26 人、温室大棚 54 栋、冷棚 33 个，主要种植品种葡萄、草莓、甜瓜、西瓜、黄瓜、西红柿、芹菜和各种叶类菜，带动农户 428 人。

　　合作社主要从事农产品生产、初加工及电商配送和休闲体验农业，通过电商销售情况来反馈市场信息，根据市场需求调整种植结构。合作社建有冷库等仓储设施、配有冷链运输车等物流设备。2016 年，合作社成立科右前旗展翼电子商务服务站，依托科尔沁镇交通便利与合作社运行至今所累积客户，通过公众号、微信小程序创建电商平台，操作简单，方便消费者购买。农户产出的农产品由原来的"农户－一级批发－二级批发－零售市场（超市）"传统流通模式，发展为"农户－配送中心－客户家中"的创新模式，减少了流通环节，可降低成本，给消费者带来实惠，农牧民实现年均增收 3 000 元。自 2016 年底至今，电商平台开始针对农村土特产进行销售，在完成本地销售的同时开始尝试对接物流对外销售，电商辐射已临近 3 个乡镇 15 个村。合作社经营的科尔沁乡情小店小程序及种植基地情况，见图 11－4。

图 11－4　科右前旗展翼种植专业合作社

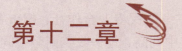

第十二章

农 超 对 接

农超对接是农产品产地直销的一种重要方式。经过多年的发展，农超对接作为一种全新的鲜活农产品流通模式逐步向全国展开，实现了农户、消费者、超市的多方共赢，对促进农产品流通现代化、增加农民收入、实现城乡一体化发展具有重要作用。本章重点介绍"农超对接"的概念、发展历程、主要模式等内容。

第一节　基本概念

一、概念

农超对接指农产品的生产者（农）直接把自己生产的产品出售给超市（超），或超市直接向生产者采购他们生产的农产品的新型流通方式。超市通过直接与农户（农民专业合作社、龙头企业等）签订购销协议，农户（农民专业合作社、龙头企业等）可以直接将农产品销售给超市的新型流通方式，实现农民（农民专业合作社、龙头企业等）、超市、消费者共赢的局面；同时，由于流通环节的减少，给消费者和农户带来实惠和福利。

《商务部市场建设司关于 2012 年开展农超对接试点有关问题的通知》中提出，农超对接指大型连锁零售企业向农产品基地（年总产值200 万元以上的农民专业合作社、农业产业化龙头企业、种植养殖大户）直接收购鲜活农产品，并组织配送到门店销售的流通方式。

二、相关主体

农超对接的直接参与主体包括农户、农民专业合作社、超市等。其中，"农"指未经过农产品经纪人、中间商、地头收购商等中间环节，来出售农产品的组织化农民专业合作社、农业产业化龙头企业等农产品生产者；"超"指具有一定经营实力，且与农民专业合作社、农业龙头企业等建立了真实、良好合作关系的大型超市、连锁超市、便利店等农产品销售终端。

农超对接的间接参与者——政府是农超对接的有力倡导者、推动者和保障者。2008 年，商务部、农业部联合颁布《关于开展农超对接试点工作的通知》，部署和安排农超对接试点，推进鲜活农产品"超市＋基地"的流通模式，引导大型连锁超市直接与鲜活农产品产地的农民专业合作社产销对接，由此农超对接工作在全国正式拉开序幕并逐步推开。2009 年，中央 1 号文件将农超对接作为新任务提出，在全国选择 15 个条件成熟省份开展试点工作，安排 4 亿元资金建设 200 个对接项目，覆盖农民超过 28 万人。2010—2019 年，陆续出台《商务部农业部关于全面推进农超对接工作的指导意见》《关于 2012 年开展农超对接试点有关问题的通知》《关于共同推进农产品和农村市场体系建设的通知》《关于促进小农户和现代农业发展有机衔接的意见》《关于做好 2019 年贫困地区农产品产销对接工作的通知》等多个政策性文件，支持全国各地开展多种形式的农产品产销对接活动，放大产销对接的辐射带动作用，加快形成优质优价的市场机制，推动全国农超对接项目向纵深方向发展。

三、主要优点

为解决农产品特别是鲜活农产品在流通中的问题，2008 年商务部和农业部联合推出农超对接试点工作。农超对接为优质农产品进入超市搭建平台，将现代流通方式引入广袤农村，为千家万户的小生产与千变万化的大市场建立连接，构建市场经济条件下的产销一体化链条，实现农民、消费者和商家共赢。

1. 降低流通成本 通过发展农超对接，可减少 2～3 个农产品流通的中间环节，流通成本平均降低 10％～20％，零售价格降低 10％～20％，部分农产品可实现 24 小时内从农田到超市。

2. 保证质量安全 农超对接实施后，大力推动合作社率先开展标准化生产，实施安全生产记录管理，实现农产品质量可追溯。超市和合作社配套相应检验检测设施，完善农产品质量安全管理制度，积极开展农产品质量认证，已有 1 243 家合作社的 2 598 种鲜活农产品通过了"绿色""有机"和"地理标志"等农产品质量认证，提高了农产品的质量安全水平。

3. 促进农民增收 目前，全国已有 2 000 多家零售企业不同程度地开展了农超对接，"物美""家家悦""沃尔玛""家乐福"农超对接的蔬菜比例超过 50％。通过农超对接，培育了"赣州脐橙""黄岩蜜橘""新疆哈密瓜"等特色农产品品牌 800 多个。超市通过积极建立农产品基地，以及在进场费、账期、产品宣传、品牌培育等方面支持合作社壮大发展，使参加对接的农户年均增收 4 000 多元。

第二节 发展概况

一、发展背景

在我国社会经济不断发展的大背景下，我国鲜活农产品流通领域方面具有流通环节较多、成本较高、风险控制较难等特点；其中，流通环节的中上游普遍处于较弱势地位，利益分配机制不尽合理。一方面，我国农产品的生产规模总体偏小、组织化程度较低、市场掌控能力较弱、农产品价格不高、议价能力有限、农民增收存在困难；另一方面，由于城镇居民收入的不断增加、生活水平的不断提高，城镇居民的消费取向由过去的吃得饱向吃得好、吃得营养、吃得健康转变，大众化、多元化、个性化、品质化消费特征日趋明显，市场新的供需矛盾突出，逐步由初级、大众农产品的供过于求变为绿色优质、求新求精农产品的供不应求。

在我国鲜活农产品流通的全链条中，农产品在位于链条末端的超市、农贸市场等农产品"最后一公里"处的收购价转变为"伤民"的零售价。鲜活农产品市场终端的销售价格逐年上升，供应链末端的消费者生活成本与日俱增，"菜贱伤农、果贱伤农"和"菜贵伤民、果贵伤民"同时出现的现象较为严重，农民和消费者双双陷入尴尬异常的境地。

随着超市在国内的兴起，农产品采购规模逐步扩大，超市为获得稳定的农产品供应，需要寻求与农业合作经济组织、批发商、中介组织等合作。农村的农业经纪人、农民专业合作社等组织的应运而生，并逐步发展，成为超市稳定货源的提供者。超市与农村合作组织的发展为农超对接创造良好契机。基于当前我国农产品存在的困境，政府、企业、农民等各方均迫切需要改变农产品的流通业态。通过农超对接的新发展模式，缩短鲜活农产品的流通环节减少不必要的损耗，降低农产品流通成本，稳定鲜活农产品市场价格，提高农产品质量安全水平，对建立农产品现代流通体制、增加农民收入和促进城乡统筹协调发展具有重要的现实意义。

二、发展历程

农超对接是国外普遍采用的一种农产品产销模式。20 世纪 90 年代初，我国出现普通超市，90 年代中后期开始出现超市销售鲜活农产品的情况。超市采购经营农产品的模式大致经历了起始期、探索期、萌芽期、发展期、稳定 5 个阶段。超市采购经营农产品 5 个阶段的发展历程见图 12 - 1。

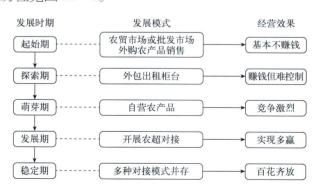

图 12 - 1　超市采购经营农产品 5 个阶段的发展历程

1. 起始期　刚开始尝试农超对接，非赚还亏。超市发展初期，以经营日用百货产品为主，少量从事鲜活农产品销售业务。超市通过农产品批发市场、农贸市场采购少量农产品进行销售，销售农产品的种类普遍较少，营业面积占超市总面积比例较小。以农贸市场零售生鲜农产品的传统经营模式仍为生鲜农产品销售市场主流，城乡居民到超市采购鲜活农产品的习惯还未形成，超市经营鲜活农产品几乎不赚钱，甚至亏本。

2. 探索期　外包出租，赚钱却难控。超市将柜台出租给鲜活农产品经营者，按照出售农产品的金额收取费用，超市稳赚不亏。但也正因为生鲜柜台出租，超市无法控制柜台租赁者销售农产品的质量和价格，超市举办促销活动也无法和出租的生鲜柜台同步实行，起不到吸引顾客的作用，超市其他商品的销售情况受到较大影响。

3. 萌芽期　自营生鲜，竞争激烈。超市将鲜活农产品租赁者陆续请出，通过农产品批发市场直接采购或以供应商供货形式自营鲜活农产品。由于国内食品安全法的颁布实施，政府和消费者对食品安全的高度重视，同时新开超市数量剧增，超市与超市之间、超市与农贸市场之间的竞争日益激烈，促使超市的产品特别是鲜活农产品需要在品质和价格上具有明显优势才能在日趋激烈的竞争中脱颖而出，获得更多消费者青睐。

4. 发展期　农超对接，恰逢其时。国内随着大型连锁超市和产地农民专业合作社的快速发展，大部分地区已逐步具备鲜活农产品从产地直接进入超市的基本条件和发展需求。政府部门搭建桥梁，提出农超对接的新理念、新政策，拓展农产品销售的新路径，超市与农户（或农民专业合作社、龙头企业等）建立紧密且稳定的契约关系，农超对接持续向好，对接农民获得较为稳定收入，城乡居民获得物美价廉的鲜活农产品，农产品的质量安全得到较好保障。

5. 稳定期　多模并举，百花齐放。农超对接经过十几年的发展，出现了"农户＋农民专业合作社＋超市""农户＋龙头企业＋超市""农户＋基地＋超市"等多种对接模式并存发展态势，"沃尔玛""家乐福""麦德龙"等大型连锁超市根据各自优势和特点，建立适合自

211

身发展的农超对接模式。农超对接趋于稳步发展，各大超市多种农超对接模式并驾齐驱。

三、存在的主要问题

农超对接经过十几年的探索和发展，取得显著效果；但以农超对接销售方式的农产品比重仍偏低，仅占 15% 左右，亚太地区已达到 70% 以上，美国达到 80%。仍存在联结小农户能力有限、农超双方契约关系不稳定、农超对接物流配送体系不完善等问题。

1. 联结小农户能力有限 农超对接农产品的供给方多以龙头企业、农民专业合作社等具有一定实力、能力的单位作为合作对象，以家庭为单位的、生产规模偏小、产品较分散的小农户与超市对接存在一定困难，无法解决小农户农产品的销售问题。

2. 农超双方契约关系不稳定 在农超对接合作中，农户与超市双方都存在违约的可能。农户方面，如遇到突发的自然灾害导致农产品无法按时交付，或农户缺乏法律意识未能按合同要求供货；超市方面，如多变的市场导致农产品的价格波动幅度较大，而超市利用自身优势压低农产品价格，使得对接双方在产品价格上存在分歧，增加了农超对接双方违约风险，导致农超双方契约关系较脆弱。

3. 农超对接物流配送体系不完善 农产品从农户到超市会涉及物流的诸多环节。由于鲜活农产品具有地区差异性、易腐烂、不耐存储等特质，部分农产品对配送过程中的物流技术要求较高，农超对接农产品流通过程中虽已具有冷链物流，但系统仍待完善，且在冷链仓储、配送系统、流通信息化等方面亟待加强。

四、发展态势

自 2008 年实施农超对接工作以来，经过多年的探索和实践，鲜活农产品农超对接经营进入良性发展轨道，在稳定物价、农民增收、加快流通体系建设和保障食品安全等方面都作出了积极贡献。地方各级政府对农超对接高度重视，各地多次举办农超对接促进活动，促进各地名优产品成功引入大中城市市场。一方面，产地主动对接销地超市，如河北15个县的40多种特色果蔬打入北京市场、江西省200多个优质农产品进入全国90多家大型超市；另一方面，销地超市也主动寻求产地合作，如北京发挥农超对接直营店的优势，助力新疆和田农副产品进京，通过已搭建的"消费扶贫双创中心"与"百店专柜"两个优质平台，稳定支持20家企业在京销售新疆和田特色农产品。此外，农超对接的规模也不断扩大，对接的企业、品种、规模和范围均大幅度增长。目前，农超对接在农产品流通中的占比已达15%，全国开展农超对接的超市连锁企业超过1000家，与约1.6万个农民合作社实现对接，直接受益农民超过100万人。

第三节 主要模式

农超对接作为新型的农产品流通模式，是联结小农户与大市场的有效载体，逐渐为国内更多的超市所采用。2008年12月，商务部和农业部评定第一批鲜活农产品农超对接试点主体，包括家乐福（中国）管理咨询服务有限公司、锦江麦德龙现购自运有限公司、沃尔玛（中国）投资有限公司、华润万家有限公司、山东家家悦超市有限公司等9家国内知名超市。此后，农超对接成为超市对接鲜活农产品产地的重要方式，并衍生出多种对接的方式。各大超市由于经营理念的差异、发展历史及优势不同，农超对接的方式各具特色，但总体上可以划分为"合作社对接超市模式""基地对接超市模式""企业对接超市模式"。

一、合作社对接超市模式

合作社对接超市模式指农民专业合作社在产品供应链中发挥中枢作用，即所谓"超市＋农民专业合作社＋农户"的模式（图12-2）。超市依据采购半径不同，主要由超市不同采购中心分别负责。各采购中心与当地的农民专业合作社合作，通过合作社组织广大农民实施超市所制定生产标准，并按照计划收购农产品。

图 12-2　合作社对接超市模式

◆ 专栏：典型案例

"家乐福"农超对接安徽砀山酥梨

"家乐福"农超对接项目依据采购半径不同，主要由全国农超对接采购部门（总部）和地区农超对接采购部门（各地城市采购中心，简称 CCU）分别负责。其中，总部直采部门主要负责采购供应全国门店的产品，一般多为适合长距离运输的果蔬类产品；各地城市采购中心主要负责采购供应当地城市周边门店的产品，重点采购城市周边的蔬菜和当地的名优水果等。"家乐福"在农超对接的基础上，陆续推出 2011 年底的"蔬果茂"和 2014 年启动的生鲜自有品牌"家优鲜"（QUALITY LINE）项目，其中"蔬果茂"将中国优质农产品引入位于欧洲、南美、中东和亚洲四大区的 15 个"家乐福"所在国家；"家优鲜"是"家乐福"全球可追溯的农产品品牌，为消费者提供来自健康、严控环境下的安全、味美、可溯源的农产品，保障农超对接农产品的质量安全。

安徽省砀山县砀山酥梨栽培历史悠久，是中国传统三大名梨之首，因其汁多味甜、具有润肺止咳作用而驰名中外。"家乐福"与当地农民专业合作社积极对接合作，确定砀山酥梨稳定、便利、优势的直供渠道，减少流通环节，降低流通成本，提高当地农民收入，为消费者提供物美价廉的新鲜优质砀山酥梨；同时，降低超市门店的零售价格，做到真正的让利于农民、让利于消费者。

砀山县第五届砀山酥梨交易会和农超对接活动中，砀山县 50 家农民专业合作社和包括上海"家乐福"在内的 29 家全国知名超市及水果批发企业第一期签约 1.3 万吨，真正实现了农超对接。家乐福生鲜果蔬卖场见图 12-3。

图 12-3　家乐福生鲜果蔬卖场

　　安徽省砀山县良梨镇鑫泰果业农民专业合作社是第一家与家乐福超市实现农超对接的合作社。经过长期的准备与协调，2007年 10 月，良梨镇农民专业合作社的第一卡车砀山酥梨进入上海"家乐福"超市，拉开国内农超对接模式的运行序幕。由于砀山酥梨口感细腻、甜度高、品质优且价格合理，上海"家乐福"超市仅用 4 天时间便将 25 吨砀山酥梨销售一空。随后，"家乐福"继续与良梨镇农民专业合作社合作，开出第二张订单。一个月后，良梨镇砀山酥梨被引入北京"家乐福"超市。此后，良梨镇农民专业合作社按照农超对接合作协议要求，每周将 4 卡车总计 100吨砀山酥梨分别送至上海和北京两地"家乐福"超市。为满足超市的订单需求，良梨镇农民专业合作社大量吸收周边农民参与，由原来的 100 多户社员，几年间迅速扩大至 8 000 多户。

二、生产基地对接超市模式

生产基地对接超市采用"超市＋对接基地＋农户"的农超对接模式，基地一般由生产型龙头企业主导（图12－4）。超市质控部门和第三方检测机构通过实地考察、资质核查等方式，确定对接基地企业是否符合超市合作生产条件。检查内容包括基地企业是否满足经营资质要求，资格证明、土地租赁合同、与农民的合作协议、食品卫生许可证等执照要求，有增值税或普通发票、免税证明等财务要求，基地集中成片的规模大小等。可见，承担基地生产组织的企业是农超对接的关键环节。

图12－4　生产基地对接超市模式

◆ 专栏：典型案例

"沃尔玛"农超对接江西赣南脐橙

"沃尔玛"是国际著名的大型超市经营商，通过与符合条件的生产企业建立长期固定的采购合作协议形式，在沃尔玛质控部门和第三方检测公司的指导和监督下，由合作企业负责农产品的种植、检测、采收、冷藏、包装、配送等，再将农产品送往沃尔玛超市进行销售。沃尔玛要求基地带动农民数量大于1 000人，拥有专业技术人员，具有科学的管理生产体系。生产规模上，沃尔玛超市要求对接的蔬菜水果基地总面积应在1 000亩以上，其中最小连片面积在200亩以上；猪年出栏1万头以上，牛年出栏4 000头以上，羊年出栏20 000只以上，鸡年出栏50 000只以上；鱼类、蟹类养殖面积500亩以上，海产类年加工能力5 000吨以上。

　　"沃尔玛"高度重视农超对接基地的食品安全体系建设，确立对接基地的准入制度、复检制度和抽样测试制度。农超对接基地获得准入前，需经过农场的种子采购、土地质量管理、水源控制、灌溉系统、采收、包装、储运、农药化肥管理、农残检验、产品追溯制度、技术支持、资格认证等所有环节验证。"沃尔玛"超市定期对已合作的对接直采基地进行完整细致的复检制度，对应检查评级的优秀、合格、有条件合格及不及格的复检时间间隔分别是一年、半年、3个月、立即停止合作。抽检制度是超市委托第三方独立的检测机构将农超对接基地的农产品进行抽样检测。食品安全监督体系能够保证"沃尔玛"农超对接基地质量管理体系的有效运作，提高基地农产品的质量与安全。

　　赣南脐橙是江西省赣州地区特产，赣州市脐橙种植面积世界第一、年产量世界第三，是全国最大的脐橙主产区。"沃尔玛"深入调研赣南脐橙产区，在江西省安远县精心挑选2 000亩脐橙作为"沃尔玛"农超对接赣南脐橙的采购基地，该农超对接项目辐射带动安远地区3万果农。"沃尔玛"农超对接的柑橘基地全面实施全球农业良好操作规范（Global GAP），配套建设脱毒苗繁育基地、生物有机肥厂和滴灌系统，建立安全科学的"统一技术、统一施肥、统一灌溉、统一农药、统一防治"的"五个统一"基地管理模式，组织"生产技术""食品安全""环境保护""可追溯性"等培训，推广柑橘新技术，实现赣南脐橙产业可持续增长。

　　"沃尔玛"深入安远各乡镇，多次集中组织举办大型培训，聘请脐橙权威技术专家授课，培训对象包括大型果园种植户、农民、合作社骨干、脐橙加工企业、农业科技人员、基层技术人员等。培训内容涵盖基地管理、种植技术、食品安全、新技术推广等相关内容。在培训基础上，"沃尔玛"联合安远县果业局共同编辑印刷《赣南脐橙资料汇编》，内容包括脐橙基地管理、脐橙标准化种植技术、食品安全与法规等。与安远县果业局合作，由高级农艺师、脐橙专家编辑发行《果业技术指南》期刊，每期发行500余份，通过果业协会向协会会员发行，及时将果业新技术传达给当地果农。赣南柑橘通过农超对接项目，进入"沃尔玛"全球采购系统，减少中间的流通环节，将更加新鲜、安全、优质及实惠的柑橘产品提供给消费者，进一步推动安远等郊区县农副产业的发展，带动更多赣南农民受益。2009年11月，"沃尔玛"三百山赣南脐橙直采基地在安远县揭牌，标志着"沃尔玛"与赣南70万果农开启农超对接的新模式合作，赣南脐橙向市场化、国际化、品牌化迈出坚实的步伐。"沃尔玛"生鲜果蔬卖场见图12-5。

图12-5　沃尔玛生鲜果蔬卖场

三、咨询公司对接超市模式

咨询公司对接超市的模式是通过第三方咨询公司，强化对农户生产过程管理，提高产品质量保障水平，为超市提供高质量商品，也提高农民生产水平，稳定产品销路。咨询公司是专业机构，负责生产、加工、包装、物流及市场运作等方面的培训与指导，实现从"农田到餐桌"的全程质量控制及产品可追溯（图12-6）。

图12-6　咨询公司对接超市模式

◆ 专栏：典型案例

"麦德龙""麦咨达"农超对接科尔沁牛业

"麦德龙"鼎力打造"麦咨达""从农场到市场"可追溯供应体系建设，采用的质量标准涵盖农田基地、生产加工及包装物流等环节，其中农田基地采用全球农业良好操作规范（Global GAP），对基地种养殖过程中的食品安全、可追溯性、动物福利和环境保护等方面提出明确要求；生产加工环节重视卫生、安全、国际标准、过程控制和技术方案等方面，采用良好操作规范（GMP）、卫生标准操作程序（SSOP）、危害分析及关键控制点（HACCP）、"麦德龙"自有品牌采用国际食品供应商标准（IFS）、国际屠宰标准（International Slaughtering Standard）等标准；包装物流环节重视包装物料方案、市场分析、产品定位、销售分析等，采用国家包装法律法规、物流良好操作规范、麦德龙货品接收标准等。"麦德龙"通过强大、专业、严格、可追溯的质量管理体系建设，全面提升农超对接农产品的质量安全。

自科尔沁牛业与麦咨达农超对接以来，"麦德龙"从养殖开始即介入科尔沁牛业的整个食品安全管理环节，涉及饲养过程中的疫苗、饲料、饮用水、兽药使用、动物福利等各个环节。"麦德龙"要求使用经过"麦咨达"培训并达标的养殖农场与原料，且全部使用科尔沁自己养殖基地的肉牛。前18个月让牛在天然的草场放养，18个月后则以科学谷物进行集育，屠宰前经过严格检疫，屠宰完成后，须将牛胴体吊挂于排酸间内，在0~4℃的环境下悬挂24~48小时。排酸后的牛肉采用真空或气调包装，并严格遵守操作标准。为达到更好品质，"麦德龙"牛肉排酸后pH要求在5.4~6.0，保质期可达40~45天。

科尔沁牛业与"麦咨达"体系经过严谨对接，通过"麦咨达"体系对肉类供应商各环节近300条的审核标准要求，成为"麦咨达"

供应商之一。自成为"麦德龙"的牛肉供应商以来，"麦德龙"每月对科尔沁牛肉产品单独送检，全国门店年送检量达 1 000 多次。消费者在"麦德龙"超市购买的科尔沁牛肉产品，可登录"麦咨达"网站、"麦德龙"官方 App、"麦德龙"公众微信号，或通过查询"麦咨达"追溯码"微信扫一扫"功能直接扫码，获得科尔沁牛肉产品的全部生长过程。全部生长过程包括牛的品种、所在牧场、负责人、屠宰加工过程；涵盖从屠宰、排酸、分割、包装到运输，以及运输车辆信息、运输温度等一系列全程溯源资料。2018 年，内蒙古科尔沁牛业股份有限公司被"麦德龙""麦咨达"评选为十佳供应商之一，其科尔沁可追溯牛腩肉成为"麦咨达"的明星产品之一。"麦德龙""麦咨达"科尔沁牛肉卖场见图 12-7。

图 12-7 "麦德龙""麦咨达"科尔沁牛肉卖场

四、生鲜超市对接新零售模式

生鲜超市对接新零售是农超对接中超市零售方式的变革，指超市以互联网为依托，运用大数据、云计算、人工智能等先进技术手段，将会员系统、支付系统、库存系统、服务系统全面打通，实现线上服务、线下体验及现代物流深度融合的零售新模式（图12-8）。

图12-8　生鲜超市对接新零售模式

◆　专栏：典型案例

"盒马鲜生"农超对接新零售业态

"盒马鲜生"是"阿里巴巴"对网上超市全新重构的新型零售业态。盒马店铺既是大型超市，又是餐厅；消费者可到店购买，也可通过"盒马鲜生"应用订购。"盒马鲜生"实现消费者在3千米内商店购买产品仅在30分钟内快速交付。根据《2018中国连锁百强》和《2018中国快速消费品（超市/便利店）百强》榜单统计，截至2018年底，"阿里巴巴"旗下"盒马鲜生"门店数量达到109家，年销售额达到140亿元，店均销售达到1.28亿元，位居2018中国快速消费品（超市/便利店）百强第18位。"盒马鲜生""日日鲜"蔬菜价格便宜、品质高。"盒马鲜生"采用订单农业的形式，从蔬菜种植环节开始介入、全程指导供应商生产，基地采摘时严格执行农残检测，产品到达"盒马鲜生"仓库后再次进行抽检，多次检测完全合格的产品，才能进入"盒马鲜生"上市销售。与"盒马鲜生"合作的单位需具备一定规模、资质等硬实力，能够达到"盒马生鲜"对鲜活农产品的品质和供应量的标准，且与"盒马鲜生"拥有共同的价值理念，在食品安全等方面有更严格的自我要求和更高的追求。目前，"盒马鲜生"已与全国500家基地建立合作，"盒马鲜生"有近1/3的生鲜商品来自战略合作的基地，产品种类覆盖果蔬、肉禽蛋、海鲜水产等几大品类。"盒马鲜生"卖场见图12-9。

图12-9 "盒马鲜生"卖场

与传统的生鲜超市运营模式比较，"盒马鲜生"最大的不同是运用大数据、移动互联、新物流、智能化等先进技术，实现人、货、场三者的最优化匹配。"盒马鲜生"打造"一店二仓五中心"的功能体系，以线下门店为中心，分为前端消费区和后端仓储配送区，门店同时承载超市、餐饮、物流、体验和粉丝运营五大功能，通过多种零售业态有机结合，满足消费者特别是一二线城市80、90后群体多样化的消费需求，实现线上线下闭环消费。"盒马鲜生"运用新零售操作系统（ReXOS）进行线上精准的智能化管理。首先，将零散数据通过一套自动化的运货系统，从订单下达到货物的分拣包装均由高效的物流带全程传输，将实体货架等同于虚拟货架，确保10分钟内完成拣货装箱；再根据订单的数量、品类、配送员的配送区域，优化选出最佳配送员；最后，根据不同的订单时间节点要求、订单地址等信息，将订单做最优配送串联，确保距离门店3千米内的订单实现30分钟内送达消费者。消费者通过"盒马鲜生"App购买鲜活农产品；App系统记录消费者的购买信息，形成顾客购买数据库。"盒马鲜生"可根据数据分析形成不同门店差异化的经营方式，让门店采购的商品更贴近消费者的购买需求，减少产品的库存时间，保证农产品的新鲜品质。"盒马鲜生"农超对接新零售见图12-10。

图 12 - 10　"盒马鲜生"农超对接新零售

第十三章

农村电子商务

电子商务是推动农村产业化加速发展的重要途径，也是农村实现脱贫致富的重要手段之一。农村相比于城市来说，存在着信息比较闭塞、交通不便等缺点，发展农村电子商务不仅有利于商品信息的快速传播，还对改变城乡二无经济结构、打破地域经济发展不均衡、提高农产品市场竞争力具有重要作用。我国农村电子商务的发展十分迅猛，不仅大大改善了农民生产生活方式，而且成为许多返乡下乡创业者的首选途径。

第一节 概 述

一、基本概念

1. 电子商务 电子商务中的"电子"指采用的技术和系统，而"商务"指传统的商业模式。在过去的 30 年间，电子商务的概念发生了很大的变化。最初，电子商务指利用电子化的手段将商业买卖活动简化，通常使用的技术包括电子数据交换（EDI）和电子货币转账。这些技术均是在 20 世纪 70 年代末期开始应用。最典型的应用是，将采购订单和发票之类的商业文档通过电子数据的方式发送出去。广义的电子商务概念为，使用各种电子工具从事商务活动；狭义电子商务概念为，利用 Internet 从事商务活动。无论是广义的还是狭义的电子商务的概念，电子商务都涵盖了两个方面：一是离不开互联网这个平台，没有了网络，就称不上电子商务；二是通过互联网完成的是一种商务活动。可将电子商务概括为，以互联网技术为基础、第三方电子交易平台为媒介、商品交易为目的的商务活动，是传统实体商务活动各个环节过程的信息化、虚拟化变形。电子商务有着便捷性、整体性、安全性等传统实体商业活动不具备的特点。人们仅利用电脑、手机等设备和互联网即可实现过去较为繁杂的商业活动，完全不必受地域、时间的限制。电子商务与传统商务模式最大不同是虚拟性。电子商务全程用电脑、手机等设备进行操作，电子信息贯穿于交易的整个环节，通过各类型电子商务平台软件、界面进行需求供应沟通，极大地提高了交易的便捷性。电子商务通过较为规范的工作流程，将商务活动中的信息内容封装一体，提高了整个过程的稳定性。在电子商务中，另一个与传统的商务活动不同的则是安全性，电子商务活动通过各类型硬件防护、策略机制保护参与者的信息与资金安全。

2. 农村电子商务　指通过互联网电子商务交易平台，进行农业生活、生产相关资源、产品、服务的交易。狭义上的农村电子商务，指以现实的农业生产、经营、生活等内容为基础，利用信息技术、互联网技术推进一切与农业相关的商务性活动；而广义上的农村电子商务的概念还包括在农业农村经济活动中所发生的与电子商务相关的所有行为，如农业生产经营相关信息的获得、农业生产生活资料的采购、农产品的生产加工、产品经营销售、售后服务等。农村电子商务拓展了乡村既有产业的网络销售，将分散的特色产品聚合，形成本地特色产业，有力带动产业发展和农民增收。第一，促进农业产业化发展。农村电子商务是农业产业化经营的"助推器"和"黏合剂"，可以有效解决农业生产、农用物资采购、农产品营销和服务网络等方面存在的问题。第二，解决农产品流通问题。农村电子商务的出现，使得传统经济下农产品流通体系得以优化，形成由物流、商流、信息流、资金流等组成的全新流通体系，促进了县域经济的发展。第三，突破传统农业生产的时空限制。传统农业交易形式存在流通环节复杂、信息不对称、交易地域受限等问题，而电子商务具有超越时间和空间限制的特性，可以很容易地从互联网获得交易信息，交易可在任何时间和地点进行，打破了原有形式的局限。第四，降低生产营销成本。通过农村电子商务的推动可以实现农业的规模化、集约化生产，从而降低生产成本；同时，通过网络营销可以推动"订单农业"模式的形成，一定程度上解决了供需不匹配问题，避免生产的过度浪费，网络营销也降低了营销成本。

二、功能与特点

1. 基本功能 电子商务可提供网上交易和管理等全过程的服务，具有广告宣传、咨询洽谈、网上订购、网上支付、电子账户、服务传递、意见征询、交易管理等各项功能。

（1）广告宣传。电子商务可凭借企业的 Web 服务器和客户的浏览，在 Internet 上传播各类商业信息。客户可借助网上的检索工具（Search）迅速地找到所需商品信息，而商家可利用网上主页（Home Page）和电子邮件（E-mail）在全球范围内进行广告宣传。与以往的各类广告相比，网上的广告成本更为低廉，而给予顾客的信息量却极为丰富。

（2）咨询洽谈。电子商务可借助非实时的电子邮件（E-mail）和实时的讨论组（Chat）来了解市场和商品信息、洽谈交易事务，如有进一步的需求，还可用网上的白板会议（Whiteboard Conference）来交流即时的图形信息。网上的咨询和洽谈能超越人们面对面洽谈的限制，提供多种方便的异地交谈形式。

（3）网上订购。电子商务可借助 Web 中的邮件交互传送实现网上的订购。网上的订购通常是在产品介绍的页面上提供十分友好的订购提示信息和订购交互格式框，当客户填完订购单后，系统会回复确认信息单来保证订购信息的收悉。订购信息也可采用加密的方式使客户和商家的商业信息不会泄漏。

（4）网上支付。电子商务要成为一个完整的过程，网上支付是重要的环节。在网上直接采用电子支付手段可省略很多传统交易中的支付开销，客户和商家之间可采用信用卡账号实施支付。网上支付需要更为可靠的信息传输安全性控制，以防止欺骗、窃听、冒用等非法行为。

（5）电子账户。网上的支付必须由电子金融来支持，即需要银行、信用卡公司及保险公司等金融单位为金融服务提供网上操作的服务。电子账户管理是该服务基本的组成部分，信用卡号、银行账号都是电子账户的一种标志，其可信度需配以必要技术措施来保证，如数字凭证、数字签名、加密等手段的应用保障了电子账户操作的安全性。

（6）服务传递。对于已付了款的客户，应将其订购的货物尽快传递到他们的手中。有些货物在本地，有些货物在异地，电子商务还可在网络中进行物流的调配。适合在网上直接传递的货物是信息产品，如软件、电子读物、信息服务等，可直接从电子仓库中将货物发到用户端。

（7）意见征询。电子商务能十分方便地采用网页上的投票问卷等形式的文件来收集用户对销售服务的反馈意见，这样使企业的市场运营能形成一个封闭的回路。客户的反馈意见不仅能提高售后服务的水平，更使企业获得改进产品、发现市场的商业机会。

（8）交易管理。完整商务交易的管理将涉及人、财、物多个方面，需要企业与企业、企业与客户及企业内部等各方面的协调和管理。因此，交易管理是涉及商务活动全过程的管理。电子商务的发展，将会提供一个良好的交易管理的网络环境及多种多样的应用服务系统，这样才能保障电子商务获得更广泛应用。

电子商务的一般框架指从宏观角度上看，实现电子商务从技术到一般服务层次所应具备的完整的运作基础，也指实现电子商务的技术保证和电子商务应用所涉及的领域。从宏观上看，电子商务的一般框架由两大支柱、4 个层次构成（图 13 - 1）。

2. 主要特点 电子商务与传统交易方式相比，具有普遍性、便利性、安全性等特点。

（1）普遍性。电子商务作为一种新型的交易方式，将生产企业、流通企业及消费者和政府带入了一个网络经济、数字化生存的新天地；随着网络行业的发展，电子商务逐渐成为常用的交易方式。

（2）便利性。在电子商务环境中，人们不再受地域的限制，客户

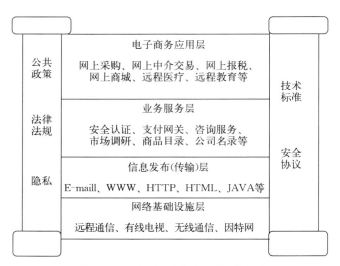

图 13-1　电子商务框架结构示意图

能以非常简捷的方式完成过去较为繁杂的商业活动。如通过网络银行能够全天候地存取账户资金、查询信息等，同时使企业对客户的服务质量得以大大提高。

（3）整体性。电子商务能够规范事务处理的工作流程，将人工操作和电子信息处理集成为一个不可分割的整体。这样不仅能提高人力和物力的利用率，也可以提高系统运行的严密性。

（4）安全性。在电子商务中，安全性是一个至关重要的核心问题。它要求网络能提供一种端到端的安全解决方案，如加密机制、签名机制、安全管理、存取控制、防火墙、防病毒保护等，这与传统的商务活动有着很大的不同。

（5）协调性。商业活动本身是一种协调过程，它需要客户与公司内部、生产商、批发商、零售商间的协调。在电子商务环境中，它更要求银行、配送中心、通信部门、技术服务等多个部门的通力协作。

（6）集成性。电子商务以计算机网络为主线，对商务活动的各种功能进行了高度的集成，同时也对参加商务活动的商务主体各方进行了高度的集成。高度的集成性使电子商务进一步提高了效率。

第二节 发展现状与趋势

一、发展历程

20世纪90年代后期，我国电子商务发展渐成规模，进入了稳定、高速发展时期。这种以互联网技术为基础工具的新经济模式，电子化、数字化、信息化、网络化特征尤为明显，逐步受到企业、商家和消费者等经济主体的青睐。目前，电子商务已经深入影响社会经济生活的各个环节和领域，网络营销、网络支付、网络服务、网络购物均发挥了显著的电子化、自动化、低成本的交易优势，B2B（Business－to－Business）、B2C（Business－to－Consumer）、C2C（Consumer to Consumer）等多元化的电子商务交易模式也迎合了实体企业与消费者的交易需求。电子商务领域里没有时间和空间的限制，只需网络、计算机和交易意愿，就可以随时随地开展交易，弥补了传统商务传统经营交易模式的不足，成为线下传统商务经营交易的有效线上补充，作用不可估量。可以说，电子商务作为一种新型业态，宏观层面上，是传统商务发展到一定阶段的内在需求，是关于商品服务的一种新型交易模式；微观层面上，则是传统商务销售渠道的延伸和拓展。

现今互联网应用已迅速渗透到我国社会经济生活的各个领域，电子商务正从根本上改变各地的经济面貌、市场运行状态、产品和服务价值实现形式、消费者购买行为、供应链的结构与链接方式。即便在经济水平相对落后的农村，电子商务的影响也日益显现，它不仅为亿万乡村居民享受与城市居民同样的产品和服务创造了条件，也为农业产业发展开辟了新的广阔市场，还引发了农村生产方式、经营方式、生活方式的巨大变化。

1994年12月，国家经济信息化联席会议第三次会议上提出了金农工程，目的是加速推进农业和农村信息化，建立农业综合管理和服务信息系统。从 1995 年至今，农村电子商务发展已经超过 20 年的时间，农村电子商务也经历 4 个阶段，每个阶段有其自身的特征。

第一阶段，1995—2005 年。郑州的商品交易所成立了集诚现货网（2000 年更名中华粮网），通过网络进行粮食的销售，标志着中国农村电子商务的大幕正式拉开。1998 年，全国棉花交易市场成立，通过竞卖交易方式采购和抛售国家政策性棉花。农村电子商务开始破冰，艰难前行。这个阶段的特征：政府政策主导，国家投资建设平台，市场机制由上至下。

第二阶段，2005—2012 年。从 2005 年开始，农村出现了另外一种电子商务，即农民在淘宝网上设立自己的网店，成为一种纯市场化的模式。到了 2012 年，涉农网店达到 163.26 万个，其中注册在村镇的网店达到 59.57 万个。这个阶段的特征：市场主体开始自行投入，并真正在村镇造成了持续的示范效应；市场机制是由上至下与由下至上相互结合。

第三阶段，2012—2014 年。生鲜农产品电商品牌运营一时成为热点，如 2012 年底生鲜电商"本来生活""褚橙进京"的事件、2013 年"京城荔枝大战"。许多生鲜农产品电商开始探索品牌运营，"顺丰优选""一号店""本来生活"获得资金注入。各种农产品电商模式竞相推出，宽带电信网、数字电视网、物联网、云计算、大数据等大量先进信息技术被采用到农产品电商中来。这个阶段的特征：品牌化运营，移动互联网、冷链物流等技术的应用使得农产品电商快速发展，投资资本的重视使之成为市场热点，但仍然只是聚焦于农产品交易这一领域。

第四阶段，2014 年至今。商务部制订县级农村电子商务发展的相关指导意见，在县级市场设立电商服务中心、镇级服务站、村级代理点等模式，真正从线上走到线下，并鼓励大型平台电商进行农村电子商务市场。"阿里""京东"分别启动自己的农村电子商务战略。"政府搭台，企业唱戏"，以"阿里""京东"为代表的电商巨头开始进入农村市场。这个阶段的特征：农村电子商务真正从线上走到线下，农村电子商务不再局限于农产品交易，而是聚焦于"农业、农村、农民"；通过政府的政策导向和电商巨头的强势进入强化农业发展、建设农村，改善农民生活水平，打造完整的、可持续发展的农村电子商务生态系统。

2015 年 5 月，国务院印发《关于大力发展电子商务加快培育经济新动力的意见》，提出要积极发展农村电子商务，加强互联网与农业农村融合发展。2015 年 8 月，商务部等联合印发《关于加快发展农村电子商务的意见》，提出支持电子商务、物流、商贸、金融等各类资本发展农村电子商务，积极培育农村电子商务服务企业，鼓励农民依托电子商务进行创业，加强农村宽带、公路等基础设施建设，提高农村物流配送能力，搭建多层次发展平台，加大金融支持力度，加强农村电子商务人才的培养，规范农村电子商务市场秩序，开展示范宣传和推广等。

二、基本现状

大量数据显示，在农村产业发展需要的拉动下，在政府的大力引导与推动下，我国农村电子商务获得了快速发展。2018 年，中国农村电子商务继续保持较高增长速度，农村网民数量持续增加，交易规模不断扩大，农村网络零售额接近 1.37 万亿元，农产品上行、电商精准扶贫、农村电子商务基础设施及服务体系等方面取得新的进展。作为数字经济的重要组成部分，电商近年在农村发展迅猛，为乡村振兴提供了新动能、新载体。

1. 农村网民规模继续增加　截至 2018 年底，中国农村网民规模为 2.22 亿人，占整体网民的 26.7%，较 2017 年底增加 1 291 万人，增长率为 6.2%；农村地区互联网普及率为 38.4%。近几年来，农村网民规模和农村地区互联网普及率持续增长，但增速有所放缓，且在全体网民中占比略有下降。这与近年来中国不断推进城镇化进程密切相关。随着城镇人口不断增加，农村人口不断减少；且农村留守群体年龄偏大，缺乏互联网使用习惯，影响农村网民增长。

2. 农村电子商务规模稳步提升 商务大数据监测显示，2018年全国农村网络零售额达 1.37 万亿元，同比增长 30.4%，比全国网络零售额增速高 6.5 个百分点，占全国网络零售额的 15.2%。其中，农村实物商品网络零售额为 1.09 万亿元，同比增长 30.9%，占全国农村网络零售额的 80%；农村非实物商品网络零售额达 2 733.1 亿元，同比增长 28.4%，占全国农村网络零售额的 20%。分品类看，零售额前 3 位的品类分别为服装鞋帽针纺织品、日用品、粮油食品及饮料烟酒，分别占农村实物商品网络零售额的 37.3%、19.3% 和 13.3%；增速前 3 位的品类分别是粮油食品及饮料烟酒、体育娱乐用品、家用电器及音像器材，同比增速分别为 35.1%、34.8% 和 34%。分地区看，东部、中部、西部和东北地区农村网络零售额分别占全国农村网络零售额的 77.3%、13.6%、7.2% 和 1.9%，同比增长分别为 29.1%、34.5%、37.0% 和 27.5%。分省份看，浙江、江苏、福建、山东和广东农村网络零售额排名前 5 位，合计占全国农村网络零售额比重为 73.4%，零售额前 10 位省份合计占比为 89.4%。从增速来看，青海、甘肃、宁夏、陕西和重庆零售额同比增速位列前 5 位，增速均在 40% 以上。

3. 农产品电商保持快速增长 随着农村网络、物流等基础设施不断完善，农民运用电子商务的意识和能力不断增强，电子商务带动农产品上行，促进农民增收的作用进一步显现。2018 年，全国农产品网络零售额达 2 305 亿元，同比增长 33.8%，比全国网络零售额增速高 9.9 个百分点。同时，在电商带头人的带领下，农村电子商务催生了一些农村新产业，如江苏睢宁东风村的家具制造产业、浙江丽水北山村的户外用品产业等。农村电子商务运用大数据等技术倒逼产业进行转型，推动农民进行标准化、规模化的定制化生产。农村电子商务还催生了电商服务业等新的配套产业集群。农村电子商务的兴起，带动了一批年轻人到农村创业，实现了乡村人才的回流。农村电子商务吸引了大量返乡创业，全国返乡下乡创业人员达 740 万人，分布在电子商务、休闲农业和乡村旅游等领域。农村电子商务吸引了城市青年开始新"上山下乡"，一批城市青年开始来到农村寻找适合自己的发展项目。城市"白领""海归"到农村从事电商及互联网创业的案例也屡见不鲜。农村电子商务为农村残疾人提供了难得的自强机遇，从事电商不需要太多体力、简单便捷，电商创业让更多残疾人看到了希望。有关部门和电商平台也针对残疾人电商创业制定了优惠政策，如商务部与中国残联合作的残疾人电商扶贫计划、阿里巴巴推出的女性残疾人电商创业"魔豆妈妈"计划等。

三、存在的主要问题

1. 农产品上行仍面临挑战　由于我国农业总体上具有小生产、大市场的特点，农业生产的标准化、规模化程度不高，农产品产地初加工的能力不足，品牌化短板问题越发突出，部分地区特别是深度贫困地区"最初一公里"物流成本仍然较高，一定程度上制约了农产品上行的效率。

（1）组织化程度低、产业规模小。我国广大农村地区的农民生产组织化程度低，仍以单一农户经营为主。农产品要么缺乏特色，要么有特色没规模，要么有规模没价值，要么有价值没品牌，很难形成网上可销售的商品。农产品在生产、加工、运输、销售等方面的运营主体规模小、服务能力和市场竞争力不强，尚未形成完整的农产品产业链服务，导致农产品物流资源分散，难以形成规模效应。

（2）农产品标准化程度低。农产品电商发展的一大"痛点"就是传统的小规模农户所具备的生产技术、经营意识与现代化零售业的产品标准化之间的矛盾。不少地方特色农产品出自家庭作坊式生产或个体加工，受限于场地、人员、设备等条件，很难达到申请生产许可证的要求，无法进行质量认证、注册品牌商标，导致地方特色农产品无法在电子商务平台上"合规"销售。农产品的规格化、标准化、包装化亟待提高。

（3）资金保障不足，可持续经营能力差。多数农村电子商务中小型企业前期投入多，盈利周期长，资金紧张，市场化生存艰难。银行直接融资门槛较高，承贷企业或组织的贷款准入和担保措施要求较高；民间资本对农村电子商务的发展实际投入较少。

（4）农村电子商务人才数量短缺与质量不高的问题并存，特别是缺乏创新人才、复合人才和领军人物。很多地区普遍面临电商人才难引、难招、难留的难题，懂得信息技术、电商企业经营管理、品牌推广运作和市场行业培育的人才很少。农村电子商务培训面临师资不足、培训效果离需求有差距等问题。

2. 电商扶贫的可持续性面临考验　在当前各地开展的电商扶贫工作中，一些电商企业出于公益或者宣传目的，开展了一些扶贫行动，也取得了一定的成效，但与贫困地区产品供应商、企业之间缺乏长效服务机制，很多都成了一次性宣传或者营销活动；一些地方在发展农村电子商务的过程中，政府、电商平台和运营服务商之间只是结成简单的甲方、乙方的关系，缺乏长远规划，商业模式不具备可持续性。电商扶贫与贫困地区经济社会发展特别是与脱贫攻坚的主要目标深度结合不够，与就业扶贫、产业扶贫、教育扶贫、公益扶贫融合不够。电商扶贫离不开政府的扶持和公益力量的支持，但从长远来看，应由"授人以鱼"向"授人以渔"的方式转变。贫困地区也应按市场规律的要求，积极完善电商生态，探索建立政府、平台、各方力量参与的电商扶贫协同与利益联结机制，努力提高当地产品的网络化、标准化、品牌化，给买家和消费者以可持续的、好的体验，提升扶贫精准性，真正做到"真脱贫""脱真贫"。

3. 农村电子商务各类主体协同不够　在农村电子商务能力建设过程中，生产农户、加工企业、电商平台、电商服务企业、基层网点、快递物流、电商园区等各类参与主体之间的协同还比较欠缺，个别地方已暴露出资源浪费、能力闲置甚至面子工程等问题。各平台之间数据、物流无法有效打通，运营效率和服务体验提升缓慢；基层站点分散在各个运营企业，不同的平台自成体系，存在着明显重复建设，上行流量成本过高，一些电商园区的建设缺乏实际业务需求的支撑，甚至成了摆设。这些做法加大了农村电子商务的社会成本，特别是加重了贫困地区开展电商扶贫配套投入的负担。应加强顶层设计、整合资源、形成合力，破除那些存在于不同运营主体之间数据、物流、信息等有关环节的壁垒，大力提倡公共服务空间建设、第四方物流、共享供应链等符合互联网协同共建的新模式，共同推动农村电子商务的健康可持续发展。

四、发展趋势

1. 电商企业加快布局乡村市场　中国是农业大国，农村县级行政区划约有 2 900 个，其中县域人口约 9.6 亿，占全国总人口的 70％，全国县域经济的 GDP 总和约占全国 GDP 的 56％，农村县域经济的社会消费总额大概占全国的 50％，县域具有巨大的发展潜力。农村是个巨大的市场，未来的发展不可估量，尤其是在城市的电商市场已经出现增长放缓的情况下，农村市场已经成为各大电商争夺的对象。2019 年中央 1 号文件指出，"继续开展电子商务进农村综合示范，实施'互联网＋农产品出村进城工程'，完善县、乡、村物流基础设施网络，支持产地建设农产品储藏保鲜、分级包装等设施，鼓励企业在县、乡和具备条件的村建立物流配送网点"。农业农村部、财政部将优势特色主导产业发展纳入农业生产发展资金项目予以支持，推进集约化、标准化和规模化生产，着力发展优势特色主导产业带和重点生产区域，培育打造一批有影响力的区域和产品品牌。在政策和资金的推动下，农产品的标准化、品牌化进程将会加快。面对当前我国农业生产分散化经营的现状，越来越多的电商企业开始大力发展数字农业，让数据链带动和提升农业产业链、供应链和价值链，逐渐完成对农村传统产业的系统性改造，为农业农村发展提供新动能。2018 年，"阿里巴巴"集团向五星控股集团旗下汇通达公司投资 45 亿元，为农村市场提供包括品牌专供、下单平台、新零售系统、阿里云平台、物流系统解决方案等一系列服务。京东新通路计划也将原来面向京东便利店的"线上店铺"系统在全部京东掌柜宝用户中推广，不仅把众多线下老店"搬到"线上，给其供货，更进一步要支持他们网上同步开通小店。2018 年，"阿里巴巴""京东商城"的智能养猪系统先后发布，"腾讯"鹅厂的鹅脸识别技术也让人耳目一新，大量智能养殖软件如雨后春笋般涌现，各类农业服务的在线化成为热点，这一趋势在 2019 年更加明显。

随着中国居民可支配收入增加，推动消费观念升级变迁，居民消费已经进入了需求多元发展、结构优化升级的新阶段。消费者不再满足于简单的必需品，对生活品质提出了更高的要求。消费者对于产品的品质、服务体验、个性化的需求日益加大。中国农村居民收入和人均消费支出增长均快于城镇居民增长，城乡差距正在逐步缩小，农村人群的消费意识在逐渐向城市地区靠拢。农村电子商务的发展，必须适应互联网消费升级，适应消费者由"价格敏感"转向"品质敏感"的趋势。要从拼价格转向拼品质、从拼商品转向拼服务，满足消费者多元细分的诉求，提供差异化、个性化的商品和服务，避免同质化的竞争。为更好地应对消费升级，农村电子商务从农业生产、农产品运输、营销、销售等各个方面进行相应优化升级。自 2019 年起施行的电子商务法进一步推动了农产品电商规范化发展。该法的实施进一步规范农产品网上销售行为，加快农村电子商务网站的优胜劣汰，促进农村电子商务运营者进一步提升质量和服务。农产品电商进入促进发展与加强监管的发展阶段。伴随农业农村部提出的国家质量兴农战略规划和农产品质量安全保障工程实施，加强国家农产品质量安全追溯平台推广应用、落实追溯管理与创建认定挂钩机制、推进产地准出及食用农产品合格证管理、建立准出准入衔接机制，进一步提升农产品质量安全水平。2018 年，首届中国国际进口博览会，促进了其他国家和地区的农产品进入中国，同时也促进中国农产品提质增效、创新品牌发展。未来，中国农村电子商务发展将转向品牌、品质、服务、体验导向的新阶段，驱动农业发展向现代农业转型升级。

2. 电商积极推动农民脱贫增收　农村电子商务的发展，为农村地区发展、农业现代化和农民脱贫致富等方面存在的问题提供了有效的解决方案。国家和政府出台了相应的政策，对农村电子商务进行扶持，希望通过"电商扶贫"来为农村发展注入活力，这为农村电子商务的转型升级提供了机遇。

　　对农村电子商务为农业发展模式带来的探索，业内人士各有各的看法，但其中核心的是发展农村电子商务。首先要打破固有的思考模式，提升农户的发展意识，激发起发展的内生动力。只有向农户理解电商对农业生产生活的意义，才能推动电商真正走进农村，帮助农产品走向市场。

　　例如，"京东"在农村电子商务的实践上一直强调产业扶贫，其核心就是希望帮助贫困户建立一个可以自行运行的机制。如今，在电商等零售模式的推动下，更先进的消费观、更成熟的消费行为正快速渗透进各个人群、各个地域，而以消费驱动的品牌经济的成长正在成为推动城乡经济发展的新动力。

　　在资源方面，各地方政府也在积极利用"电商快车"为农村发展提供新思路。例如，山西省临县就在积极探索"互联网＋大农业""互联网＋新农民""互联网＋美丽乡村""互联网＋农村经济新业态""互联网＋智慧生活"等扶贫新模式，打造电商扶贫创业园，并举办电商直播扶贫论坛。特别邀请专家前来就临县电子商务直播行业发展现状和电商直播扶贫的前瞻性问题进行研讨，以提高经营电商企业人员的业务水平。

　　在支撑体系上，各地政府与电商力图完善农村电子商务的服务体系。例如，"阿里"已先后多次通过合作、投资的方式，来为农村商业网络"打补丁"，其对象包括了海尔集团旗下的"日日顺"和"苏宁"的自营物流网络。目前，在联手"五星控股"并投资"汇通达"之后，"阿里"为农村市场提供包括品牌专供、下单平台、新零售系统、阿里云平台、物流系统的解决方案等一系列服务。

　　在互联网的环境下，电商能够突破时空限制，打破"信息鸿沟"与"孤岛效应"，为农村尤其是贫困地区的发展提供契机。在这个层面上，电商进农村对我国农村的发展具有重大意义。将互联网思维与电商基因注入农业，将有利于激发农村市场新活力，推进农村产业的全面转型升级。

　　3. 农村电子商务新模式不断涌现　　随着人们对互联网生活的依

赖，越来越多的电商增加了多种运营形式，如社交模式、本地模式、移动模式等。目前，我国网民 1/4 的时间花费在社区类网站上，如果将这部分流量转化为交易，则意味着新的购物需求的产生。同时，在用户做购物决策的过程来看，社区内用户的推荐、评论等都会对新消费者最终的购物行为产生一定的影响。因此，社交模式的产生可以成功地转化为客户的需求，最终实现电子商务交易。本地模式大多指的是线上和线下的结合，通过线下体验和消费，实现线上的电子商务交易；使企业可以更加有针对性地划分区域市场，根据区域特点发展不同业务。由于智能手机的普及，手机上网的用户规模持续上涨，越来越多的电商开始加大移动互联网的布局。微博、微信等智能手机的应用得到普及，已成为年轻人群日常生活的一部分，这也意味着新购物需求的产生。移动模式中，电商通过移动终端与消费者建立起即时的联系，及时地推送各种信息，以促成电子商务交易行为的产生。

"阿里""京东""苏宁"等广域平台纷纷发力农村电商，线上线下结合已明显呈现出不同的路径。"赶街""乐村淘""淘实惠"等聚焦于农村做电商服务的专域平台，也早已突破了一市一省的局部市场，向全国农村布局转型。尤其是供销社、邮政、"万村千乡"工程的营办主体基于过去在线下深耕多年的条件，开始从线下往线上发展。以"阿里村淘"为代表的从线上往线下发展；类似供销社、"万村千乡"点的从线下往线上走；"淘实惠"等一些电商平台，采取加盟、融入的方式，与本地线下商业主体携手，共同在当地做线上线下的结合。

"阿里零售通""京东新通路""苏宁小店"等面向乡村零售门店向乡村小店提供采购、供货等，供应链共享模式得到广泛应用，不断提升乡村零售门店的运营效率和服务品质，促进农村电商消费升级。同时，由乡村消费者口口传播的方式转为社交电商直供模式推广商品，电子商务平台基于自身供应链优势开展源头直采，或根据乡村消费者需求进行个性化定制，从源头上保证输出的商品为有品质、有品牌的商品。

第三节　主要模式

电子商务的参与对象，即交易主体，包括专门从事交易活动的商业企业、处于生产和消费领域两端的生产企业和消费者、政府，以及提供各种服务和信息传递的中介机构。企业指生产性、流通性和服务性企业；消费者是交易过程中占主导地位的主体；政府可以是监管者也可以是消费者，如工商管理部门、政府网上采购和政府网上招标等；中介机构指建立物流渠道的交通运输机构、建立资金流渠道的金融机构、建立信息流渠道的通信机构和信息服务机构、信用评价机构、产品市场调查机构、评定商品等级的标准化机构、经纪人公司和商品期货交易所等。

电子商务模式指企业运用互联网开展经营、取得营业收入的基本方式。电子商务模式随着其应用领域的不断扩大和信息服务方式的不断创新，电子商务的模式也层出不穷。农村电子商务模式的划分跟传统电子商务的模式类似，按农村电子商务所涉及的相关资源、产品、服务、交易形式及场景划分，基本可分为企业与企业之间的电子商务（B2B）、企业与个人之间的电子商务（B2C）、个人与个人之间的电子商务（C2C）等几种模式。

一、企业与企业之间的电子商务（B2B）

B2B 模式指以企业为主体，在企业之间进行的电子商务活动。产品交易供需双方均是商家或企业。在这种模式下，农产品的生产者、加工者、营销者、需求者均通过电子商务平台完成农产品的交易过程，整个过程中产品各环节的内部信息交互更为顺畅、便捷。B2B 电子商务是企业面临激烈的市场竞争、改善竞争条件、建立竞争优势的重要方法。开展 B2B 电子商务，将使企业拥有一个商机无限的发展空间，是企业谋生存、求发展的必由之路，使企业在竞争中处于更加有利的地位。它将会为企业带来更低的价格、更高的生产率和更低的劳动成本及更多的商业机会。目前，农村电子商务网站中，属于 B2B

模式的有美菜网、阿里巴巴电子商务平台农产品电子商务、中农
网等。

◆ 专栏：典型案例

美 菜 网

美菜网于 2014 年 6 月 6 日成立，隶属于北京云杉世界信息技
术有限公司（图 13-2、图 13-3）。美菜网主营餐厅食材 B2B 电
子商务，美菜网作为中国餐饮供应链杰出服务商，一直致力于用
前卫的理念和先进的科技改变落后的中国农业市场，专注为全国
近 1 000 万家餐厅提供一站式、全品类且低价、新鲜的餐饮原材
料采购服务。为客户提供省时省力、省钱省心的原材料，实现全
程无忧的采购，"买菜卖菜上美菜"深入人心。通过对采购、质
检、仓储、物流等流程科学精细化的管理，解决农民农产品滞销
问题。美菜网开启"美菜 SOS 精准扶贫全国采购计划"，旨在紧
急助销滞销农产品，帮助其拓宽销售渠道，让陷入绝望的菜农重
新燃起希望。美菜 SOS 精准扶贫全国采购计划足迹已遍及 22 个
地区。2018 年 4 月，美菜入选硅谷全球数据研究机构 PitchBook
评选的全球 16 家独角兽榜单。2018 年 9 月，估值 70 亿美元。

图 13-2　美菜网首页

图 13-3　美菜商家入驻页面及操作流程

◆ 专栏：典型案例

阿里巴巴

　　阿里巴巴（图 13-4、图 13-5）在 2013 年通过农村淘宝模式开启自己的农村电子商务战略。2014 年 7 月，阿里巴巴召集了全国 26 个省份的 176 个县（市）的书记、县（市）长，召开了"县长大会"，其中一个重要议题是如何将在县（市）、镇、村进行的

图 13-4　阿里巴巴网首页

图 13-5　阿里入驻页面及操作流程

电商发展壮大。随后，在 2014 年 10 月正式宣布自己的千县万村计划。千县万村计划指在 3～5 年内投资 100 亿元，建立 1 000 个县级运营中心和 10 万个村级服务站。该计划的主要目标是普及消费，留住农村人才，提供实惠的生产资料，促进农产品的全国销售。为了完成上述目标，阿里巴巴首先进行基础投资，在县村建立运营体系，加强物流，做好基础建设；其次，激活生态，帮助培养更多的买家、卖家和服务商，做好人才培养；再次，创新农村代购服务、农村金融、农资电商等；最后，创造价值，帮助农民提高收入、增加就业、实现新型城镇化。2016 年，阿里巴巴 CEO 张勇表示在未来 5～10 年，阿里巴巴集团将实施以全球化、内需到大数据和云计算的三大战略。

二、企业与个人之间的电子商务（B2C）

B2C 模式就是企业透过网络销售产品或服务给个人消费者。企业厂商直接将产品或服务推上网络，并提供充足资讯与便利的接口吸引消费者选购，消费者利用因特网直接参与经济活动的形式，类同于商业电子化的零售商务。B2C 是目前最常见的电子商务模式，也是目前国内农村电子商务的一种常用模式。农产品提供者先将农产品信息发布到电子商务平台的商城系统，而后农产品需求者即潜在客户，通过访问商城系统提供的整合信息，寻找自己需要购买的农产品信息，最后，在商城系统中完成产品的交易，并以货到付款的方式完成结算。目前，农村电子商务主要的 B2C 电子商务有京东商城、天猫商城、美团优选、苏宁易购、每日优鲜、本来生活等。

◆ 专栏：典型案例

京东农资频道

京东于 2004 年正式涉足电商领域。2018 年，京东集团市场交易额接近 1.7 万亿元。2019 年 7 月,京东第四次入榜《财富》全球 500 强,位列第 139 位,在全球仅次于亚马逊和 Alphabet,位列互联网企业第三。2014 年 5 月,京东集团在美国纳斯达克证券交易所正式挂牌上市,是中国第一个成功赴美上市的大型综合性电商平台。2015 年 7 月,京东凭借高成长性入选纳斯达克 100 指数和纳斯达克 100 平均加权指数。

京东紧跟阿里巴巴推出自己的农村电子商务计划。2014 年底,在四川省仁寿县进行农村电子商务的首个"星火试点";随后宣布京东将在全国全面启动"千县燎原计划",选择一批政府重视程度较高、电商发展基础较好、特色物产相对丰富、京东自建配送覆盖的县市,作为京东 2015 年电商下乡的重点拓展区域,邀请主管市长、主管县长、大型商贸企业家走进京东、了解京东、选择京东,与京东一同拓展农村市场,通过京东帮和京东县级服务中心"两条腿"向县级以下渗透。

2015 年 4 月,京东提出了农村电子商务未来发展的"3F 战略",包括工业品进农村战略(Factory to Country)、农村金融战略(Finance to Country)和生鲜电商战略(Farm to Table),是京东农村电商的发力点。京东"3F 战略"为解决长期困扰农村经济发展的三大难题而提出。工业品进农村战略,瞄准农村"买东西贵"的问题,发挥电商优势,消除城乡价格差异,让农民买到跟城里人同样价格的商品;农村金融战略,瞄准农民"借钱难"的问题,通过在金融领域的布局,让农民简单、方便地以合理的利息拿到贷款;生鲜电商战略,瞄准农民"卖东西难"的问题,打造生鲜电商,让优质农产品从产地直达消费者餐桌,打掉中间流通环节,以价格杠杆引导农民种植绿色安全农产品,帮助农民增收,为解决食品安全问题找到出路。

2015 年 8 月 11 日,京东农资频道(图 13 - 6、图 13 - 7)正式上线,将为全国亿万农民提供种子、农药、化肥、农具等农资产品的电商服务,京东也成为中国首家采取自营农资方式的综合电商。农民朋友可通过京东商城网站或手机客户端登录京东农资频道，从优选的国内外农资品牌中挑选正品农资产品，享受京东物流的送货上门服务，以及分期付款、京东白条和保险等金融服务，并让线上线下的贴身农技指导服务成为可能。京东农资频道的上线帮助农资企业扩大销量、提升品牌知名度和用户满意度；并通过建立在用户信息与反馈基础上的大数据分析，帮助企业探索以销定产、按销定制的新型销售模式。从2015年初开始，已有国内多家农资知名企业与京东达成合作协议，并入驻京东农资频道、发展农资农业产业合作，其中包括中国复合肥领军企业"金正大集团"、中国种子集团有限公司、北京京研益农科技发展中心、北京燕化永乐生物科技股份有限公司等。

图13-6　京东农资频道首页

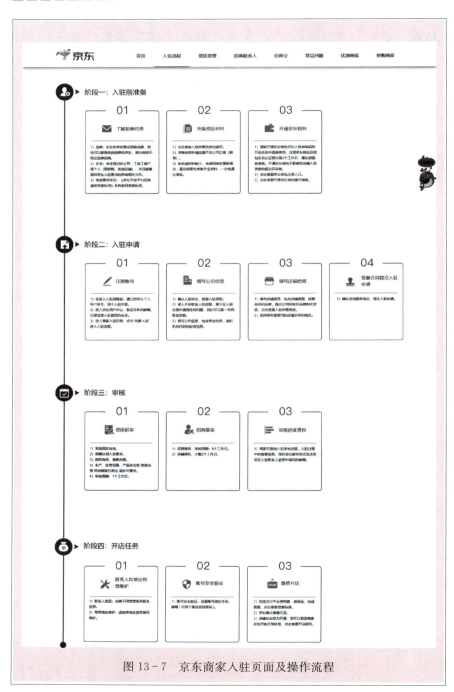

图 13 - 7　京东商家入驻页面及操作流程

◆ 专栏：典型案例

美 团 优 选

作为一家生活服务电子商务平台，美团以"吃"为核心，通过科技创新，和广大商户与各类合作伙伴一起，努力为消费者提供品质生活，推动生活服务业需求侧和供给侧数字化升级。公司拥有美团、大众点评、美团外卖等消费者熟知的 App（图3-8、图3-9），服务涵盖餐饮、外卖、生鲜零售、打车、共享单车、酒店旅游、电影、休闲娱乐等200多个品类，业务覆盖全国2800余个县（区、市）。2018年9月20日，美团正式在港交所挂牌上市。2020年10月17日，全国脱贫攻坚奖表彰大会在京召开，美团作为互联网企业代表，获颁全国脱贫攻坚奖"组织创新奖"。美团始终坚持以客户为中心，不断加大在科技研发方面的投入，更好承担社会责任，更多创造社会价值，与广大合作伙伴一起发展共赢。

美团优选是美团旗下的社区电商业务，通过"预购＋自提"的模式赋能社区便利店，为社区内的用户提供蔬菜、水果、肉禽蛋、酒水零食、家居厨卫、速食冻品、粮油调味等品类商品，满足社区居民的差异化消费需求，在进一步探索社区生鲜零售业态的过程中，推动生鲜零售线上线下加速融合。"预购＋自提"模式可实现按需集中采购，减少了商品的运输、存储时间，最大程度保障商品新鲜度的同时降低了损耗，且不涉及"最后一公里"的配送，从而将更大的让利空间留给消费者，使得商品更具价格优势。

社区便利店、快递站点等中小商铺经营者，或是"宝妈""自由职业者"，都有机会通过美团 App 申请成为团长，并有机会获取相应收入。

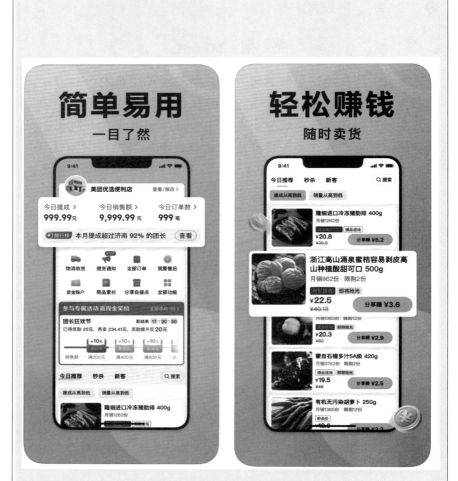

图 13 - 8 美团优选 App 页面

图 13-9 美团优选商家入驻页面及操作流程

三、个人与个人之间的电子商务（C2C）

C2C 模式，即个人对个人的电子商务模式，在农村电子商务中具体指农产品供需双方直接通过第三方电子商务网络平台完成整个产品的信息发布、选择、交易、结算全过程。国内农村电子商务 C2C 模式起步较晚，目前主要的 C2C 电子商务有拼多多、淘宝网、咸鱼、拍拍等。

◆ **专栏：典型案例**

拼 多 多

　　拼多多隶属于上海寻梦信息技术有限公司，创立于 2015 年 9 月，是一家致力于为广大用户提供物有所值的商品和有趣互动购物体验的新型电子商务平台，详见图 13-10。拼多多通过创新的商业模式和技术应用，对现有商品流通环节进行重构，持续降低社会资源的损耗，为用户创造价值的同时，有效推动了农业和制造业的发展。截至 2018 年，拼多多平台已汇聚 4.433 亿年度活跃买家和 360 多万活跃商户，平台年交易额超过 5574 亿元，迅速发展成为中国第二大电商平台。2018 年 7 月，拼多多在美国纳斯达克证券交易所正式挂牌上市。2018 年，拼多多移动平台完成 111 亿笔订单。新电商模式所释放的潜力，为拉动中国内需、推动最广大区域消费升级作出了巨大贡献。

图 13-10　拼多多网站首页

　　拼多多将创新的电商模式与精准扶贫紧密结合，为推动农产品大规模上行提供了有效途径。平台的"拼购"模式能够迅速裂变并聚集消费需求，实现大规模、多对多匹配，将农产品直接从田间送到消费者手中，令中国农业生产与需求离散化的劣势转变为优势。拼多多积极响应党中央、国务院关于打赢脱贫攻坚战和实施乡村振兴战略的号召，投入大量资源，深入全国近千个农业产地，以市场为导向解决农产区的产销问题，以技术为支撑打造"农货中央处理系统"，创新了以农户为颗粒度的"山村直连小区"模式，为脱贫攻坚贡献积极力量。基于"最初一公里直连最后一公里"的产销模式，拼多多全力培育具备网络营销能力的"新农人"，努力实现应急扶贫与长效造血的融合发展。截至 2018 年底，拼多多已累积带动 62 000 余名新农人返乡，平台及新农人直连的农业生产者超过 700 万人。通过精简农产品供应链，拼多多持续提升留存价值链的附加值，推动生产要素尤其是人才要素实现优化配置，有效激发覆盖农产区的内生动力，带动产业下沉。2018 年，拼多多平台农产品及农副产品订单总额达 653 亿元，较 2017 年的 196 亿元同比增长 233％，成为中国最大的农产品上行平台之一。其中，平台注册地址为国家级贫困县的商户数量超过 14 万家，年订单总额达 162 亿元。拼多多大力推动农产品上行及供给侧改革，在精准扶贫、促进就业、推动实体经济转型升级等方面持续贡献力量。

　　商家入驻方式（图 13-11）：进入拼多多官网，点击"商家

图 13-11　拼多多商家入驻页面

入驻"-"我要入驻"自主入驻。具体流程为：选择店铺类型；填写并提交相关资质、店铺名（入驻成功后店铺名不能修改）、店铺LOGO、店铺详情等信息；等待拼多多平台审核；平台审核通过后签约；上架商品。

◆ 专栏：典型案例

抖商（抖音电商）

抖音短视频简称抖音，是一款于手机上播放短片的社群应用程序，用户可录制15秒钟的短片，并内置各类特效，用户可对短片留言。2016年9月于今日头条孵化上线，定位为适合中国年轻人的音乐短片社区；用户可以通过这款软件选择歌曲，拍摄音乐短视频，形成自己的作品。自2017年以来，获得用户规模快速增长。2019年1月，抖音宣布国内日活突破2.5亿。其在电商变现模式上的加速，更催生了抖商的涌现。

抖商就是基于"抖音＋多闪"组合式社交平台的商家。（图13-12），商家通过专业性、娱乐性与垂直性的视频发布，积累自己的粉丝；然后，通过多闪或微信变现的商业模式，是继微商之后在视频行业的新的商业模式。抖音等短视频平台商业化的爆发，让抖商开始活跃。2018年10月，抖音商业化平台"星图"正式上线，并宣布4家官方服务商，用来连接广告主、达人和MCN机构，为他们提供服务；抖音全面开通购物车功能，任何发布视频大于10个且达到8 000以上粉丝的实名认证账号都可以自助开通抖音购物车功能。12月，抖音宣布推行蓝V扶持计划。抖音数据显示，抖音企业蓝V账户分布在互联网、服装、美食等27个行业。2018年10月一共产出75万条短视频，累计播放量360亿，收获点赞10亿，整体粉丝1.76亿，总体获取粉丝累计9.17亿。

图 13-12　抖音 App

商家入驻（图 13-13）：使用电脑浏览器（建议使用谷歌浏览器）访问网址：https：//fxg.jinritemai.com/，可以选择头条账号、抖音账号、火山账号任意一种渠道进行注册或登录；后续流程为"入驻"-"主体信息审核"-"入驻信息审核"-"签署合同"-"交纳保证金"-"入驻成功"。

图 13-13　抖音电商入驻入口

第十四章

生活服务业

　　乡村生活服务业与农民生活密切相关，对于促进社会主义新农村建设、全面建成小康社会、扩大农村消费、推动农民创业就业具有重要意义。当前，我国乡村生活服务业总体上发展水平较低，市场体系不健全、市场环境差、发展不平衡、服务质量不高等问题较突出，迫切需要健全乡村生活服务体系。

第一节　概　　述

一、基本概念

　　乡村生活服务业是为乡村常住居民以及来到乡村临时居住的城镇居民提供服务，解决消费者生活中各种需求的产业。乡村生活服务包括提供物质方面的服务，如提供餐饮、清洁卫生等；也包括提供精神方面的服务，比如文化娱乐、休闲体验等。乡村生活服务业是服务经济的重要组成部分，主要包括住宿餐饮、居民服务、修理服务、养老服务、养生保健、文化体育、休闲农业与乡村旅游，以及医疗、教育等公共服务。本文重点介绍经营性的乡村生活服务业。

二、主要范围

　　1. 住宿餐饮　乡村住宿餐饮与城镇不同，城镇住宿餐饮业发展已经十分成熟，乡村住宿餐饮更多体现乡村特色，主要有民宿、农家乐和乡村餐饮专业化服务。在住宿方面，乡村居民利用闲置房屋开展民宿服务发展较快。有些经营者利用闲置的水电站、砖瓦窑等进行装修改造，开展特色民宿也颇受欢迎。农家乐既是我国休闲农业的初始形态，也是住宿餐饮的主要载体。乡村餐饮服务主要包括专业机构或私人为家庭庆祝活动提供食品的即时制作，换言之就是由第三方提供"流水席"的专业制作服务；还有乡村社区化发展过程中出现的快餐、送餐服务等。

◆ 专栏：典型案例

浙江省安吉县晓岛民宿

浙江省安吉县晓岛民宿是由一个废弃的水电站改建的民宿。独具特色的小水电文化加上设计感强烈的工业风，受到了来自上海、杭州等地的设计师、摄影师、自由职业者的热捧。安吉县是浙江省较早建设小水电站的地区，20世纪90年代后期达到顶峰，最多的时候这个小城甚至拥有111座水电站。但随着经济社会的发展，许多小水电站开始退出历史的舞台，上墅乡龙王村的龙王水电站就是其中的一座。机缘巧合，这座普通的废弃水电站成为浙江省第一间"水电站民宿"：房子被分割成了两层，一层成为前台和餐厅，另一层则藏着"前世"的故事和4间"今生"的客房，"机组停机""严禁合闸"和"有电危险"等标识还挂在发电机组之上，仿佛水流声和机器运转的机械声还在耳边回响。晓岛民宿有个别名，叫"今晚在水电站值班"，给人无限的回味与想象。

"今晚在水电站值班"的出现让村里68位"农家乐"业主很是羡慕，并开始谋划起自己的"出路"。从前，村里民宿普遍存在硬件设施跟不上、服务水平满足不了客人的需求、留不住客人的问题；现在有了"今晚在水电站值班"做示范，大家也都纷纷想往精品民宿转。

2. 居民服务　乡村居民服务主要以农村家庭为服务对象，以农村社区为重要依托，以钟点工与家政劳动、3岁以下托儿所服务、衣物干洗与湿洗、理发、美发、美甲、洗浴、温泉水疗、婚姻介绍、婚庆典礼、殡葬服务等业态为重点，整合农村家庭服务资源，实现人力资源、信息资源、公共服务资源的优化配置。以前，农村居民在生活方面更多是"日求三餐，夜求一宿"；在经济实力显著提升的现在，更多的人开始追求健康、舒适、快乐、便捷的生活。

3. 修理服务 乡村修理服务主要包括：车辆专业修理，如上油、充气、喷漆等；洗衣机、电冰箱、电视机等家用电器的修理；自行车修理；箱包、鞋、皮革的修理；家具及其他物品的修理；手机、计算机硬件和系统环境的维护和修理等。

4. 养老服务 养老服务指为老年人提供必要的生活服务，满足其物质生活和精神生活基本需求的产业。在全国人口老龄化发展过程中，乡村老年人会越来越多。一方面，随着城镇化的快速推进，更多的青壮年留在城镇发展，无暇回村照顾老人；另一方面，许多老人具有浓厚的乡土情结，不习惯城镇的生活，不愿离开乡村。大量的留守老人使得养老服务成为必需。此外，乡村美丽的田园风光及人居环境提升后，便利的条件也吸引了许多城镇中退休的老人回归乡村，进一步提升了发展养老服务产业的需求。

5. 乡村旅游与休闲农业 乡村旅游与休闲农业指利用田园景观、自然生态及环境资源，结合农林牧渔生产、农业经营活动、农村文化及农家生活，提供民众休闲、增进民众对农业及农村生活体验为目的的经营活动。休闲农业作为一种产业，兴起于 20 世纪 30～40 年代的意大利、奥地利等国，随后迅速在欧美国家发展起来。我国乡村旅游与休闲农业始于 20 世纪 90 年代城市周边的"农家乐"，后逐渐发展休闲农庄、民俗村、休闲田园等多种形态。近些年，乡村旅游与休闲农业发展迅速，已成为乡村服务业的重要内容。乡村旅游与休闲农业也渐渐与养生健康、文化体育，甚至康养、医疗等服务结合在一起。

6. 养生健康 养生健康服务是以维护和促进人民群众身心健康为目标，提供中医医疗保健、健康养老、健康体检、健康管理与促进、体质测定、体育健身、医疗保健等服务的活动。随着我国社会经济发展水平的不断提高，广大居民的健康意识不断增强，对健康服务的消费意愿日益强烈。此外，工作生活节奏加快、压力增加，也导致亚健康、慢性病的发生率越来越高，人们需要通过医疗之外的养生保健手段进行养护调理、提高生活的品质。乡村具有不同于城镇的景观、空气、饮食、文化等资源，有助于养生保健。尤其，乡村景观经过悠久的历史演变，山、水、生物等风光展现了"天人合一"的精神本质，能给人以美的享受，沉淀浮躁、调节机体。乡村空气的负氧离子浓度显著高于城镇，有益于身体健康。在乡村，参与农耕活动，既能愉悦身心，又能以动养生。乡村的饮食更加新鲜、营养、健康，体现时令养生的要求。乡村的文化、民间习俗和传统节庆是以"和"养生的基础，游客参与乡村的人文活动可陶冶身心，实现乡村养生与传统文化传承的双赢。

7. 文化体育　乡村文化是农民在长期的农业生产与生活实践中逐步形成并发展起来的道德情感、社会心理、风俗习惯、是非标准、行为方式等，表现为民俗民风、民间曲艺等。乡村体育指乡村发展过程中形成的具有乡村特点的民间体育活动，如武术、摔跤、马术、划龙舟等。乡村文化体育是城镇文化体育的根基，随着城乡一体化的推进，乡村文化体育在保持一定独特性的同时也越来越受到城镇的影响。

第二节　发展概况

一、发展现状

1. 住宿餐饮　我国民宿市场发展仅仅只有 10 年左右时间，但发展十分迅猛；其中，莫干山民宿已发展成为行业的旗帜。在 2015 年，莫干山镇的精品民宿就已经有近 100 家，实现直接营业收入达 3.5 亿元。莫干山的民宿在全国被纷纷模仿，国内掀起了民宿热潮。与民宿相比，我国"农家乐"起步更早，发展特点是速度快、分布广、类型多。据有关部门统计，目前我国农家乐已达到 150 多万家。在餐饮方面，乡村团体餐饮专业化是近年来乡村餐饮发展的新特点，"流水席"是乡村操办喜事的重头戏，传统由村民互助办理的餐饮逐渐被"下乡"的专业餐饮机构取代。

2. 居家服务　当今，乡村的婚庆、托幼、理发、殡葬等都发展为专业服务。例如，婚庆作为一个新兴行业，在全国发展十分迅速，婚庆公司如雨后春笋般涌现。婚庆的专业服务正从城镇向乡村扩展，服务范围涉及婚礼咨询、婚礼策划、婚礼化妆、婚礼主持、MV 设计拍摄等。

3. 修理服务　随着经济社会的发展，乡村修理服务的内容发生了较大变化，传统走街串巷补锅、补碗、修鞋、修伞等都已成为历史；当前，乡村修理主要集中在农机、摩托车、自行车及家用电器的修理方面，提供修理服务的主体主要是个体户。

◆　**专栏：典型案例**

大学生农用车修理店

在农村搞农用车维修的比较少，市场空间很大。本科毕业的 90 后大学生小张，原在城市中工作，后来辞职回了农村老家，在当地开了一家修理店，主要从事摩托车、电动三轮车、两轮车及其他农用车辆的维修服务工作。小张脑瓜灵活，又有知识学问；当地同行少，竞争不激烈；他把精力主要放在服务上，为人和蔼可亲，顾客满意。不到两年时间，他的农用车修理生意居然蒸蒸日上。

4. 养老服务　我国养老服务的需求在不断增加，而广大农村更甚，因为农村人口老龄化问题更加严重。与此同时，农村老人的社会保障程度更低、购买养老服务的能力更弱，农村的居住较分散，需要乡村养老服务创新发展。近些年，各地在农村养老方面进行了积极探索，涌现出居家养老、互助养老、以地养老等多种模式。

5. 乡村旅游与休闲农业　近年来，随着消费结构升级，休闲农业和乡村旅游蓬勃发展，农业与其他产业结合，催生创意农业、教育农园、消费体验、民宿服务、农业科普、康养农业等新产业新业态。

据监测调度，2018 年全国休闲农业与乡村旅游接待人次超 30 亿，营业收入超过 8 000 亿元。休闲农业与乡村旅游促进农民从单纯卖农产品向更多"卖过程""卖风情"转变。休闲农业与乡村旅游以其新颖的产业形态和有效的运行方式，充分发掘农业的文化传承、生态涵养等多种功能，以及乡村绿水青山、清新空气等多重价值。目前，共有休闲农业与乡村旅游示范县 388 个，聚集村已达 9 万多个，美丽休闲乡村 710 个，美丽田园 248 个。

二、存在的主要问题

1. 服务体系不健全 乡村生活服务早已有之，但产业化发展的时期并不长，尤其是近些年乡村人口结构、生产生活方式变化较快，而乡村生活服务业发展相对滞后、服务体系尚不完善。目前，乡村服务中为外来人员提供生活服务的部分，如休闲农业、健康养老等，发展较快；此外，餐饮专业化服务发展也很快。许多关系农村居民切身利益的居家服务则发展较慢，如托幼、养老等；主要原因是农村的居住人群一般都较为分散，社区服务的成本相对较高。修理服务业主要集中在城镇，服务"最后一公里"的问题未得到解决。总体而言，覆盖县、乡、村的生活服务网络尚未建立起来。

2. 基础设施不完善 与城镇生活服务相比，乡村教育、文化、医疗卫生、社会保障等社会事业发展滞后，人居环境不完善，在道路交通、医疗设备及通信设施等方面与城市存在着较大的差距，服务类企业的发展又恰巧对基础设施尤其是通信有着较高的要求。根据《2018 年民政事业发展统计公报》，截至 2018 年底，全国共有各类社区服务机构和设施 42.7 万个，城市社区综合服务设施覆盖率 78.7%，农村社区综合服务设施覆盖率 45.3%。但是，农村的老龄人口数量要多于城镇；一些乡村的养老设施已经年久失修，环境无法满足老年人入住。许多乡村没有托幼设施，或者托幼场所不提供午餐，家长每天需要数次往返乡镇和农村，生活极其不便。

3. 服务质量不高 总体而言，我国乡村生活服务业处于一个小、散、乱的自发式发展状态，缺少大的龙头企业、连锁经营企业提供服务。许多经营者就是个体户，服务的专业化、标准化、规范化水平低，服务质量不高。例如，乡村流水席如今大多由第三方专门服务机构提供，食材购买、运输、加工制作过程没有部门监督管理，存在一定的食品安全隐患。再如，车辆维修行业，有时候发生同一质量问题多次维修、小故障修成大故障、大故障要送县城修等现象；此外，还存在维修费用不透明、变相收费等问题。在乡村，家电的售后服务是突出问题。很多农民吐槽买家电要靠运气，家电卖家在老百姓买家电的时候十分热情，电话反复沟通，而修家电时则十分冷漠，听说要换新，才能提起热情来。家电的直营服务站和特约维修店一般在三四线及以上的城市，私营维修代修点及"马路游击队"是乡镇农村家电维修的主力；其特点是上门快、收费低，但由于维修工具差、缺乏原配件、人员素质低等原因，无法保证维修质量。

4. 发展不均衡 受各地经济发展水平和乡村布局等因素的影响，乡村服务业在我国的发展不太均衡。在经济发达地区，农村社区建设发展很快，有的在村庄合并中建社区，有的采用"多村一社区"，有的规模较大的采用"一村一社区"模式；在社区内发展救助、医疗卫生、计划生育、科技教育、文化体育、劳动保障、法律服务、养老、餐饮、修理等各种公共服务和经营性服务。有些城郊乡村，积极推进城乡服务资源共享机制，采用政策引导和支持城镇服务企业"下乡"服务。这些地区乡村生活服务业发展较为完善。另外，有些乡村依托传统文化、特色景观等稀缺资源，在大力发展民宿和旅游等服务业的同时，补齐了其他生活服务业的短板。但更多经济水平相对较差的乡村，生活服务业发展得较为缓慢，甚至才刚刚起步。

三、发展趋势

1. 产业总量将不断增加 2018 年，我国服务业实现增加值469 575亿元，占全国 GDP 比重为 52.2%，同比增长 7.6%，增速比第一产业和第二产业分别高出 4.1 和 1.8 个百分点；服务业无论总量还是增速都是最高的。不过，目前我国服务业的发展主要来自城镇服务业的贡献，乡村服务业的发展相对不足，其中乡村生活服务业的发展更是我国服务业的短板。当前，我国乡村生活服务业有强烈的需求。例如，乡村与城市一样需要生活用品直配到家的服务，也需要网上缴纳水电费的服务、需要清洁护理等家政服务，但总体上服务供给严重不足。因此，乡村生活服务业未来增长的潜力巨大。随着乡村服务消费能力的进一步提升、服务业主体的快速发展壮大，乡村生活服务业将迎来快速发展的阶段，产业规模总量将不断增加。

2. 服务质量逐步改善　目前，我国乡村生活服务质量不高的主要原因包括基础设施缺少、经营主体规模小、从业人员素质低、缺少规范标准及行业监管不到位等。随着道路交通以及宽带、无线网络等信息基础设施的改善，在服务型龙头企业的带动下，培训机构、技工院校、行业协会及社会团体加快对留乡农民开展家政服务、物流配送等培训，以及大学生、退役军人等返乡创业人才队伍不断壮大。资本、技术、人才等生产要素的集聚明显加快，乡村生活服务业的落后面貌将很快得到改善。与此同时，在政府积极推动乡村生活服务业示范县、示范乡、示范村的引导作用及行业出台相关标准的规范作用下，乡村生活服务业的质量将日趋完善。

3. 城乡生活服务业的融合更加紧密　长期以来，城乡之间生活服务的内容和质量存在较大差异。为促进城乡生活服务均衡发展，商务部在《关于促进农村生活服务业发展扩大农村服务消费的指导意见》中专门提出，要优化政策环境，吸引各类社会资本进入农村生活服务业，鼓励中心城市有实力、信誉好的市场主体直接到乡村设立经营网点，直接向农村居民提供服务，健全农村生活服务网络，补齐农村生活服务短板。随着乡村振兴战略的深入实施，城乡人居环境、设施条件、消费水平的差异将大大缩小，乡村还具有城市所缺少的洁净空气、朴实民风、健康饮食，这些软环境的改善也有助于城镇服务业不断向乡村延伸。未来一段时间内，城市社区服务企业的服务领域和模式将会更好地延伸到农村，促进城乡生活服务业的融合发展。

4. 线上线下融合更加紧密　近些年，我国信息技术发展迅猛，"互联网＋"使得各行各业发展出一些新模式新业态。乡村服务业的发展也得到互联网企业的光顾，出现了"日日顺乐农""卖货郎"等一批农村服务业品牌平台，详见表 14 - 1。未来，随着 5G 技术和大数据的进一步应用，乡村生活服务业与信息技术的结合将更加紧密。商务部《关于加快居民生活服务业线上线下融合创新发展的实施意见》提出，要鼓励居民生活服务企业创新商业模式，加快建设民宿短租平台，利用微信、微博等客户端等建立直销体系，开发闲置资源，扩大住宿服务供给；支持洗染、维修、美容美发等行业依托已有电商平台或自有服务平台，开展上门取送、到家服务等业务，拓展营销渠道；引导各类家政和养老信息平台提供面向老年人的在线咨询、法律援助、健康保险、医疗护理等服务。可以预见，未来乡村的生活服务将与城镇一样，手机一点，轻松搞定。

表 14 - 1 2018 年乡村综合服务平台一览表

序号	平台名称	平台定位
1	日日顺乐农	农村美好生活服务平台
2	卖货郎	农村综合电商服务平台
3	益农社	农村 O2O 综合服务平台
4	乐村淘	村镇 O2O 电商平台
5	淘实惠	农村电子商务服务平台
6	村村乐	农村社区综合服务平台
7	智慧农村	农村生活所需品综合服务平台
8	58 农服	农村综合性服务平台
9	乐农之家	生态型互联网农牧业养殖平台
10	村知叔	农村医疗服务科技公司

第三节 主要模式

一、乡村生活综合服务

1. 农村社区综合服务社模式 农村社区综合服务社模式是在供

销社创建农村综合服务社的基础上发展而形成的。2002 年，全国供销合作总社根据当时经济社会发展情况及中央对"三农"工作的总体部署，提出了对供销合作社影响深远的"四项改革"，其中之一是参与农业产业化改造基层社，甚至更进一步参与农村社区建设，开办农村综合服务社。全国供销合作总社于 2006 年发布了《关于加强农村综合服务社建设的意见》，全面部署农村综合服务社的建设工作。2009 年，国务院出台的《关于加快供销合作社改革发展的若干意见》要求，广泛凝聚各类资源，大力开展农村社区综合服务。2017 年，商务部的《关于促进农村生活服务业发展扩大农村服务消费的指导意见》指出，应充分依托现有的农村服务网络，加强与供销社系统的合作，汇集客流、物流、信息流和资金流，提供农资采购、农产品销售与追溯技术服务、信息咨询、传真打印、物品寄存、通信、网购等综合服务。

建设农村社区综合服务社是充分利用原有基层社设在农村的经营网点、服务设施和管理人才等资源，通过网点改造、资产重组、社会加盟等多种形式，加快组建日用品连锁便民店和农资供应连锁店，通过连锁经营、商品配送等方式将现有的"农家店"及其他经营组织和个人吸收到综合服务社的建设中来，进一步扩大供销合作社网络覆盖面。农村社区综合服务社的主要功能包括：一是提供日用消费品销售、农业生产资料供应和农副产品收购等农民生产生活需要的基本经营服务项目；二是积极开展农业科技服务和农产品市场信息服务，能够为农民提供大件农机具租赁和大宗农副产品的代购、代销服务；具备条件的可设立庄稼医院，开展配方施肥、病虫害防治等服务；三是能够提供电话预约服务，做到随叫随到、送货上门、送农资到田间地头；四是根据农民实际需要，逐步增加文化、体育、娱乐、休闲等服务项目。农村社区综合服务社强化服务要求，对日用品连锁便民服务要求积极开展上门服务、电话预约服务、网上服务、送货到门等。截至 2018 年底，全系统共建立综合服务社（中心）42.2 万家。

◆ 专栏：典型案例

山西省太原市尖草坪区农村社区综合服务中心

建设农村社区综合服务中心，是山西省太原市尖草坪区供销合作社作为农村基层组织的一次艰难蜕变，改变了供销合作社自改革开放以来在当地农村网破、点失、线断、人散的萧条境况，为搭建为农服务平台、重新占领农村阵地、塑造供销合作社新形象作出了积极贡献。

主要功能：尖草坪区供销合作社将经营性服务项目与公益性服务项目共同设置，通过经营性项目的盈利资金或租金来补贴公益性项目，实现了两个项目同步发展；并与中国移动、农村信用社等企业达成了长期战略合作意向，既满足了农民生产生活需求，又为综合服务中心的可持续发展提供了有力支撑，实现了互补共赢。综合服务中心的建设，立足于解决民生问题，以日用消费品、农资连锁店为基础，全方位延伸、拓展、提升社会服务功能，真正达到"建得起、用得上、管得好、靠得住"的良好效果。他们结合各村农民生产生活需求和消费习惯等实际，设立了便民店、农资店、合作医疗卫生所、文化娱乐活动室、图书阅览室、健身广场、科技信息平台、理发店、信用社、移动缴费厅等多项服务设施，赵道峪等部分村还增设了红白理事会、便民澡堂、餐饮、修理等劳务和技术服务项目，有效满足村民文化、体育、娱乐、医疗、通信、购物、理财等方面的需求，切实成为农业生产资料调配中心、生活资料供应中心、农副产品推销中心、致富信息传播中心、科技推广和文化建设的活动中心，真正实现了服务内容的社会化、系列化、综合化，从根本上解决了广大农民用（便民连锁商店全覆盖）、花（信用社、社会保险全覆盖）、玩（体育场全覆盖）、走（街道硬化全覆盖）、看（图书室全覆盖）等涉及农民切实利益的实际问题。如今，村民在家门口可享受"一站式"

综合服务，进一步缩小了农村与城市基本公共服务的差距。

投资方式：采取"财政补贴一点、乡镇自筹一点、供销合作社投资一点、市场化运营收入一点"的多元化资金筹措方式开展农村社区服务中心建设，减轻投资压力。在发展建设过程中，尖草坪区供销合作社积极寻求与村委会和其他社会力量的合作，运用供销合作社集资、社会投资、政府补贴的办法来调动各方力量参与建设的积极性，优化资源配置，高起点、高标准、高质量建设，有力推进了项目的顺利实施。一是供销合作社自建。利用自有经营场地、设施，投资 1 400 多万元，对阳曲、柴村、向阳、柏板、西墕、西村 6 个基层社进行改造，将其打造成为拥有信用社、移动通信、图书阅览、便民连锁商店、棋牌娱乐、体育健身、农业信息、美容美发和医疗卫生等项目的社区综合服务中心。二是与村委会联建。利用村委会场所，投资 135 万元，联合建设赵道峪村、皇后园村、北下温村、营村、峰西村、杜家村、中下温村等 9 个农村社区综合服务中心，打造村级政务平台，设置警务室、党员之家、司法调解室、红白理事会等，使之成为党政各级部门联系和服务"三农"的社会化公共混合式平台。三是与社会力量合建。利用农村闲置场地，投资 10 万元，积极引导社会企业、农村能人参与公共事业建设，与三给村一位农村能人合建综合服务中心，发展壮大服务力量，搭建综合服务平台，不仅方便了农民群众的生产生活，而且树立了基层供销合作社的新形象，受到了广大农民的热烈欢迎和普遍认同。

经营管理：为了将农村社区综合服务中心打造成为品牌并产生效应，尖草坪区供销合作社对中心的门头标识、内部设施等实行了标准化管理。在经营性服务方面，对农村便民连锁商店、农资便民店实行了"五统一"，即统一标识、统一管理、统一核算、统一配送、统一承诺，切实塑造和提升了综合服务窗口的良好形象。在公益性服务方面，所有公益服务项目统一纳入政府职能部门管理体系，由政府职能部门实施管理。例如，农村医疗室的医疗卫生人员和农民保障性药品由区卫生局统一配备管理；农民法律咨询、矛盾纠纷调处等由区司法局负责；文体器械维护及管理由区文体局负责；红白理事会由村委会组织运作和实施。在中介性服务方面，采用整体引进入驻、统一管理的办法。例如，代收话费业务由移动公司系统管理。

2. "互联网＋生活服务业" 生活服务业是解民忧、暖民心、致民富的重要抓手。传统生活服务业难以满足居民不断变化的消费需求和不断提升的生活品质，存在的问题也逐渐暴露出来。当前，"互联网＋"技术快速进入养老、医疗、交通等民生服务领域，颠覆传统产业，给生活服务业的发展带来了新的机遇。在互联网迅速发展的今天，城市电商在激烈的竞争中趋于饱和，不少电商开始将目光投向了农村。根据国家统计局最新的人口统计数据，我国 14.12 亿人口中，农村常住人口约占总人口的 36.11％。对于电商来说，36.11％的农村人口意味着广大的潜在市场；对于农村来说，电商同样是使当地生产生活搭上时代快车的关键途径。

"互联网＋生活服务业"中比较典型的是农村电子商务，即通过网络平台嫁接各种服务于农村的资源，拓展农村信息服务业务、服务领域，使网络平台成为遍布县、镇、村的"三农"信息服务站，从而大大降低农村商业成本，扩大农村商业领域，使农民成为平台的最大获利者，使商家获得新的利润增长。

越来越多的电商看到农村市场的潜力，主动加入农村电子商务的建设中来。2018 年，全国淘宝村和淘宝镇网店年销售额超过 7 000 亿元，在全国农村网络零售额中占比接近 50％，带动就业机会超过 683 万个。阿里巴巴 COO 张勇曾用"三个 1"描绘了其在十亿人口农村的庞大野心：3～5 年内投资 100 亿元，建立 1 000 个县级运营中心和 10 万个村级服务站。这意味着，阿里巴巴将借助线下服务实体，将其电子商务的网络覆盖到全国 1/3 强的县及 1/6 的农村地区。阿里巴巴集团选定了 10 个深度贫困县，把贫困户手中的优质农产品卖向全国。农业农村部数据显示，2018 年，832 个国家级贫困县电商市场规模达 867.6 亿元；其中，阿里巴巴平台的网络销售额超过 630 亿元，相当于承担了 72.6％的电商脱贫任务。苏宁、京东等电商巨头也不甘落后。苏宁上线了"中华特色馆"，为贫困地区提供产销对接、商品交易、数据共享等服务支撑；京东则以品牌化为核心，通过组织引领、技术赋能、精准营销，实现扶贫的精准落地。据统计，2018 年全国农村网络零售额达到 1.37 万亿元，同比增长 30.4％；全国农产品网络零售额达到 2 305 亿元，同比增长 33.8％。由此可见，近年来，我国的农村网络零售交易增长迅猛，农村电子商务的发展在兴乡富民过程中扮演起了越来越重要的角色。

◆ 专栏：典型案例

农 村 淘 宝

农村淘宝是阿里巴巴集团的战略项目。阿里巴巴与各地政府深度合作，以电子商务平台为基础，充分发挥电子商务优势，突破物流、信息流的瓶颈，实现"网货下乡"和"农产品进城"的双向流通功能。村淘搭建的是县、村两级服务网络，县运营中心村淘"小二"负责运营管理、物流和村级服务站的建设，村级服务站的"掌柜"则帮助村民代买商品、代卖副产品。

2009 年出现的了第一个淘宝村，由信息化带动工业化和服务业，促使县域经济换道超车，农民变成"新农商"，乡村与城镇融合一体。2016 年 10 月 28 日，农村淘宝 App 重磅上线了国内首个面向农村市场的在线生活服务平台，也是继"村淘合伙人"更名为"村小二"之后，"村淘 3.0 战略"模式下的首个业务升级大招。目前，入驻平台的商家涵盖婚庆、餐饮、旅行、家电数码维修、建筑家居、教育培训等多个行业，村民们足不出户就能享受到近百种服务，还能预约各类专业技能培训或者预约报考驾照。安徽省来安县"村小二"刘欢欢曾多次参加"农村生活服务平台"的前期调研，"咱们村民几乎没有享受过任何服务。电视机、自行车、摩托车啥的坏了，给钱都没人来修。村里的红白喜事，找个厨师还得雇车跑大半天到县城去请。"农村淘宝生活服务平台上线后，不但一键召唤大厨上门成为可能，村民遇到的诸多生活难题都可以迎刃而解了。

从"互联网＋农村"的新型城镇化探索到直播兴起的"实时城镇化"，弥补城乡二元格局下的信息、思维鸿沟的速度超乎寻常。2019年，淘宝启动"村播"计划，助力打造农村"网红"主播；仅3个月时间，村播项目就覆盖了全国270个县，开了近5万场直播，超过2亿人次观看。直播带货成为玉石行业的标配，并催生了云南瑞丽勐卯镇等多个淘宝镇。

◆ 专栏：典型案例

益农信息社

益农信息社是农业农村部"信息进村入户"工程，旨在统筹城乡均衡发展、缩小数字鸿沟，将农业信息资源服务延伸到乡村和农户，通过开展农业公益服务、便民服务、电子商务服务、培训体验服务提高农民的现代信息技术应用水平，为农民解决农业生产上的产前、产中、产后问题和日常健康生活等问题，实现普通农户不出村、新型农业经营主体不出户就可享受到便捷、经济、高效的生活信息服务。益农信息社服务内容包括：

买：村级信息服务站（图14-1）依托授权的电子商务平台为本地村民、种养大户等主体代购农业生产资料和生活用品等物资，如种子、农药、化肥、农机、农具、家电、衣物等。

卖：培训和代替农村用户或种养大户等主体在电子商务平台上销售当地的大宗农产品、土特产、手工艺品等，出售休闲农业旅游预订服务，发布各类供应消息，解决当地农民渠道窄、销售难的问题。

图14-1　益农信息社农村服务站

推：一是推便民公益服务，利用12 316、信息服务站、新农邦电商平台等，向农民精准推送农业生产经营、政策法规、村务公开、惠农补贴查询、法律咨询、就业等公益服务信息及现场咨询；二是协助政府部门开展农技推广、动植物疫病防治、农产品质量安全监管、土地流转、农业综合执法等业务；三是向农民提供农业新技术、新品种、新产品培训，提供信息技术和产品体验，帮助农民解决生产中的技术和销售问题，促进农业、农村、农民与大市场的有效对接。

缴：为村民代缴话费、水电费、电视费、保险等交费项目，使村民不出村即可办理相关业务事项。

代：为农民提供各项代理业务；代理各种产品销售、婚庆、租车、旅游、飞机订票等商业服务；代办邮政、彩票等机构的中介业务等。

取：村级信息服务站作为村级物流配送集散地，可代理各种物流配送站的包裹、信件等收取业务和金融部门的小额取款等业务，方便村民的生活。

二、乡村生活专项服务

1. 养老服务

（1）农村区域性养老服务中心。农村区域性养老服务中心，是以实现老有所养和提高老年群体生活质量为目标，搭建养老服务平台，统筹发展居家养老、机构养老和其他多种形式的养老服务业。国务院于 2013 年出台了《关于加快发展养老服务业的若干意见》（国发〔2013〕35 号），明确提出要"支持乡镇五保供养机构改善设施条件并向社会开放，提高运营效益，增强护理功能，使之成为区域性养老服务中心"。全国各地均加快推进了农村养老服务业发展的步伐。

在服务设施方面。农村区域性通过院内划定区域、内部房间调剂、设置标识和物理隔离等措施，让集中供养的五保对象和社会老人居住、膳食等服务区域相对独立；增添或更新了院内文化娱乐、健身器材、图书阅览室、呼叫器等服务设施；符合条件的服务中心单独设立了医务室或护理站，为入住老年人或日间照料老人提供医疗巡诊、健康管理、保健咨询、预约就诊、急诊急救等养生保健服务，实现"医养结合"。

在服务范围方面。农村区域性养老服务中心服务范围主要以所在敬老院的服务乡（镇）为服务区域，有条件的向周边无敬老院机构的乡（镇）进行扩展。

在服务方式方面。农村区域性养老服务中心主要通过开展寄养代养、日间托养等有偿服务形式，向农村社会老人提供生活照料、医疗护理、精神慰藉、体育健身等服务，协助民政等部门调查掌握农村老年人基本情况，承接政府购买农村居家养老服务等公共服务项目，为失能半失能老人、空巢老人、失独老人、高龄老人、残障老年人居家养老提供巡视、购物等基本生活服务。

◆ 专栏：典型案例

四川省绵竹市新市镇敬老院

四川省绵竹市新市镇敬老院是绵竹市建设的首个农村区域性

养老服务中心。敬老院通过盘活资源、整合力量、延伸服务等方式，在确保能集中供养有需求的农村特困人员的基础上，打破镇域界限和城乡政策差异，向周边有服务需求的社会代养对象提供有偿养老服务，不断提升农村社会化养老服务水平。敬老院里，有书法室、棋牌室、多功能活动室、医务室、接待室；而且，每间 15 平方米的宿舍内，整齐地摆放着床铺、衣柜等物品，呼叫器、卫生间、电视、空调等设施完备，环境舒适。建立农村区域性养老服务中心既提高了敬老院社会化代养能力，又可让资源得到更加充分的利用，让更多有需求的老人得到优质服务，是一举两得的好模式。

（2）居家养老服务模式。居家养老服务是指以家庭为核心、以社区为依托、以专业化服务为依靠，为居住在家的老年人提供以解决日常生活困难为主要内容的社会化服务。《北京市居家养老服务条例》规定，居家养老服务内容包括为老年人提供社区老年餐桌、定点餐饮、自助型餐饮配送、开放单位食堂等用餐服务；为老年人提供体检、医疗、护理、康复等医疗卫生服务；为失能老年人提供家庭护理服务；为失能、高龄、独居老年人提供紧急救援服务；利用社区托老所等设施为老年人提供日间照料服务；为老年人提供家庭保洁、助浴、辅助出行等家政服务；为独居、高龄老年人提供关怀访视、生活陪伴、心理咨询、不良情绪干预等精神慰藉服务；开展有益于老年人身心健康的文化娱乐、体育活动。居家养老主要的服务形式有两种：一种是"走上门"，由经过专业培训的服务人员上门为身体行动不便的老年人开展专门的照料服务；另一种是"请出来"，在社区创办老年人日间服务中心，请老年人参加一些社区组织的活动，为老年人提供日托服务。居家养老符合中国人传统观念，也是一种投入小、经济和社会效益高的养老模式，是养老服务的重点方向。

◆ 专栏：典型案例

浙江省富阳市里山镇民强村居家养老照料中心

民强村地处富阳市东部，隶属于里山镇。村域面积1.5平方千米，耕地面积1250亩，山林面积3500亩，资源十分有限。民强村有农户400多户，总人口1400人。村民经济收入以外出务工为主。随着社会老龄化及城镇化的推进，越来越多的年轻人离开农村，农村独居、留守的老人日益增多。为打造实实在在的"居家养老"，让老人们老有所养、老有所依，民强村居家养老照料中心于2017年10月正式启用。居家养老照料中心的老年食堂提供午餐和晚餐，年满90周岁及以上的老人免费，80～89周岁的老人每月只需100元，70～79周岁的老人每月只需200元，腿脚不方便的老人，还可由亲属代打饭菜。

（3）以地养老服务模式。所谓"以地养老"就是农民以土地承包经营权进行流转，或将宅基地使用权或地上房屋进行转让，将所获收入用来保障养老。很多农村以留守老人为主，甚至是"空心村"，老人大多有一定数量的农用地或宅基地、住房等。老人年岁大了，失去劳动能力后，这些资产变为闲置资产，通过流转或转让，可以将闲置资产变为资金，用于购买养老服务，解决老年人养老的后顾之忧。以地养老主要解决的是购买养老服务的资金问题，与居家养老相同的是，以地养老首先要有养老服务的提供者，即附近要有养老服务中心等社会组织。

◆ 专栏：典型案例

昆明市晋宁区晋城镇孙家坝村居家养老服务中心

昆明市晋宁区晋城镇孙家坝村有数百位老人，为了让他们老有所养，老有所乐，颐养天年，村委会组织探索了以地养老模式。村民们把土地通过股权集中起来，整体出租，获得收益，以地养老，建设了居家养老服务中心，让数百位老人有了全新的居家养老选择。在养老期间，老人寿终或自愿退出养老服务中心后，其土地依然归还子女继承或本人。对一般家庭而言，减轻了独生子女负担老人的压力，对于农村失独家庭，更是让老年人晚年生活无忧。晋宁区晋城镇孙家坝村 364 名老年人中，已经有 55 名自愿加入了居家养老服务中心。

（4）互助养老服务模式。互助养老模式是针对农村青壮年劳动力缺乏、老年人之间认知水平和兴趣爱好相似及邻里相互熟悉有感情等现实情况，创新发展低龄老人服务高龄老人、健康老人照顾体弱老人的养老模式。互助式养老以老年人之间生活技能的差异、年龄差异、身体健康程度的差异为基础，以唤醒和提升老人生命活力作为养老的第一要素，通过运动、饮食、起居与情绪管理形成系统的健康生活指导方案，靠动员老人互助和伙伴式陪伴养成健康生活方式和落实健康指导方案，在康复身心上取得良好效果。互助养老是一种全新的养老模式，更强调普通居民间相互的帮扶与慰藉，提供了成本运营和深度满足需求的互助式的系统解决方案。

◆ 专栏：典型案例

山东省东营市广饶县稻庄镇高刘村养老互助社

山东省东营市广饶县稻庄镇高刘村养老互助社是广饶县馨海社会工作服务中心组织开展的农村养老互助社试点。稻庄镇高刘村的刘爷爷 80 多岁，从老伴过世后，孩子们多次劝说他一起去城市生活；可是，刘爷爷在村里生活了一辈子，对老家不舍，对村里老少爷们不舍，所以不管孩子们怎么劝说，他都是坚决拒绝去城市生活。随着刘爷爷年龄越来越大，身体大不如从前，血压偏高，心脏也不好。长期自己一个人在老家生活，孩子们也不放心。像刘爷爷这样的空巢老人在村里还是很普遍的。服务中心的专职社工们通过走访了解村里留守老人的数量、居住位置、兴趣爱好、身体健康等基本情况，组织老人们自愿加入"农村互助养老社"。经过前期充分的调研论证，广饶馨海社会工作服务中心选择了刘爷爷家作为农村养老互助社的试点。农村养老互助社里的老人们，每天早饭后，陆陆续续地来到刘爷爷家的院子里，有的烧水，有的收拾好茶水桌负责泡茶，他们各自为一天的活动做准备工作。目前，加入农村养老互助社的有十几个老年人，腿脚好的忙着每天活动场地的准备工作，识字的负责给大家读报纸说新闻，身体好的帮助身体不好的买药、交电费等。专职社工们也根据这些老年人的实际需求先后开设了"老年手机兴趣小组""健康养生兴趣小组"等多个老年人实用的兴趣小组，并不定期组织开展"手指操""手工串珠"等预防老年人痴呆、促进老年人身心健康的活动。在这里，每位老人都能发挥自己的优势特长来帮助其他的老人，每位老人也都能得到农村养老互助社其他老人的帮助。试点工作在充分实现社会工作"助人自助"理念的同时，为探索解决当前老龄化严重的问题蹚出了一条可行可试的路子。

2. 乡村旅游与休闲农业

（1）农家乐模式。农家乐是农民利用自家庭院、自己生产的农产品及周围的田园风光、自然景点，以低廉的价格吸引游客前来吃、住、玩、游、娱、购等旅游活动。与到景区旅游相比，游客前往农家乐游玩所需费用少、时间短，适合家庭亲子互动、周末团队聚餐等小团体活动。在农家乐里，游客不仅能感受原生态的自然田园风光，还能体验种植、采摘、垂钓等农家休闲娱乐项目，品尝果蔬、家畜、家禽等农产品。总的来说，这种模式适合于离市区较近的乡村，为游客提供短途旅游，对自然资源与文化底蕴的要求不高。

◆ 专栏：典型案例

四川省汶川县漩口镇核桃坪村农家乐

周娟是汶川漩口镇核桃坪村的女青年，2008 年汶川地震后，她回到核桃坪村创业开设农家乐。为了做好农家乐，她费尽了心思。在选址和游览路线上，要利用好当地独特的喀斯特地貌，如溶洞、甘泉、峻岭、古木景观等。为提高客流量，她尝试过招揽顾客免费到自己农家乐体验。另外，丰富了产品供给，除提供吃、住、玩服务外，还提供有机绿色农产品及道地中药材让游客自购。如今，农家乐从最初 12 个床位增加到现在 100 多个床位，周娟从最初的年亏几万元逐渐成为年吸金 40 余万的致富带头人。

（2）休闲农庄模式。休闲农庄指具有较大占地规模，主要以农村自然田园景观、传统农业生产活动和特色健康农产品为旅游吸引项目，开发农业游、林果游、花卉游、渔业游、牧业游等不同特色的主题活动，满足游客体验农业、回归自然心理需求的休闲农业形态。与农家乐相比，休闲农庄占地面积较大，有完整的农业生产活动和传统的农业田园景观，让游客有返璞归真、当回农民的体验感。而且通过采用合理的耕作制度来减少化肥和农药的使用，发展生态农业，生产绿色农产品，保护农业生物多样性，鸟飞鱼跃、蛙鸣狗吠，尽显田园气息。

◆ 专栏：典型案例

北京市顺义区意大利农场

意大利农场（图 14-2）位于北京市顺义区马坡镇白各庄，交通方便，紧邻京顺路，占地 210 亩，率先将意大利生态农庄的理念引入北京。农场以引进意大利果树新品种有机化示范种植业务为主，以生态旅游、农产品加工、餐饮、娱乐为辅。农产品加工采用意大利传统手工作坊式的加工工艺，制作出纯天然的葡萄酒、果酒、奶酪等。

图 14-2　北京意大利农场

种植方面：农场从意大利进口了 60 多个品种的果树，分别为杏、李子、苹果、樱桃、西洋梨、葡萄等，辅以大棚水果和蔬菜种植，全年提供有机水果与蔬菜采摘。

农场自制产品加工：葡萄酒、果酒、果酱、奶酪等农场特色加工产品。来自意大利的制酒专家遵循家庭作坊式的酿造方法，选用自己种植园种植的有机葡萄，酿造出 100％纯天然的葡萄酒，让游客体会无任何添加剂的佳酿。

住宿：拥有大片果园、庭院宽阔、复式结构、壁炉加木头、红砖、石头的装修风格，让游客体验意大利纯正的休闲生活。

（3）民俗村模式。民俗村模式是以当地长期发展过程中形成的独特民俗文化为核心进行保护开发、拓展休闲旅游服务的产业形态。发展民俗村的前提条件是要有民俗文化的根基。有的民俗村依托少数民族传统文化，如朝鲜族民俗村、鄂温克族民俗村；有的民俗村依托地域特色文化，如黄土高原民俗村；有的民俗村依托传统民居建筑和生活形态，如周庄镇；有的民俗村依托历史人物或历史故事，如武汉市黄陂区木兰乡大余湾民俗村。民俗村以农村风土人情、民俗文化为旅游吸引物，充分突出农耕文化、乡土文化和民俗文化特色，开发农耕展示、民间技艺、时令民俗、节庆活动、民间歌舞等旅游活动，增加乡村旅游和休闲农业的文化内涵。

◆ 专栏：典型案例

陕西省马嵬驿民俗文化村

　　陕西省马嵬驿民俗文化村位于兴平市马嵬办事处李家坡村，地处杨贵妃墓-黄山宫景区向东 1 千米处，依托黄山宫独特的历史资源顺势而建，将现代生活与历史文化完美结合，为马嵬构筑起一道美丽的风景线。马嵬驿故址在今陕西省兴平市西北 11 千米处，距离西安市 50 千米。

　　唐代时的马嵬驿是西行的第一驿站，民俗文化村建在原址范围内，这里建筑古色古香、店铺林立，来到这里游客会立刻被古文化的气息所感染，仿佛穿越到了一千多年前的唐朝。马嵬驿民俗文化村以古驿站文化为核心，集文化旅游、民俗文化展示、休闲体验、旅游观光为一体，主要包括驿站文化广场、民俗文化展示区、民族小吃文化街、垂钓区、家禽生态养殖区、百果林采摘园等八大功能区。

　　马嵬驿民俗文化体验园总占地 1 100 亩，一期项目以民俗文化展示、民俗餐饮为主；二期项目以唐驿站文化、大唐文化为主。马嵬驿建设融合了"农耕文化和民俗文化"，满足市民及旅游者食、住、行、游、购、娱的需求，以及提供了参与农事体验与民俗文化活动的机会，是感受大自然情趣的一种新型旅游形式。马嵬驿民俗文化体验园是马嵬历史、社会、文化特征的集中体现，也是关中地方文化、民俗文化的精辟部分，是文化旅游中的补充资源。园区在规划上恢复保护老窑洞遗址 16 口，收藏老农具及生活用品等 20 000 余件。园区建筑错落有致、古朴素雅，整体环境绿树成荫、鸟语花香、彩旗飘扬，其中山水瀑布、雕塑小品、亭台楼阁更是彰显了园区文化魅力。

◆ 专栏：典型案例

吉林省安图县万宝镇红旗朝鲜民俗村

吉林省安图县万宝镇红旗朝鲜民俗村是省州命名的朝鲜民俗村，红旗村依山傍水，环境清幽雅致，居住有 80 多户朝鲜族村民，保留着古老的朝鲜族风俗习惯，还有狗肉汤、牛肉汤、米酒、海带汤、冷面等特色美食，回味无穷。除了可以品尝到这些美食外，游客也可以亲身体验美食的制作过程，也可以体验朝鲜民族体育游戏；最精彩的要数能容纳 300 多人的朝鲜民俗表演场，有专业的朝鲜族表演者为游客表演正宗地道的朝鲜族歌舞节目，让游客更加深入地体验朝鲜族文化。

主 要 参 考 文 献

白琦瑛，2017. 辽宁辽阳盈利蔬菜种植专业合作社，严格把控产品质量促成长期合作 [J]. 中国合作经济（5）：35-37.

本刊讯. 2019. 全国省级植保（植检）站（局）长会在成都召开 [J]. 中国植保导刊，39（1）：86.

本刊讯，2019.2018 年农药减量增效取得新进展 [J]. 中国植保导刊，39（2）：66.

曹卫华，2015. 江苏省稻麦两熟区机械化生产模式及其效率研究 [D]. 北京：中国农业大学.

常帅，刘嘉，叶静，等，2019. 新发展理念视阈下的我国畜禽疫病防控 [J]. 中国科学院院刊，34（2）：145-151.

程勤阳，2015. 果蔬产地批发市场建设与管理 [M]. 北京：中国轻工业出版社.

丁玲，2016. 全国首个"乡村生活服务平台"启动 [J]. 植物医生，29（11）：77.

丁明祥，陈颖，刘振江，2015. 农社对接实现共赢——吉林省帝健绿色禽类养殖专业合作社产销对接模式探析 [J]. 中国农民合作社（1）：32-33.

杜晓华，鞠国华，2014. 我国粮食银行运行中存在的问题及对策 [J]. 经济纵横（10）：55-58.

高峰，徐文梅，沙进城，等，2011. 农产品合作联社直营模式探析——以南京市六合区金田农产品合作联社直营为例 [J]. 中国园艺文摘（11）：193-194.

谷香玉，2019. 曹县农村电子商务研究 [D]. 重庆：重庆师范大学.

胡定寰，2010. "农超对接"怎么做 [M]. 北京：中国农业科学技术出版社.

胡凌啸，周应恒，武舜臣，2019. 农资零售商转型驱动的土地托管模式实现机制研究——基于产业链纵向整合理论的解释 [J]. 中国农村观察（2）：49-60.

黄焱，杨瑛，高松华，等，2013. 江苏基层动物疫病防控公共服务与社会化服务体系建设 [J]. 中国畜牧业（2）：34-37.

亢霞，钟昱，张庆，2015. 我国粮食仓容现状、存在问题及对策研究 [J]. 农业现代化研究（5）：721-726.

孔祥智，2018. 中国农民合作经济组织的发展与创新（1978—2018）[J]. 南京农业大学学报（社会科学版），18（6）：1-10、157.

李安宁，2006. 联合收割机跨区机收发展分析［J］. 农机化研究（1）：9-12.

李安宁，2013. 中国粮食作物收获机械化发展研究［M］. 北京：中国农业科学技术出版社.

李宝库，赵博，刘莹，等，2018. 农村居民网络消费支付意愿调查分析［J］. 管理世界（6）：94-103.

李季炜，2018. 宁波市农机社会化服务组织发展现状和成效分析［J］. 现代农机（5）：26-29.

李婷婷，李艳军，2015. 不同信任导向下的农资品牌传播模式的案例研究［J］. 管理学报（10）：1519-1528.

李晓果，2015. 河北永清：田头市场促进农产品销售［J］. 农村工作通讯（1）：5-5.

刘国刚，2018. 我国农村新型农业经营主体的发展现状及存在问题研究［J］. 农村经济与科技，29（4）：218、220.

刘杰，2016. "互联网＋"助力生活服务业的发展研究［J］. 知识经济（3）：10-11.

刘宁，焦韵嘉，2019. 农村电子商务扶贫模式的内涵与创新［J］. 电子商务（8）：17-18.

刘洋，2017. 以农民为主体的农业现代化——射阳县联耕联种调查［M］. 武汉：华中科技大学出版社.

芦千文，姜长，2016. 我国农业生产性服务业的发展历程与经验启示［J］. 南京农业大学学报（社会科学版）2016，16（5）：104-115.

马连晔，2018. 浅析精细化在仓库管理标准工作中的重要性［J］. 现代经济信息（22）：71.

满海红，张强，2011. 新时期下的农村现代服务业创新发展研究［J］. 商业时代（7）：124-125.

任保才，马新明，2013. 农资电商平台发展浅析［J］. 中国农学通报（11）：198-202.

商务部电子商务和信息化司，2018. 中国电子商务报告（2018）［M］. 北京：中国商务出版社.

邵磊，张晓明，顾朝林，等，2018. 县域镇村体系规划编制技术导则（草案）［J］. 城市与区域规划研究，10（2）：144-167.

拾影，2018. 2018农村社区综合服务品牌［J］. 互联网周刊（11）：24-25.

束放，李永平，魏启文，2019. 2018年种植业农药使用情况及2019年需求分析［J］. 中国植保导刊，39（04）：73-76.

孙静，陈萍，程勤阳，2016. 窟窿台田头市场集群模式及其特点［J］. 农产品市场周刊（15）：21－23.

孙娟，宝玉泽，李艳军，2016.“互联网＋”情境下农资网购的“情·理·法”：农户在线信任构建机制的实证研究［J］.财经论丛（12）：82－93.

陶文，2011.植物病虫害预警系统的研究与设计［D］.厦门：厦门大学.

王佳静，2013.粮食浪费之收运环节［J］.黑龙江粮食（3）：13.

王淑艳，2013.我国粮食价格波动因素分析与预测研究［D］.哈尔滨：东北农业大学.

王伟，2017.我国农村医疗卫生服务供给效率研究［D］.济南：山东大学.

王新斌，王中桢，2018.温岭市智慧农机服务平台的构成与功能［J］.现代农机（1）：12－17.

王玉斌，李乾，王文博，2019.加快构建农业社会化服务体系　助力农业农村优先发展［J］.中国农民合作社（4）：62－63.

吴向军，2014.“农校对接”初探——以上海交通大学为例［J］.高校后勤研究（1）：50－52、63.

武艳鸿，2019.农村医疗卫生服务体系的经济学研究［J］.科技经济导刊，27（18）：220.

徐玲玲，朱婧，2018.现代农资服务体系建设［J］.北方园艺（5）：194－199.

徐珉钰，孙伟仁，邬德林，2019.中国乡村服务业的发展趋势与结构演进［J］.商业经济（1）：102－104.

徐珉钰，孙伟仁，等.2019.我国农村服务业的发展趋势与结构演进［J］商业经济（1）102－104.

严继超，李华，王晓青，2019.我国“农超对接”典型模式研究［J］.北方园艺（2）：202－207.

杨怀伟，宿廷年，刘庆利，2009.动物疫病分类的模糊认知必须澄清［J］.北京农业（24）：39－42.

杨树青，2016.立足村域转型发展的农村综合信息服务研究［D］.武汉：华中师范大学.

杨玉林，白人朴，2000.我国小麦跨区机收作业现状、问题及发展趋势［J］.中国农业大学学报（6）：56－60.

曾玉珍，于战平，王伟，等，2014.天津蔬菜产销新模式发展现状、问题及对策建议［J］.天津农学院学报（3）：37－40.

张福山，2007.植物保护对中国粮食生产安全影响的研究［D］.福州：福建农林大学.

张士泉，2009.“田头市场”破解农产品销售难题［J］.农家致富顾问（9）：22－22.

张天佐，2018.农业生产性服务业是振兴乡村的大产业［N］.农民日报，2018－11－17（3）.

郑力文，刘同山，2013. "农社对接"：现状、问题与对策 ［J］. 中国物价（8）：
　79－81.

周丹丹，王艳，2015. 北京市零售市场主导型农产品供应链模式的现状分析 ［J］. 中
　国商论（31）：1－3.

周娟，2017. 土地流转背景下农业社会化服务体系的重构与小农的困境 ［J］. 南京农
　业大学学报（社会科学版）（6）：141－151.

朱磊，2018. 农资经销商的转型及其动因分析——基于豫县的实地调研 ［J］. 西北农
　林科技大学学报（社会科学版）（2）：147－154.

朱麟，凌建刚，尚海涛，等，2016. 论"农社对接"的模式多样化与配送标准化
　［J］. 农学学报（2）：131－134.

朱梦纤，2018. 改革开放以来中国农村公共服务供给研究 ［D］. 扬州：扬州大学.

朱月娥，鲍韵昕，赵曦然，等，2019. 浅析乡村旅游发展 ［J］. 现代营销（信息版）
　（8）：188.

祝华军，刘小伟，2017. 农机合作社社会化服务模式比较研究 ［J］. 农业现代化研
　究，38（1）：96－102.

左雨晴，2019. 农村电子商务的瓶颈与破局 ［J］. 新产经（8）：62－63.